重庆邮电大学博士启动基金项目研究成果

国际科技合作与自主创新战略研究

GUOJIKEJIHEZUO
YUZIZHUCHUANGXINZHANLUEYANJIU
YICHONGQINGWEILI

以重庆为例

李盛竹◎著

中国经济出版社
CHINA ECONOMIC PUBLISHING HOUSE
·北京·

图书在版编目（CIP）数据

国际科技合作与自主创新战略研究：以重庆为例／李盛竹著.
北京：中国经济出版社，2017.8
ISBN 978-7-5136-4764-9

Ⅰ.①国… Ⅱ.①李… Ⅲ.①国际科技合作—研究—重庆 Ⅳ.①F125.4

中国版本图书馆 CIP 数据核字（2017）第 158954 号

责任编辑　姜　静　焦晓云
责任印制　马小宾
封面设计　任燕飞装帧设计工作室

出版发行　中国经济出版社
印 刷 者　北京九州迅驰传媒文化有限公司
经 销 者　各地新华书店
开　　本　710mm×1000mm　1/16
印　　张　15.5
字　　数　215 千字
版　　次　2017 年 8 月第 1 版
印　　次　2017 年 8 月第 1 次
定　　价　56.00 元
广告经营许可证　京西工商广字第 8179 号

中国经济出版社 网址 www.economyph.com 社址 北京市西城区百万庄北街 3 号 邮编 100037

本版图书如存在印装质量问题，请与本社发行中心联系调换（联系电话：010-68330607）

前　言

当今世界由于经济全球化而进入了地球村时代，互联网正加速渗透到国民经济和社会发展的各个领域，推动科技进步和自主创新的形态、方式和成果发生了革命性的变化。科技合作已成为国家、区域间科技、经济和社会开放、合作发展的重要形式，对跟踪科学技术、吸收先进知识、提高自主创新能力、提升科技发展能力等起到了显著的促进作用，成为一个国家或地区获取国际科技资源、提升竞争力的有效途径。

当前，我国在全球范围内的国际科技合作领域越来越广泛，以高等院校、科研院所和企业为主体的各单位积极参与进来，分享全球科技创新成果，通过国际科技合作增强自主创新能力，以尽快缩小与发达国家的差距。位于我国内陆的重庆市，坚持开放、合作的创新发展道路，近几年来在以科技合作促进自主创新方面，进行了积极的探索和有效的实践。立足于国际科技合作的时代背景，结合自身特点，分析已取得的发展成果与存在的现实问题，有助于重庆市在新的历史时期找到促进自主创新的有效路径。

本书由九部分内容构成，具体结构安排如下：

第一部分为绪论，阐述了研究的背景和意义，以及研究思路、研究方法和研究的创新之处。

第二部分梳理了国际科技合作与自主创新的相关理论，以及有关研究成果。

第三部分重点分析了美国、欧盟、韩国、日本等国家或地区的国际科技合作概况与发展态势，并进行了经验总结。

第四部分总结了我国国际科技合作的现状与发展趋势，以及已经取得的成绩，同时指出目前我国国际科技合作中存在的问题。

第五部分主要研究国际科技合作过程中的自主创新行为模式，并对二者之间的内在机理进行了论证。

第六部分针对重庆的国际科技合作与自主创新现状，分析了已取得的成就和基本做法，以及现实中存在的问题。

第七部分主要分析重庆国际科技合作与自主创新的内外部环境，指出其既有的优势与发展基础，以及面临的机遇与挑战。

第八部分提出重庆国际科技合作的发展战略。

第九部分在前述研究的基础上，给出若干政策建议。

由于相关研究不断演进，同时受时间所限，书中难免出现错漏及信息不新的问题，敬请读者指正。

李盛竹

2017 年 7 月

目　录

1 绪 论

1.1 问题的提出

科学技术是在人类社会不同时代、不同国家、不同地区、不同民族的人们的共同努力下，通过不断地创新和相互间的交流协作才得以发展和跃迁的。在经济全球化的影响下，科技国际化已成为当今世界的主要发展趋势。改革开放30多年来，我国经济获得了突飞猛进的发展，相应地，国际科技合作也受到了前所未有的重视并取得了巨大成就，开展国际科技合作成为改革开放的重要举措，不仅推动了高校、企业和科研院所科技水平的提升，也促进了我国经济、教育、科学等事业的发展。众所周知，国际科技合作在把握科研方向、共享科技成果、加快科技创新、提升科技水平、推动产业结构调整、实现科技进步等方面有着重要的意义，对国民经济和社会持续、健康、快速发展会产生深远的影响。全方位、多渠道、多形式、多层次的国际科技合作与交流，在我国努力学习、吸收国外先进的科学技术和知识，了解、借鉴有效的经营管理经验和一切文明成果，发挥后发优势、加快科技进步和推动经济发展的历史进程中，发挥着非常重要的作用。我国在许多领域取得了重大科技成果以及基础建设成果，都受益于国际科技合作项目的实施。当然，通过国际科技合作，我国也为世界科学技术的发展做出了重要贡献。

随着科技全球化进程的加快，国家与国家之间、地区与地区之间的竞争越来越多地表现为以自主创新能力为重点的科技竞争力之间的竞争。党的十八大报告中明确提出，要坚持走中国特色自主创新道路，以全球视野谋划和推动创新，提高原始创新、集成创新和引进消化吸收再创新能力，更加注重协同创新。因此，进一步加强国际科技合作，加快构建具有全球视野的开放型、复合型与前沿型国家自主创新体系，成为提升我国国家竞争力的重大战略选择。在改革开放的初期，我国开展的国际科技合作主要体现在科研人员的国际学术、科研与技术交流方面，现在已发展到开展合作研究项目、中外联合在华或在外设立科研机构的新阶段；合作内容从最初比较单一的科学研究、技术引进，发展到更广泛的产业与企业技术研究开发等方面。我国的国际科技合作已经呈现出更加开放的崭新形象。当前，世界经济结构调整和产业转移力度明显加大，主要发达国家和地区正在调整经济发展战略，更加注重在全球范围内建立创新资源配置新机制，以快速构建战略性新兴产业，抢占未来发展制高点，成为国际性技术创新中心。在世界经济全球化进入新阶段、科学技术成为经济社会发展的主要推动力量、国际科技交流合作日益普遍、提升自主创新能力成为国家战略的情况下，特别是全球金融危机爆发以来，我国开展国际科技合作所面临的环境与条件已经发生了巨大的变化，国际科技合作的形式和内容等也面临着不同以往的机遇和挑战。如何进一步深化国际科技合作，使其为国家发展建设服务，是我国新时期产学研各方面临的重大任务。

当今时代，国家及地区经济社会发展的基础就在于产业和企业的发展水平，产业及企业生存和竞争的活力又在于是否具备自主创新能力。发挥国际科技合作的作用，提高科技合作活动绩效，培育可持续发展能力，其关键在于国际科技合作效能的提高。回顾既往的国际科技合作活动，不可否认，它们存在一些战略性问题，如较多地强调国际科技合作的数量、范围和规模，而较少重视国际科技合作的成本、效率和自主创新。综观我国国际科技合作面临的外部竞争环境和内部基础条件，不难发现，国际科技合作的关键在于提高效率、促进自主创新，而不是扩大规模和范围或者提高速度。从中国的现实情况来看，只有调整国际科技合作战略、提高合作成效，才能真正提高我国企业和产业的自主创新能力，并提升其国际竞争能力。对于处在内陆和西部的重庆来讲，开展国际科技合作不仅需要扩大规模和范围、提高速度，更需要以科学的国际科技合作战略来保障国际科技合作在促进产业和企业发展、培育和提升自主创新能力等方面取得预期效果，其原因包括以下几个方面：

首先，在全球化竞争日益渗透到每一个经济社会领域的时代背景下，长期的科研创新低效率必将加剧国家或地区、产业及企业所面临的挑战。

其次，我国自主创新的低效率降低了企业技术进步和产业创新的动力与潜力，使得企业增长的优势得不到充分的发挥。

再次，开展国际科技合作的根本目的，在于通过交流来开阔视野、资源共享、分工协作、推动创新。因此，国际科技合作活动的有效性从根本上来讲，取决于国际科技合作成果对推动和促进我国科学研究、产品开发、技术进步、管理提升、服务改进、资源节约、环境保护等方面经济社会发展的效用，因此，国际科技合作的政策与机制的完善同国际科技活动的成效紧密相关。

最后，要促进国际科技合作，满足经济社会发展需求，构建现代国际科技合作体系，由交流沟通型、技术引进型向创造创新型转变，客观上必须转变机制、提高国际科技合作活动的成效。

实施国际科技合作是我国改革开放战略活动的重要组成部分，国际科技合作的成效关乎国家科技自主创新能力的提升和国家科技自主创新体系的建设，关乎国家经济社会发展的安全和稳定。在新的国际政治经济形势下，如果不能改善和提高国际科技合作的成效，其后果不仅是会浪费大量进行国际交流合作的资源和费用，更重要的是，会影响我国坚持推进改革开放、立足全球视野培育科技自主创新能力的历史进程，还会影响企业自主创新能力的培育与提升等诸多方面，从而给国家安全与经济社会发展带来严重后果。要从理论上澄清这种认识，就应该关注国际科技合作的深层次和根本性研究。那么，如何评价和测度国际科技合作的成效？新的历史时期国际科技合作主要包含哪几个方面的内容？决定国际科技合作成效的因素有哪些？怎样提高国际科技合作的成效？通过国际科技合作促进我国企业自主创新有哪些方法和途径？这些问题无疑是值得深入探讨和研究的。

1.2 研究的意义

本书以重庆市国际科技合作为重点研究内容，其原因在于：首先，国际科技合作是推动改革事业长期发展的原动力之一，要建立政府科学管理、产学研各方积极参与、以国际科技合作服务于地方经济社会发展的技术创新体系，关键在于不断改善和提高国际科技合作的成效。其次，对身处我国内陆和西部的重庆国际科技合作的情况进行系统、全面的考察，对有关国际科技合作的机制、模式、路径等开展深入探讨，有助于完善我国国际科技合作的理论体系，并为科技创新发展提供理论支持。再次，可以弥补国内外学者对国际科技合作效率研究的不足，丰富和完善科技合作创新理论。最后，这也是我国建立政府管理、市场主导、发展有序、集约高效、促进创新的国际科技合作机制的必然要求，是以国际科技合作增强我国科技创新能力、促进新兴产业发展的重大命题。

本书研究的具体意义体现在以下几个层面：

从现实的角度来看，随着经济全球化浪潮的不断高涨，国际科技合作显得越发重要。日本、韩国等国家的科技发展路径已经证明，通过开展国际科技合作来促进技术自主创新是可行之道。当今时代，市场竞争日趋激烈，自主创新的重要性日益凸显，若不能掌握未来科技进步的主动权，就无法成为时代潮流的引领者，最终只能亦步亦趋，甚至受制于人。对于重庆这样一座地处我国西部的欠发达内陆城市来讲，进行国际科技合作与自主创新战略研究极为重要。富民兴渝、构建和谐重庆，是推动重庆社会进步、经济发展的奋斗目标。要实现这一目标，就必须全面提升城市的经济社会竞争力。“科技是第一生产力”，以国际科技合作为重要手段促进和提升城市科技创新能力是一项重要的战略课题。特别是以重庆为代表的、“大城市带大农村”的广大欠发达地区，在面对艰巨的城乡统筹发展任务，面临未来巨大挑战的情况下，研究如何扩大对外开放、加强国际科技合作交流、拓宽创新和提升发展质量的路径，如何建立能够调动广大科技人员积极性和创造性的激励机制，如何建立能够促进科技资源高效配置和综合集成的管理模式，如何营造有助于加快建立开放型、国际化的技术创新体系的政策环境，以全面推进重庆国际科技合作与创新体系的建设，无疑具有重大的现实意义。

从理论的角度来看，一方面，随着科技资源在全球范围内的加速流动和在全球价值链上的重新配置，科学研究的规模与困难越来越大，涌现出很多跨学科跨领域的大规模交叉、相互影响、相互渗透的科学技术问题，这些问题只有通过双边甚至多边的国际科技合作，才能得以探究和解决；另一方面，信息技术、互联网通信和网络经济发生着跨越式发展变化的时代背景，对国际科技合作的方式、方法、渠道与路径等提出了新的问题和挑战。在此情况下，越来越多的跨学科、跨领域、跨国跨地区的国际科技合作战略问题需要进行深入研究。我国的国际科技合作获得了较大发展，但实际上它在促进自主创新方面还远没有发挥出应有的作用。比如，许多理论问题应当加以系统、深入地研究并寻求解决之法，如国际科技合作促进自主创新的制约因素有哪些？如何协调政府主导作用与市场机制之间的关系？国际科技合作的成效如何测度？新形势下应当建立何种国际科技合作创新机制？西部欠发达地区如重庆这样的内陆城市应当采取哪些战略措施来鼓励科技型企业引进来、走出去、强化知识产权保护和运用？

从发展的角度来看，推进国际科技合作是我国扩大对外开放、加快经济发展方式转变的重要路径。当前国际科技合作已形成全方位、多层次、宽领域的格局，发达国家和地区在国际科技合作资源整合中扮演着主导者的角色。由于每个国家或地区均有其区别于其他国家或地区的特点，因而无论是国家还是地区开展国际科技合作，均不能照搬别人的成功模式，若要促进自身发展，就应当坚持因地制宜原则，以自主创新为导向，走适合本国本地区自身发展的国际科技合作发展道路。重庆作为国家重要的中心城市，肩负着建设长江上游经济中心和西部地区重要增长极的历史使命，如何适应经济全球化和创新国际化的新趋势，以开放的视野在世界平台上突破科技体制瓶颈，形成创新资源配置新机制，加速科技与经济的融合，增强科技对经济的支撑能力，确保经济发展尽快走上创新驱动的轨道，是改革发展所面临的重要战略课题。实现集约发展、转型升级的根本出路在于科技创新，要把重庆建设成为长江上游创新中心，带动长江上游经济带的发展，就必须开展国际科技合作，不断增强其自主创新能力。因此，从全球的视野、战略的高度，以务实的精神，深刻认识实施创新驱动战略的重大意义，加快建设创新型城市和长江上游地区技术创新中心，使创新真正成为经济社会持续健康发展的主要推动力，有助于重庆在新一轮竞争中赢得先机、掌握主动。客观上，重庆在国际科技合作与交流方面存在着诸多不足，比如经费问题、知识产权问题、自主创新能力问题、管理机制问题等。为了跟上科技全球化的步伐，作为直辖市的重庆，基于自身重要的政治经济地位，开展国际科技合作与自主创新战略研究，可以认清自身在这方面存在的优势、劣势，以及将要面对的机遇和挑战，找到问题的症结所在。积极探索适应时代特征和自身特色的国际科技合作，以国际科技合作为有效手段促进自主创新能力的培育与建设，无疑是具有急迫性、重要性与挑战性的现实课题。开展国际科技合作与自主创新战略研究，可以为重庆的科技、经济及与社会发展密切相关的行政管理部门提供决策参考，也可以为重庆建设基于自主创新的国际科技合作平台提供有力的理论依据和实践指导，促进重庆国际科技合作与自主创新能力的健康快速发展，从而增强重庆的国际科技竞争力。

1.3 研究思路与结构安排

本书在查阅和梳理国内外国际科技合作与自主创新方面文献的基础上，力图系统地对重庆国际科技合作与自主创新的现状进行研究。本书的论证思路可归结为“发现问题”“分析问题”和“解决问题”三个步骤，按照“背景与理论研究”→“实证分析”→“对策研究”的逻辑结构进行研究，技术路线如图 1-1 所示。

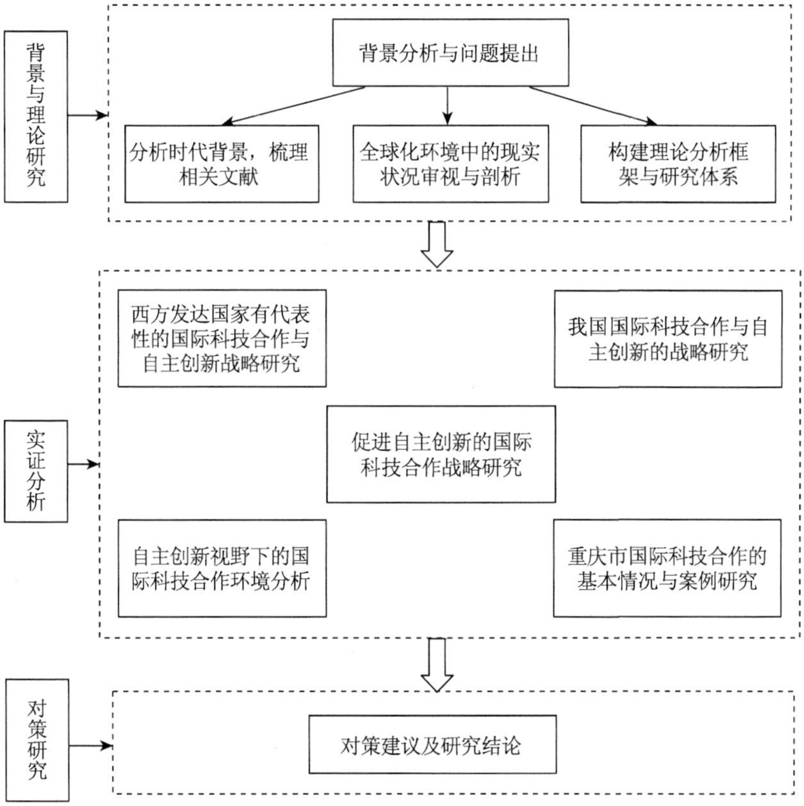

图 1-1 本书研究的技术路线

本书首先阐述了研究背景及研究意义，对国内外相关研究文献进行了简要的回顾，界定了国际科技合作与自主创新的概念，研究了国际科技合作与自主创新的关系，指出自主创新离不开国际科技合作，世界各国开展国际科技合作的主要目标，以及国际科技合作是国家通过自主创新实现技术跨越的重要条件。其次，分析了美国、欧盟、日本等国家或地区的国际科技合作概况，对当今世界发展趋势进行了概括，进而对国际科技合作过程中的自主创新行为模式进行研究。再次，分析了重庆国际科技合作与自主创新的现状，并对重庆开展国际科技合作与自主创新活动进行了 SWOT 分析，对其发展目标、重点领域、合作模式、合作途径等进行了深入的思考。最后，提出针对这些具体情况的政策建议。

1.4 研究方法

本书主要运用了以下研究方法：

（1）文献研究法

通过收集大量国内外文献，对国际科技合作、自主创新等研究进行动态跟踪，梳理这方面已有的研究成果及典型观点，为后续研究提供理论借鉴。

（2）理论分析法

从理论层面分别对国际科技合作、自主创新进行概念界定，并在对已有研究进行分析的基础上，探索和研究重庆国际科技合作与自主创新概况、存在的问题以及产生这些问题的原因等。

（3）案例分析法

通过对一些典型案例进行分析，总结出在进行国际科技合作与自主创新过程中已经积累的成功经验和行之有效的典型模式，比如合作对象的选择、知识产权的界定、坚持的原则等。

（4）经验总结法

通过对一些具体的国际科技合作与自主创新案例进行分析，可以得出一些经验，从而为以后开展此类活动提供参考。

（5）模型方法

模型方法最大的特征是把认识对象作为一个比较完整的形象表示出来，从而使问题简明扼要，以窥见其本质。通过对国际科技合作中的自主创新模型进行研究，可以比较容易地获知国际科技合作与自主创新的关系，以及二者是如何相互促进的。

（6）对比分析法

针对重庆国际科技合作与自主创新的现状、所处的环境等，在全球视野下进行对比分析，以便较全面地了解和分析问题，并使复杂的信息清晰化。

1.5 研究的创新之处

一方面，从我国开展国际科技合作的过程和结果看，无论是大学还是企业，往往注重活动的本身而忽略了自主创新这个终极目标；对企业而言，目前通过国际科技合作促进自身创新能力提升的实例还不多；对高校来说，除了国内少数一流知名大学外，高校开展国际科技合作往往只关注活动的影响，而在创新研究方面却没有典型的成果涌现。同时，在新的历史时期和市场经济条件下，政府在促进产业和企业国际科技合作与自主创新过程中，应当扮演什么样的角色，发挥什么样的作用，建立健全什么样的政策促进机制，特别是结合西部地区等特点，深入系统地研究促进自主创新的国际科技合作战略，具有研究视野与内容方面的创新性。

另一方面，本书力图从国际政治、经济、文化和产业安全的角度，审视促进自主创新的国际科技合作战略，克服现有相关成果在研究范围上的局限；从国际关系、产业竞争、地区战略等不同层次，综合、系统地研究重庆国际科技合作的战略模式、途径和政策，具有重要的实践意义和理论创新价值；本书力图在理论研究的基础上，采用实证研究的方法，应用系统动力学理论，研究国际科技合作与自主创新的相互影响，在研究方法上也是一种新尝试。

2 相关理论综述

2.1 国际科技合作

近二十年来，随着全球化程度的不断加深，科技创新战略日益受到各国各地区的重视，在政府、企业、高等院校、科研机构、民间中介等多种组织的参与下，国际科技合作在推动科技进步、促进经济发展方面做出了重要贡献。国内外学者围绕国际科技合作研究中的热点问题，就国际科技合作的定义、范畴、参与者、内容、模式、现状和对策等开展了较为全面和深入的研究，发表了大量的相关论著。

2.1.1 国际科技合作的定义

关于国际科技合作，到目前为止还没有一个普遍认同的定义，要对它进行严格的定义比较困难。许多专家和学者从不同的角度和层次，对国际科技合作的概念进行了界定。

英国学者 Luke Georghiou 认为国际科技合作是不同国家或地区的研究学者、科研院所或企业之间的国际合作，应当包括以下活动：学术交流，交换研究成果，合作研发，合作项目，实验室合作，参与其他国家的大型科技计划，在不同国家实验室之间建立长期的国际合作关系，在伙伴国建立附属实验室，资助国外科技研究，国际援助，国际合作开发，国际技术转让，在不同国家建立研发机构等。

国内学者李艳华等认为国际科技合作是由两个或者两个以上国家的法人或自然人按照所签订的协议在指定的科学技术领域进行的相互配合与协作，内容包括基础科学和应用技术的合作研究、专项技术合作与开发调查，以及各种形式的科学和技术交流。广义上，还包括国际技术贸易、技术服务和技术咨询。赵振江则认为国际科技合作是指不同国家的法律主体之间，就两个或多个国家的技术研究和科技开发形成的权利和义务责任关系。除此之外，陈传夫、杨林村、吴声功等学者均从不同角度对国际科技合作进行了详细界定。国内学者关于国际科技合作的代表性定义见表 2-1。

表 2-1　国内学者关于国际科技合作的代表性定义

作者（时间）	定义
李艳华等（1996）	国际科技合作是由两个或者两个以上国家的法人或自然人按照所签订的协议在指定的科学技术领域进行的相互配合与协作，内容包括基础科学和应用技术的合作研究、专项技术合作与开发调查，以及各种形式的科学和技术交流。广义上，还包括国际技术贸易、技术服务和技术咨询
赵振江（1998）	国际科技合作是指不同国家的法律主体之间，就两个或多个国家的技术研究和科技开发形成的权利和义务责任关系
陈传夫（2000）	国际科技合作是不同国家或地区之间的政府组织、企业单位、自然人以及其他法人组织根据一般性国际合同或者条约，就科学技术领域合作的行为
杨林村（2000）	国际科技合作是指不同国家（和地区）的公民、法人和其他组织之间，在平等自愿原则下发生的与科技有关的行为
吴声功（2000）	各国之间跨越国界进行技术转让、技术交流与科技合作的活动
张菊（2003）	在世界范围内寻求最有优势的生产要素和最先进的科技成果与本国的优势重新组合与配置，以取得最佳的经济效益
易继明（2003）	不同国家之间进行的凡是跟科学技术有关的合作与交流
罗玉中（2005）	国际科技合作是一个法律范畴，是指两个或者两个以上国家或地区之间的法律主体按照彼此的约定、共同参与的国际条约或者国际惯例，就涉及的科学技术活动所进行的相互交流、配合与协作
毕克新等（2012）	两个或多个国家或地区的法人或公民之间，为了达到特定的目标而共同开展的科学研究与交流活动

此外，国际科技合作政策与战略研究课题组在《国际科技合作政策与战略》一书中指出，国际科技合作是指在国与国之间所进行的科学技术方

面的交流与合作。具体地讲，是指两个或两个以上国家或地区之间的政府、法人机构、非法人团体和自然人按照彼此的约定、共同参加的国际条约或者国际惯例，就科学技术活动进行的相互交流、配合与协作，它主要包括科技交流和科技合作两大方面。科技交流侧重于科技情报与信息的交换，一般表现为科技人员互补、技术培训、专家咨询、信息通报、举报学术会议和科技成果展览会等；科技合作则侧重于科技项目的研究、开发、转让和应用，一般包括对未知领域的基础性研究和应用研究，以及对某项技术的合作开发、转让和产业化等活动。

基于以上对国际科技合作的理解，本书将国际科技合作定义为：两个以及多个国家或地区为了研究和应用的目的，发生在不同主体（企业、政府、高等院校、科研院所以及中介服务机构等）之间的，在经济、社会、科技等层面开展合作技术创新行为的活动方式，即人员、技术和设备的交互类型以及合作产出的分配方案，这种合作既可以发生在科技与生产部门之间，也可以发生在不同的生产领域之间，既可以发生在不同的国家之间，也可以发生在不同的国家与地区之间。

2.1.2 国际科技合作的内容

1995 年，国家科学技术委员会（1998 年改名为科学技术部）颁发了《关于对外科技合作交流中保护知识产权的示范导则》，该导则的第三点规定了对外科技合作与交流活动是指通过各种渠道邀请来华或出国进行的相关活动，归纳起来包括合作调查和研究、合作开发和设计、合办非营利性机构、科技考察、人才和信息交流、实物交换、学术会议、科技展览、人才培训和技术贸易等 13 项内容。

《国际科技合作与交流案例教程》把国际科技合作与交流分为合作研究、联合调查、合作开发、科技考察、人才交流、信息交流、实物交换、国际学术会议、国际科技展览会、国际技术贸易、人员培训、国际科技咨询等形式，并总结出在进行国际科技合作与交流的过程中容易发生的问题。

杨小林针对中国科学院开展国际科技合作的历程，指出中国科学院参加国际科技合作的内容，即建立科技合作关系、互派学者、承担国际合作研究任务、建立联合研究机构、开展合作研究、组织和参加国际学术会议等。

毕克新等认为国际科技合作的形式包括官方科技合作和民间科技合作，其主要研究的国际科技合作是合作研究、合作开发等涉及科学和技术的合作项目。因此，他们认为合作的具体内容包括合作研究、合作开发、合作设计、合作调查、合办营利性机构、实物交换科技考察等。

本书所研究的国际科技合作主要指的是合作研究、合作开发等涉及科学和技术领域的合作项目。基于已有的学者成果，本书研究所涉及的合作内容主要包括以下几个方面：

（1）合作开发

合作开发指以某种科研成果为基础，参与合作的各个主体共同研究开发具有市场目标的产品，或者共同研究开发有工程目标的项目。

（2）合作研究

合作研究指参与合作的各个主体就某一个或者某几个科学技术项目共同进行科学研究的合作形式。

（3）合作设计

合作设计指参与合作的各个主体就某项工程或某种产品通过分工协作的方式共同进行设计的合作形式。

（4）合作调查

合作调查指参与合作的各个主体为了了解地貌地形情况、大气情况、矿藏情况和其他自然资源情况共同进行的勘察和调查行为，或参与合作的各方共同对某一地区、某一领域进行综合调查与可行性研究的行为。

（5）合办非营利性机构

合办非营利性机构指参与合作的各个主体共同进行人员投入、资金投入或设备投入来开办科研机构和科技培训中心等不以营利为目的的非营利机构。

（6）实物交换

实物交换指参与合作的各个主体相互交换或者赠送设备、原料和样品等实物。

（7）学术会议

学术会议指参与合作的各个主体在国内或出国主办、联办、参加国际科技等相关学术会议。

（8）信息交流

信息交流指参与合作的各个主体相互交换、购买或者赠送图书、目录、期刊、记录资料、软件、样本、程序、影音等文字或者图像资料。

（9）科技考察

科技考察指参与合作的各个主体为了了解科技发达国家的某项科学技术问题、科学技术概况或某一学科领域的科学技术发展情况，由参与合作的科技人员到某个国家或地区进行考察。

（10）科技展览

科技展览指在某个国家内或者某个国家以外范围举办、联办或参与各种形式的与科技相关的展览会。

（11）合作人才培训

合作人才培训指目的在于提高科学技术和管理技术的本国科技人员出国或接受其他国家的科技人员来华进修、实习等。

（12）人才交流

人才交流指非商业性的人才引进或人才输出，包括聘请国外科技专家来华或派专家到国外进行讲学、技术座谈和咨询等活动，以及不同国家科技专家在国际科技相关团体和组织中任职等。

（13）合作技术贸易

合作技术贸易指通过对外科技合作与交流活动延伸进行的技术经济贸易活动。

2.1.3 国际科技合作参与主体

国际科技合作的参与主体既可以是不同国家和地区的政府组织、研究机构、企业和高校，也可以是国际性组织以及科学家本人。本书研究的国际科技合作主体主要由政府、企业、科研机构和高等院校、中介机构等利益相关方组成。从我国现实情况看，企业是最重要的合作主体，高校是最积极的参与主体。

（1）政府是国际科技合作的领导机构

杜宝贵认为政府通过实施国际科技合作战略，制定科技政策和国际科技合作促进措施，也通过发展与世界各国政府的关系，建立合作框架，推动国际科技合作。政府在科技合作中的作用表现在：创造要素集聚规模效应，促进地区协调发展，健全市场机制；建设基础设施，提供公共物品；推进社会改革、体制改革和制度创新，为双方科技合作提供制度支持；制定方针政策，规范和优化双方科技合作的环境。

（2）企业是国际科技合作的主力军

近年来，随着我国国际性合作研究活动日益活跃，企业特别是较具研发实力的跨国公司已成长为国际科技合作的中坚力量。企业在科技合作中的主体作用表现在：利用自身拥有的技术优势、规模优势、管理优势、营销优势和融资优势，与国际合作单位之间在各个层面上积极开展深度合作，在合作中努力获取最大收益；以市场为导向，实现合作方的优势互补和产业对接，共同推进技术创新、新产品研发，以开发和挖掘潜在市场。

（3）科研机构和高等院校是国际科技合作中的积极力量

科研机构和高等院校直接从事科学研究，通过国际科技合作和交流推动科技创新。张九庆认为，一个国家的科研机构应分为政府科研机构、企业科研机构（包括跨国公司的科研机构）、研究型大学和非营利科研机构 4 个类型。政府科研机构主要通过政府拨款、接受政府委托，从事政府需要的、特定的基础研究与应用开发研究。企业科研机构主要为企业盈利开发新技术、新产品、新工艺。研究型大学在从事基础研究和应用研究的同时，也接受多元化的任务和选题研究。非营利科研机构主要接受各种基金会的资助，从事公益性研究和技术咨询服务。高等院校在科技合作中的作用主要表现在：利用高校雄厚的师资力量、丰富的办学经验和畅通的国际交流渠道，联合培养科技创新人才；面向国际先进水平、国民经济战略性调整需要，及我国发展的重大问题，发挥各国大学的科研队伍、科研设备、科研基地优势，联合起来开展研究开发活动，提高知识创新和技术创新水平；利用大学已经形成的为国民经济服务的网络，整合各方优势，服务于各国经济建设和社会发展事业。

（4）中介机构是国际科技合作的促进力量

张放陶等将科技中介机构分为三类：一是直接参与服务对象技术创新过程的机构；二是利用技术、管理和市场等方面的知识为创新主体提供咨询服务的机构；三是为科技资源有效流动、合理配置提供服务的机构。中介机构在国际科技合作中的作用主要表现在：为双方科技合作及时提供金融支持，保证科技合作的金融需要；参与重大合作项目的咨询论证，提高双方科技合作的金融运作效率和效益；传播科技合作的知识、信息和技术，为国际科技合作牵线搭桥等。

2.1.4 中国国际科技合作历程

1978 年，我国政府做出了改革开放的重大决策，在加大经济对外开放的同时，把加强国际科技合作当作国家科技事业发展的一项重要任务来抓。之后，我国出台了一系列政策和措施，按照“平等互利、成果共享、保护知识产权、遵从国际惯例”的原则，以双边、多边、官民并举等形式，深入广泛地开展国际科技合作。在政府的大力引导和支持下，我国的国际科技合作与交流蓬勃发展，已由改革开放初期的人员一般往来，之后的项目合作发展到当前的以我为主、全方位、多层次、宽领域的国际科技合作。

改革开放以来，我国的国际科技合作战略和政策的演变可分为三个阶段：1978—1985 年，恢复国际科技合作事业；1986—2000 年，全面开展国际科技合作；2001 年至今，互利共赢地开展国际科技合作，见表 2-2。

第一阶段：1978—1985 年，恢复国际科技合作事业。

1978 年 3 月，邓小平同志指出："我们要积极开展国际学术交流活动，加强同世界各国科学界的友好往来和合作关系。"在 1978 年召开的全国科学大会上，我国通过了《1978—1985 年全国科学技术发展规划纲要》（以下简称《规划纲要》），提出要"加强国际科技合作和技术交流"。

《规划纲要》提出："邀请外国科学家、工程技术专家来华讲学"；"加强我驻外机构的科技调研工作"；"积极参加国际学术组织和国际学术会议等学术活动"；"积极地、有计划地派遣科学技术人员等出国学习、进修、考察"；等等。在此时期，我国确定了该阶段国际科技合作的具体方针，调整了对科技外事工作的归口管理，建立了引进人才工作管理体制，加强了驻外机构的科技调研，解决了科技外事归口、人才引进和驻外科技机构管理体制调整等问题。

第二阶段：1986—2000 年，全面开展国际科技合作。

随着我国对外开放步伐的加快，我国的国际科技合作得到了进一步的发展。为促进国际科技合作事业，完善和规范国际科技合作体系，我国出台了一系列国际科技合作政策和措施。在这一时期，我国国际科技合作政策进一步加强和规范了技术引进工作；加强了对合办研究开发机构的指导和管理；做出了积极加入国际科技组织的决定；规范了国际科技合作交流中的知识产权保护问题；切实加强了技贸结合，大力推进中国科技产品和技术出口。

第三阶段：2001 年至今，互利共赢地开展国际科技合作。

进入 21 世纪，科技问题越发复杂，大多为全球性问题，其范围、规模、成本和复杂性远远超出了一个国家的能力范围，开展国际合作成为研究开发的内在要求。同时，我国经济、社会、科学技术高速发展，综合国力显著增强，科技创新能力也大大提高。中国不仅成为吸引世界各国投资者的一个重要国度，而且成为世界上科技创新关注的重点国家。国际和国内环境的变化为我国的国际科技合作带来了新的机遇与挑战。

在此背景下，我国确立了“互利共赢、全方位、多层次、宽领域”开展国际科技合作的政策方针。在此期间，我国国际科技合作政策表现出了四大特点：从国家战略层面上推动国际科技合作；加大国际科技合作力度，设立国际科技合作专项经费；积极参与并牵头组织制订国际大科学大工程计划；加强对发展中国家的技术援助。

表 2-2　我国国际科技合作发展历程

阶段	时期	主要内容与成果
第一阶段	1978—1985 年	①确定了国际科技合作的具体方针 ②建立了引进人才工作管理体制 ③解决了科技外事归口、人才引进和驻外科技机构管理体制调整等问题
第二阶段	1986—2000 年	①加强对合办研究开发机构的指导和管理 ②规范了国际科技合作与交流中的知识产权保护问题 ③ 加强了技贸结合
第三阶段	2001 年至今	① 确立了“互利共赢、全方位、多层次、宽领域”开展国际科技合作的政策方针，从国家战略层面上推动国际科技合作 ②加大国际科技合作力度，设立专项经费 ③积极参与并牵头组织制订国际大科学大工程计划 ④加强对发展中国家的技术援助

我国国际科技合作发展的阶段和政策体系体现出明显的务实特征。在改革开放初期，国际科技合作的核心在于恢复并完善国际科技合作的基础，解决当时我国国际科技合作中客观存在的体制和机制问题，实现国际科技合作在改革开放后的重启。

2.1.5 国际科技合作的必然性

综观以上国际科技合作的发展历程可以看出，面对激烈的国际竞争，要实现经济社会的跨越式发展，我国大力开展国际科技合作与交流具有历史的必然性与现实的紧迫性。

（1）各国技术领先优势上的差异，促成国际科技合作的开展

随着全球化背景下的知识经济大潮日益汹涌，国家之间的竞争已不仅仅是经济的竞争、人才的竞争、信息的竞争，更是抢夺知识产权以及科学技术的竞争。国际科技合作从微观企业技术创新延伸到宏观的国家科技合作系统建设，从国际科技合作的一般理论研究上升为国际科技合作和改善国际科技合作资源配置的研究，世界范围内竞争的中心点已从生产、市场等领域加速转移到了研究与技术开发、知识创新等领域。因此，弥补不同国家及地区之间在技术上的差距，就成为各方参与国际竞争最重要的驱动力，由此，国际科技合作成为提升技术创新能力、增强全球竞争水平的重要途径。

由于技术的开发与应用都是与各国的资源条件、技术水平和经济基础相结合的，因此，我国开发的很多技术更适合第三世界国家。在这种情况下，对发达国家而言，如果不重视我国在经济科技领域中的领先优势，不与我国开展科技合作，则很难进入我国市场。同样地，对我国而言，更需要通过国际科技合作来实现技术引进，以尽快缩小与发达国家在一些关键技术领域的显著差距。

（2）生产要素禀赋不同，使得国际科技合作成为必然

生产要素包括资本、技术、劳动力和资源四大类。自然环境、地理位置、人口资源等方面存在的客观差异，导致各国在生产要素方面也存在着较大差异。一个国家国际科技合作的发展能力取决于其相对于其他国家相应资源的拥有和利用情况，但是任何国家或地区的资源数量都是有限的，也没有一个国家或地区在生产要素上能够全部自给自足，即使是最发达的

国家也不例外，这就客观上形成了经济发展落差，而国际科技合作正是改变这一落差的重要路径。

易继明认为国际科技合作促进了有限的科技资源在更广阔的国际范围内进行优化配置，通过看不见的手，也就是市场，将其配置到最需要的地方去，从而拓宽了科技资源的获取渠道，进而促进国际科学技术研发与应用能力的提高。正是因为国与国之间在生产要素禀赋方面存在着差异，才使得在世界范围内开展国际科技合作成为可能。具体而言，我国科技基础总体上仍较为薄弱，科研投入仍然有限，但科技人才资源丰富，科研成果应用市场广阔；而发达国家虽然科研基础较为雄厚，科研经费一般较多，但科研人员规模不够，仍然需要吸纳全球科技精英，同时，科研成果应用市场的规模有限。由此，我国能够凭借所拥有的技术、人才和低成本、大市场等方面的优势，来积极参与各类国际科技合作活动。

（3）开放发展环境下，国际科技合作有利于科研水平的提升

经过60多年的努力奋斗，我国已经成为科学技术体系较为完备、科研人力资源世界第一、科技成果不断涌现的科学技术大国，并且建立了较为完整的现代科学技术体系，形成了比较合理的、多层次的科技力量布局，科研投入大幅度增加，科研条件和科技基础设施不断改善。在科学技术队伍方面，我国的科技人力资源总量连续七年位居世界第一，研发人员的全时当量已突破1亿人规模（全时当量是全时人数加非全时人数按工作量折算为全时人员数的总和）。

与此同时，我国的国际科技合作也呈现出了新局面。我国积极参与国际大科学工程，民间科技交流十分活跃，科技工作者参加了近千个国际学术组织，并在其中发挥了重要作用。然而，我国虽然有相对完整的科学技术基础和规模庞大的科技人员队伍，但科学技术总体能力与世界先进水平相比仍存在较大差距，在科学知识生产方面占世界总量的比重较小。要提高我国科技的总体水平，还需继续通过加强与其他国家，尤其是发达国家的科技合作。

2.2 自主创新

当前，我国已经进入到依靠科技进步和自主创新推动经济社会发展的重要历史阶段，正在实施加强自主创新、建设创新型国家的科技战略。在特定的发展时期，有关我国应致力于加大科技投入推动自主创新，还是以技术引进为主、以市场换技术的路径争议，已经有了显而易见的结论。对于自主创新的相关课题，研究学界呈现出了百家争鸣的态势，自主创新理论仍在不断完善和发展之中。

2.2.1 自主创新的定义

早在1912年，美国经济学家约瑟夫·熊彼特在其著作《经济发展理论》中首先提出了“创新”的概念，当时轰动了西方经济学界，并且一直享有盛名。他认为，所谓“创新”，就是建立一种新的生产函数，也就是说，把一种从来没有过的关于生产要素和生产条件的“新组合”引入生产体系。在熊彼特看来，作为资本主义“灵魂”的“企业家”的职能就是实现“创新”，引进“新组合”。所谓“经济发展”，是指整个资本主义社会不断地实现这种“新组合”。熊彼特所说的“创新”“新组合”或“经济发展”，包括以下五种情况：引进新产品；引用新技术，即新的生产方法；开辟新市场；控制原材料的新供应来源；实现企业的新组织。此后，关于创新的研究就成为管理学和经济学研究的热点，随即引发了全球的“技术创新热”效应。

国内最早使用“自主创新”概念的是浙江大学的陈劲教授（1994），他对从技术引进到自主创新的学习模式进行了研究，认为研究开发中的学习是自主创新过程中的主导学习模式，只有通过研究与开发，才能掌握技术的本质。除此之外，谢燮正、杨德林、周寄中、刘凤朝等学者也从不同角度对自主创新进行了详细的界定。国内学者关于自主创新的代表性定义见表2-3。

表 2–3 国内学者关于自主创新的代表性定义

作者（时间）	定义
陈劲（1994）	研究开发中的学习是自主创新过程中的主导学习模式，只有通过研究与开发，才能掌握技术的本质
谢燮正（1995）	自主创新就是掌握自主知识产权，使经济、技术具有自主特点的创新。过去的技术创新省略了许多由发明到应用的中介环节，自主创新则必须包括选择发明和科技成果，还必须包括根据市场和生产需要去开发技术的各种努力
杨德林，陈春宝（1997）	自主创新是“企业主要通过自身努力，攻破技术难关，形成有价值的研究开发成果，并在此基础上依靠自身的能力推动创新的后续环节，完成技术成果的商品化，获取商业利润的创新活动”
许广玉（2005）	自主创新是企业通过自身的努力和联合攻关探索技术的突破，以达到预期目标的一种创新活动
周寄中（2005）	自主创新是指通过提高科技原始性创新能力、集成创新能力和引进消化吸收能力，拥有一批自主知识产权，进而提高国家竞争力的一种创新活动
刘凤朝等（2005）	自主创新是创新主体依靠自身（或主要依靠自身）的力量实现科技突破，进而支撑和引领经济社会发展、保障国家安全的活动

以上定义都与中央提出的自主创新相似，即自主创新应该包括三个方面：一是科学发现和技术发明；二是各种相关技术成果的融合汇聚；三是对引进的国外先进技术的消化吸收和再创新。

基于以上研究，本书将自主创新定义为：在解决所面临的促进人类社会进步和社会发展的科技问题过程中，依靠自身的开拓性、创造性努力，应用新的思想、理论、知识、技术、方法、路径、模式等，研究开发出得到现实或潜在价值和影响的新成果的一系列活动组合。显然，自主创新可以是任何通过自身努力创造的、显著不同于之前状态与特征的、能够解决现实科技问题的结果，其最至为显要的成果形式就是通过这种活动，最终掌握了相关的核心技术和自主知识产权。基于这样的考察视角，自主创新也就被理解为技术创新或科技创新的不同表述方式。另外，作为技术创新或科技创新的高级阶段，自主创新重在突出和彰显技术创新的自主性和自决性。因此，拥有比较强的技术创新能力，就具备了提升自主创新能力的基本条件。

2.2.2 自主创新的内容

关于自主创新的内容，不同历史时期学界对其理解各有侧重。20 世纪 90 年代的文献大都将自主创新视为原始创新，即不依靠外部力量的独立研究成果。施培公认为，自主创新的本质特点是技术突破的内生性，即核心技术（或称主导技术）必须是由企业依靠自身力量独立研究开发而获得。他认为“目前我国部分人士将引进国外先进技术后，依靠本国力量对国外技术进一步发展，开发出新产品的活动称为自主创新，这种观点是欠妥的”。柳卸林认为自主创新“是创造了自己知识产权的创新”。

进入 21 世纪后，自主创新的内涵得到了扩展，大部分观点认为自主创新包括三个方面的内容：一是原始创新，即努力获得更多的科学发现和技术发明；二是集成创新，即通过各种相关技术的有机融合，形成具有市场竞争力的产品和产业；三是在引进国外先进技术的基础上，积极促进消化吸收和再创新。这是目前国内学界普遍接受的关于自主创新的内容表述。至此，自主创新的范畴已发生重大变化，即从技术创新的一种类型变为自主创新自成体系（如图 2-1 所示）。自主创新被认为是一种系统工程，需要多方面因素相互作用，形成浓厚的创新底蕴和合力，而观念、制度和人才则是构成自主创新体系的三个基本要素。

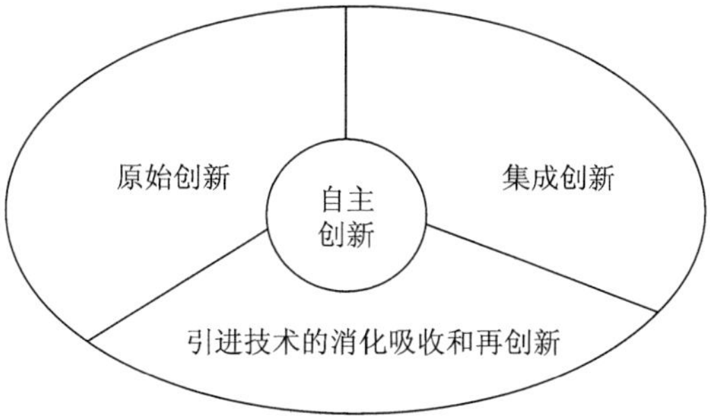

图 2-1　自主创新的新范畴

自主创新并不意味着排斥技术的引进，而是要注重对引进技术的消化吸收和再创新。自主创新不只是纯粹的技术创新，还应当包括产业创新、产品创新和品牌创新。自主创新也不是一切领域都要追求原始创新，而是基于自身的现实条件与发展潜力，有重点、有选择地实施创新战略。一些事关国家安全和核心利益的领域应尽可能地实现原始创新，以摆脱关键技术受制于人的局面，一些领域可实施集成创新，还有众多的市场化运作领域，可以在引进消化吸收基础上实现再创新。一些领域需要通过应用先进技术改造传统产业，从而实现产业产品生命周期的嬗变和更迭。自主创新战略应处理好全面与重点、关键与突破的关系，力求在有限的资源条件下，在重点领域取得关键突破，以点带面地推动全面跨越。自主创新不仅是科学技术发展的战略基点和科技领域的重点任务，也是调整产业结构、转变增长方式的中心环节，是经济建设的重要任务。

自主创新的三个层面有着本质上的内在联系。原始创新往往孕育着科学技术质的飞跃，是集成创新能力的重要基础和科技竞争力的源泉。集成创新是当今科学技术发展的一个重要特征，主要是指围绕一些具有较强技术关联性和产业带动性的战略产品和重大项目，将各种相关技术有机融合起来，实现一些关键技术的突破甚至引起重要领域的重大突破。在经济全球化条件下，自主创新不能封闭起来进行，而应开展广泛的对外科技合作与交流，完善引进技术的消化吸收和再创新机制，充分利用人类共同的科技成果。

2.2.3 自主创新的特征

不同学者从不同的研究视角出发，对自主创新的特征进行了不同层面和侧重点的描述。大部分学者着眼于从企业技术进步和管理实践出发探索自主创新的本质特征。

侯先荣等在其所著《企业创新管理理论与实践》中提出了自主创新的五个特征，即高风险性、高回报率、创造性、综合性和时效性。

张于喆、张义梁通过对“自主”“国家创新能力”两个概念的分析，提出国家自主创新能力应该具有以下四个特征：第一，国家自主创新能力的根本目标是保持经济长期平稳较快发展，调整经济结构、转变经济增长方式，建设资源节约型、环境友好型社会，以提高我国经济的国际竞争力和抗风险能力。第二，国家自主创新能力是一种复杂的综合性能力。第三，国家自主创新能力的创新参与者是一个多元化网络系统，包括大学和科研院所、政府、内外资企业等创新单元，这些单元分工明晰、特色鲜明、功能互补、相互协同。第四，国家自主创新能力是一个开放的能力系统。张于喆等的研究摆脱了仅仅从企业技术创新的视角研究自主创新的做法，将制度创新、管理创新、国家创新纳入自主创新的研究视野。

综合已有研究成果，本书认为自主创新应突出以下五大特征：

（1）在技术突破上的内生性

自主创新是破解关键技术受制于人的战略安排，多年来的实践已经表明，真正的核心技术是很难通过技术贸易买来的，自主创新的核心技术来源于国家内部的技术突破，是国家依靠自身力量，通过独立的研究开发活动而获得的，这是自主创新的本质特点，也是创新战略和其他自主创新战略的本质区别。自主创新的许多优势也是由此决定的。

（2）在技术进步方面的首创性

所谓创新，就是指打破常规，突破束缚，先于他人创造出有利于提升生产效率、丰富人类生活、推进人类社会进步的技术成果。这体现在成果的独一无二和独特的理论或应用价值上，这种独特的创新就是自主创新在技术方面的首创性。首创性是自主创新追求的目标。新技术成果具有独占性，在技术开发的竞争中，真正的成功者只有一个，其他晚于首创的是注册专利者的同类成果，不仅不能受到法律的保护，而且不能合法使用。因此，在同一市场中，非首创性的自主创新是没有意义的，自主创新项目必须将技术上的首创性作为努力追求的目标，才有望获得成功。

（3）在市场应用方面的率先性

经济学家认为“自主者全得”，即一个国家或者一个企业在高技术领域领先一步，就有可能占领绝大多数市场份额，其他竞争者将很难生存。技术上的首创性往往会带来市场开发方面的率先性。技术开发成果只有尽快实现商品化、产业化，才能为自主创新单位带来丰厚的利润，有效防止跟随者抢占市场，进而侵蚀其技术开发成果。现实中，自主创新在技术上与市场开发方面通常具有率先性。自主创新单位往往既是技术上的领跑者，又是市场方面的先行者，自主创新的优势在很大程度上正是由技术与市场两方面的率先性决定的。

（4）知识和能力支持的内在性

无论原始创新、集成创新还是引进、消化、吸收再创新，知识和能力支持是创新成功的内在基础和必要条件，在研究、开发设计、生产制造、销售等创新的每一个环节，都需要相应的知识和能力支持。自主创新不仅技术上的突破是内生的，且创新持续过程也主要是依靠自身力量推进的。因此，自主创新在知识与能力支持方面具有内生性。另外，自主创新过程本身也为创新者提供了独特的知识和能力积累的良好环境。

（5）在经济效益和环境效益上的显著性

综合国力的竞争，归根结底是科技经济实力的竞争。目前，全球公认的20个左右创新型国家所拥有的发明专利数量约占全世界总数的99%。我国研发人员的全时当量位居世界第一，相当于美国的两倍多、俄罗斯的四倍多，科研经费投入和科研论文发表数量均位居世界第二，这表明我国已经进入科技大国行列，但科技成果转化率仅为10%。

以美国为首的西方发达国家及其跨国公司，凭借科技优势和建立在科技优势基础上的国际规则，形成了对世界市场特别是高新技术市场的高度垄断，牢牢把持着国际产业分工的高端，获取超额利润。根据2016年全球创新指数，瑞士、瑞典、英国、美国、芬兰和新加坡是世界上最具创新力的六个国家，我国仅列世界第25位。英国长期以来形成了科研创新的优良传统和雄厚基础，其人口在世界人口中的比重不到1%，然而却创造出了占全世界16%比例的一流科研成果，极大地巩固和提升了国际竞争力。

2.2.4 自主创新的模式

现有相关文献普遍将自主创新分为原始创新、集成创新和引进消化吸收再创新三种模式，当然这三种自主创新模式并非完全地被割裂开来，它们之间是一种相互联系、彼此影响、共同促进的长期共存关系。

（1）引进消化吸收再创新模式

引进消化吸收再创新是指组织通过有重点、有选择地引进、购买组织外的先进科学技术成果（包括产品制造技术、生产工艺等），并在消化吸收外购技术成果的基础上加以改进并进一步创新。引进消化吸收再创新的知识来源主要依靠组织外部知识源，其核心技术、关键技术的知识产权是不属于组织的。

从引进消化吸收再创新的链式过程看，引进消化吸收再创新始于技术抉择，即确定引进什么样的技术，从哪里引进、何时引进、怎么引进。技术引入之后要进行消化吸收，破译引进的技术原理、结构和设计思想，通过学习掌握设计中的关键技术，学会同类产品的设计方法、制造工艺诀窍、原材料和配套件的特点等，实现技术积累，提高自身的技术水平，当组织消化吸收技术知识积累到一定程度，就可能开发出新的设计、制造工艺技术，试制出新的产品，从而形成自主知识产权。组织在新的技术起点形成自主研发能力，实现技术变革，从技术引进走向自主创新。与此相对应，引进消化吸收再创新中的知识运动过程可以划分为知识引进、知识学习和知识创新三大阶段。

引进消化吸收再创新的基本过程包括引进构思、技术引进、消化吸收和再创新四个阶段。在这一过程中，消化吸收阶段处于最重要的位置。通过这一阶段的学习，企业能有效地提高自身在设计、制造、质量等方面的技术能力，为日后的再创新打下基础。因此，引进消化吸收再创新要求企业具备较强的技术学习能力，能迅速掌握并利用所引进技术中的核心技术。

（2）集成创新模式

集成创新是指创新主体对创新要素（技术、战略、知识、信息、组织、人才等）进行重新优化与整合，力求以最合理的结构与方式结合在一起，从而形成一种具有促进功能倍增和技术突破性演进的有机整体。集成创新是在融合多项技术基础上所产生的突破创新，是在已有技术的基础上另辟技术路径，摆脱了现有技术运行轨道和开发范式的制约与束缚。

集成创新的技术成果虽然可能囊括了对现有专有技术、有效专利等他人技术的破译，但由于其集成的新颖性、创造性、实用性，以及所付出的创新努力，成果的开发者同样可以申请发明或实用新型专利。因此，技术集成创新同样能使开发者或成果所有者确立其在该领域中的技术优势地位，拥有技术的自主知识产权。集成创新和简单的技术集成是有区别的，尽管简单的技术集成也属于熊彼特五种创新模式中的“采用一种新产品或产品的一种新的特性”“采用一种新的生产方法”模式，但由于它没有付出创造性努力，在技术上没有取得突破，组织也没有获得自主知识产权，因而不能称为自主创新。

集成创新的基本形式包括：①技术集成创新，按照市场需求开发新产品，将有关的技术单元组织集成创新，使新产品快速进入市场；②服务集成创新，让处于同行业或同一供应链中的企业进入大市场，将物流、资金流、信息流等组织集成服务，以提高市场的经营效率；③资源集成创新，将不同企业的优势资源进行整合，以达到互惠互利的目的，比如拥有充足资金的企业与拥有好项目并有经营能力的企业开展合作；④平台集成创新，将供应商、客户、合作商等不同功能的组织平台集成为一个有机组织体，使其整体效率得到极大提高。

（3）原始创新模式

原始创新是指凭借自身的主动学习，坚持自主研究与开发活动，积极探索技术前沿，致力于突破技术难关，长期不懈，矢志不渝，从而创造出具有自主知识产权的技术或产品。原始创新具有两个明显的基本特征：原始性和唯一性。原始性是指科学研究的思想、研究的方法系研究者率先提出，这一创新性研究结果，开拓了一个新的研究与应用领域，从而为科学技术的发展带来影响。唯一性是指研究者提出的思想和方法，在此之前从未有其他人提出或实践过。原始创新主要依靠组织内部积累沉淀的知识和自身的研发努力来取得重大技术突破，是一种前所未有的创新，能使组织在该领域处于领先地位并长期保持竞争优势。当然，原始创新面临着巨大的困难和挑战，且存在着很大的不确定性，同时耗费的时间、人力与物力十分可观，远远超过了一般性创新的投入。

原始创新是一项非常重要的创新活动，是国家科技创新能力的最根本依托和长期科技竞争力的源泉。已有研究表明，由于技术知识包括显性知识和隐性知识，所有技术能力只能通过学习获得，而技术转移的有效性取决于接受方的学习努力程度，实际上企业吸收外部技术知识的能力也取决于进行自主研发的技术学习经验。因此，原始创新是学习、吸收、创造和发展技术和知识资源的基础。在三种自主技术创新模式中，原始创新作为最重要的一种创新形式，其本质就在于原始创新属于根本性、开拓性、革命性的创新，通常会取得技术上的重大突破，因而成为其他创新（集成创新和引进消化吸收再创新）的起点。原始创新通常能改变产业结构并使产业结构在一定时间内保持稳定。原始创新还会开辟新的创新空间，因而其后经常伴随着一系列的渐进性的产品创新和工艺创新。风险与收益是并存的，相比而言，原始创新的创新风险虽然最大，但是其成功的预期收益相应也是最大的。

2.3 国际科技合作与自主创新

科技全球化在互联网时代最突出的表现就是自主创新的国际合作日益增强。一方面，探索自然界的重大问题和解决全人类面临的共同问题需要凝聚全世界人类的智慧，并聚集起巨大的资源投入其中；另一方面，各国各地区也日渐意识到提升自主创新能力是支撑一个国家和地区国际竞争力的关键性因素。由此，通过国际科技合作融入世界科技浪潮，掌握前沿动态，已成为各国政府必然的战略选择。国际科技合作可以说是一种多赢的活动，参与的各方都能从中受益：发达国家和地区可以聚集起全球范围内的智力、资金和人才资源，解决其知识生产力优化配置问题；发展中国家则可以通过研发主体与国外的合作培养科技人才、改善科研条件、强化科研投入、优化科研环境、推动科研创新，以不同的创新模式激励科研成果的产生，从而提升本国的自主创新能力。

2.3.1 国际科技合作有助于自主创新

国际科技合作与交流对科学技术及管理的信息、知识和经验传播具有立竿见影的作用。虽然专有或专利技术的传播与转移并不意味着能够直接带来自主创新的提升，但它可以解决现实中存在的待解决的“技术短板”和“技术瓶颈”等问题，从而迅速替代或改进落后的现有生产技术，缩小了同先进技术的级差，为进一步吸收以及在此基础上开展研发、改进与创新提供了一种可能。作为深化国际科技合作的一种方式，跨国跨地区合作设计研究开发机构对提高创新意识与能力具有显著的促进作用。

改革开放以来，从客观上看，一方面，国际科技合作大幅度地提升了我国的自主创新能力，特别是在一些事关国民经济和社会发展的重要技术领域，实现了由无到有、由弱到强、由少到多的蛙跳式发展。另一方面，通过积极鼓励外企在我国建立国际性或区域性研究中心，及国内企业在国外设立研发机构等方式，积极利用国外先进设备与智力资源，有效促进科技交流与科研创新。委托与合作设计、研发已成为我国企业利用国际科技资源、获得自主知识产权的重要方式之一。

近些年来，重大国际科技合作计划促进了全世界科学家在多个前沿学科领域开展合作研究，已成为系统解决人类所面临的共同复杂问题的有效途径之一，受到科技界和各国政府的重视和积极推动。我国科学家通过参与具有重大意义的国际科学计划，围绕若干前沿科学领域和技术科学领域开展了国际合作，推动了多个学科的发展，解决了许多重大科学及关键技术问题，达到了共享科技资源和科技成果、提高自主创新能力的目的。我国国际科技合作结合新时期经济和科技发展的新趋势和新特点，紧密配合国家经济、科技和外交战略，不断开创新局面，迈上新台阶，取得了丰硕的成果。通过不断深化改革，一个全方位、多层次、宽领域的国际科技合作局面已经形成。目前，国际技术转移和多种形式的国际科技合作与国际经济技术合作日趋相互渗透，已经成为有效利用全球科技资源、提高我国自主创新能力、在重点领域实现跨越式发展的有效手段。

总之，作为我国改革开放的产物之一，国际科技合作与交流为我国打造了一支信息沟通及时、科研联系广泛、科技知识先进、具有较强创新能力和较高科研管理水平的人才队伍，不但持续不断产生着创新成果，而且带动了创新意识、创新氛围的形成和传播。更为重要的是，国际科技合作对我国科技政策、管理、战略研究、发展预测、国土资源综合开发、产业振兴、技术进步、知识产权保护和技术贸易等方面，都提供了许多国际先进的理念、思想、方法，使我国在科技政策、规划和管理方面紧跟世界潮流。例如，高科技企业、高新技术园区、科技孵化器、风险投资、技术创新激励政策的提出和产生，便是在开展国际科技交流与合作活动的过程中借鉴国际先进科技开发理念的结果。

2.3.2 自主创新支撑国际科技合作

在风起云涌的“互联网+”时代，新的科学技术革命催生了一大批划时代的科学技术成果，它们在各个产业领域的应用又推动了一大批新兴产业部门的形成，从而极大地改变了经济社会的面貌，甚至影响和改变了世界经济结构。随着全球一体化的影响程度不断加深，以及知识经济本身的跃迁式发展规律，一国或地区只有在全球范围内实现科学技术的创造与创新，才能具有持续的核心竞争能力，因而自主创新能力就成为各个国家和地区获取竞争优势、在国际竞争中立于不败之地的决定性因素。

在科技革命的推动下，各国各地区纷纷把推动科技进步和自主创新作为增强竞争力的发展战略；把对高新技术自主知识产权的保护和垄断作为参与国际科技合作最重要的手段。知识的创新扩散已成为内涵式增长新经济部门发展的基础，自然也成为科技政策关注的重点，并会随之成为国际科技合作与交流的重要内容。这意味着在当代，那些与传统产业部门相关的公共科学知识和二手技术的转移与扩散，开始在国际科技合作中降到次要地位，逐渐变成经由常规的经贸活动附带进行的活动，而与新经济成分发展相关的创新知识扩散与创新能力提高，日渐成为国际科技合作的方向和目标。

近年来，主要发达国家普遍围绕如何充分利用科学技术解决民生问题来制定科技政策或设立科研项目，并相继推出了以发展民生科技为主要内容的政策及战略，同时在能源、环境、人类健康等涉及民生的领域开展了广泛的具有实质性的国际科技合作。

提高自主创新能力、建设创新型国家已成为我国经济社会发展的重要奋斗目标。自主创新始终是我们发展建设的中心环节和基本出发点。只有在全球化条件下积极开展国际科技合作，坚持自主创新，才能打破发达国家的技术封锁，实现跨越式发展。这已为正反两方面经验教训所证明。要正确处理自主创新与国际科技合作的关系，从被动参与向有计划按照预定战略目标进行科技创新的方向转变；自主推进国际科技合作，最大限度地利用国外科研智力资源、数据及最新研究思路；最大限度地提高科研效率，尽快实现从智力资源大国向在多数重要学科占据领先地位的科技创新大国的转变。利用科技外交战略，加强国际科技合作，精选有战略性价值的前沿性基础研究领域，以我为主地创新发展新兴战略性技术和产业，并积极引进国外新技术。尽快形成产业，能打破制约国民经济发展的瓶颈，还可以通过出口产品或成套设备及输出技术来回收技术引进成本。面对科技外交的新发展趋势，我们应该进行战略谋划，并采取积极的措施，促进科学技术的发展，并充分发挥科学技术在经济发展中的推动作用。

3 部分国家的国际科技合作概况

当前，经济全球化、政治多极化、研发国际化、科技经贸一体化已成为世界发展不可逆转的发展趋势。各国各地区之间，特别是大国之间，以经济为核心、以科技为先导的综合国力竞争日益激烈。由于世界各国在经济、政治、社会、文化等方面的相互渗透、相互依存程度日益加深，一些诸如生态失衡、环境污染、人口爆炸、资源短缺、跨国犯罪、国际恐怖主义、卫生健康等全球性问题日益增多，超越了国家和地区的界限，关系到整个人类的生存与试验开发，科学技术已进入一个只有通过国际合作才能全面发展的时代。各国的国际科技合作方式已经从单一的纯学术交流发展到技术合作，进而深入到了经济社会发展的每一个重要领域，科技合作与经济合作日益融为一个不可分割的整体。一些国家积极开展国际科技合作，形成了一些较具代表性的经验做法和典型模式。

3.1 美国国际科技合作概况

作为世界上科技最发达的国家，美国在知识产权和科技等领域的领先优势巨大而显著，科研水平长期处于世界领先地位。各个重要及关键科技领域的众多全球知名学者及相应的专利发明和学术论文成果，以及雄冠全球的诺贝尔奖得主数（涵盖了生理学和医学、物理学和化学等自然科学研究的主要领域），在各个层面反映着美国的科技实力。美国不仅拥有极具竞争力的科技人力资源，而且基础科学研究整体实力十分雄厚。当然，由此还塑造和彰显了极具美国特色的科技创新文化影响力，并成为推动美国经济前进的不竭动力之一，为发明创造和持续创新提供了良好的环境支撑。

3.1.1 美国的 R&D 投入状况

美国的研究与试验发展活动主要是由联邦政府实验室、企业、大学以及非营利研究组织等来承担。美国的科研资助机构包括联邦政府、产业界、高校、非营利机构和地方（州）政府。其中，联邦政府和企业为 R&D（研究与开发）投入的主要来源方，企业 R&D 投入规模和政府 R&D 资助强度均很大，两者研发经费投入约占全国研发经费的 95%。

近十多年来，美国政府的研发支出占 GDP 的比重在 2.5%~3.0%的范围内浮动。联邦政府专注于为基础科研提供支持，而由产业部门发挥在应用研究和技术进步方面的引领功能。金融危机爆发以来，虽然受到紧缩的财政政策的影响，国家优先发展项目的方向与重点发生了改变，但过去 5 年间联邦政府在研发方面始终保持着较高的投入，以期保持美国在知识创造领域的长期竞争力。美国研发预算投入的前五大领域分别为防御、航空航天、能源、健康和服务以及基础科学。

联合国教科文组织发布的《2015 年科学报告：面向 2030》中指出：2015 年，美国科研支出占到了全世界科研费用总开支的 28%，专利产出数量多年来一直稳居世界首位。美国长期以来雄踞全球科技研发开支的榜首，在雄厚的科研力量支撑下，其高新技术产业非常发达，在全球占有绝对竞争性领导地位。目前，美国在火箭技术、武器研究、材料科学、医学、生物工程、计算机等许多领域都居于世界领先地位，科学研究既是其经济发展的发动机，也是使其建设更加持续、社会更加文明的奠基石。美国面向全球国家，以项目为依托，开展了富有成效的国际科技合作活动。

3.1.2 重点科研发展领域

（1）能源领域

为了应对能源安全和气候变化问题，并推动美国能源领域的改革不断取得重要进展，奥巴马提出了“全方位”能源战略。奥巴马执政后，迅速促成国会通过了《2009 年恢复与再投资法》，规定将划拨约 500 亿美元用于开发绿色能源和提高能效，其中，140 亿美元用于可再生能源项目，45 亿美元用于改造智能电网，64 亿美元用于清洁能源项目，63 亿美元用于提高州一级能效，50 亿美元用于改造家庭住房的越冬防寒性能，45 亿美元用于帮助提高联邦政府的建筑能效，1890 万美元用于打造“绿色交通”。这是美国能源战略的一次重大调整，同时在促进国内经济增长、保障就业的压力下，能源科技研发重点向更加务实的短平快方向发展。

2014 年 5 月，美国白宫经济顾问委员会正式发表《“全方位”能源战略——通向经济可持续增长之路》。“全方位”能源战略包括三项核心内容：促进经济增长并创造就业，提升能源安全，推广低碳能源技术并为清洁能源的未来奠定基础。具体来讲，“全方位”能源战略一方面力求通过促进更为环保的石油和天然气生产来顺应当前能源发展的趋势，另一方面积极鼓励可再生能源生产，提高能源利用效率，支持碳捕捉、利用和收集。截至 2015 年底，美国政府已经支持了上千个项目，特别是向可短期见效的项目倾斜。如今，美国的 29 个州以及华盛顿特区和美属波多黎各已经确立了可再生能源投资组合规范（RPS）需求。

（2）生物医学领域

美国政府实施了一系列促进转化医学的计划，包括“罕见和被忽视疾病疗法研究”“干预开发的快速通道计划”“疗法快速开发计划”和“NIH-FDA 伙伴计划”等，这些计划针对诊断产品和疗法开发过程的不同阶段，设计了不同的着力点。2011 年，为了系统地推进转化医学的发展，美国国家卫生研究院（National Institutes of Health，NIH）正式启动了酝酿已久的机构改革，撤销了下属的研究资源中心，专门成立了转化医学促进中心，通过与研究机构、产业界和病患群体的直接互动，力求整合起基因组学、生物化学和信息学方面的各方资源，努力实现研究领域的重大突破，促进诊断和治疗创新技术的开发、测试和有效应用。

预防医学被美国政府视为保障国民健康的第一道防线。根据医改法案，美国成立了“国家预防委员会”，并出台了《国家预防和健康促进战略》，斥资 150 亿美元用于疾病预防、诊断、早期管理所必需的基础条件建设。

近几年来，美国在生物医学领域取得了许多重大成果。比如，杜克大学模仿人体细胞内复杂的基因调控过程，模拟出了多种蛋白质如何通过复杂相互作用调控一个基因；俄勒冈健康与科学大学等成功将人类皮肤细胞重组为胚胎干细胞，可在体内转化成任何其他类型细胞；马萨诸塞州总医院科学家培育出一个肾脏，在小鼠实验中能成功过滤血液、产生尿液，他们还利用从牛和羊身上提取的活组织培育出了人造耳；马里兰州疫苗研究中心研发的“万能”流感疫苗成效显著，实验鼠接种新疫苗后产生的抗体水平是传统疫苗的 34 倍，在雪貂实验中也达到了 10 倍；等等。

（3）航空航天领域

美国国家航空航天局（NASA）发布的《国家航空航天局 2011 战略计划》中确立了 6 项战略目标，成为应对未来航空航天挑战、调整和转变战略使命的重要指导文件。随着航天飞机的退役，美国政府的航天重点实现了从重返月球向探测火星转移，同时，积极与企业建立合作关系，大力促进近地轨道商业化，实施了商业载人航天项目，确立了 57 个计划目标。在商业航天方面，美国航空航天局与波音、内华达山脉公司、空间探索、蓝源、ULA、ATK 等公司签订了合作协议，其中资助波音、内华达山脉公司、空间探索、蓝源经费共计 2. 255 亿美元。

近年来，美国在航空航天领域取得了一系列成果。比如，2014 年 6 月，美国国家航空航天局（NASA）策划了一个无人机项目：派送一个四轴飞行器前往“泰坦”搜索生命迹象，他们考虑使用无人机——包括飞行器与气球，探索土卫六的地形与海洋，收集样本，之后还能返回到“母舰”上充电及提交数据进行分析；2014 年 7 月 3 日，在完成了关键设计审定之后，波音公司与 NASA 最终签订了一份协议，使得美国国家航空航天局（NASA）研发的太空发射系统的建造得以全面启动，它将成为有史以来最强大的火箭，未来将可载着航天员飞向火星；波音公司和美国太空探索技术公司（SpaceX）赢得了价值 68 亿美元的“太空的士”合同，将在未来几年向国际空间站运送航天员等。

（4）信息通信领域

美国白宫、国务院等6部门在2011年5月16日联合发布了由总统奥巴马签署的《网络空间国际战略》。这是美国政府针对全球互联网推出的首份国际战略与政策报告，它不仅不同于克林顿政府、布什政府在信息安全、网络安全方面曾推出的战略计划，更是超越了奥巴马上任以来曾先后发布的《网络空间政策评估》《网络空间可信身份标识国家战略》，其内容与目标已从美国自身的网络空间范围扩展到了全球网络空间，目的是希望互联网成为所有人都能接触到的开放、自由、安全、繁荣的经济引擎。《网络空间国际战略》是美国外交政策中不可缺少的部分，为美国抢占全球网络空间的主导权或霸主地位制定了路线、方针和措施。

为了促进宽带技术在偏远和农村地区的普及，美国宣布改革公共通信基金（Universal Service Fund），并在此基础上建立“连接美国基金”（Connect America Fund）。该基金额度大约为45亿美元，主要用于实施“美国宽带接入计划”，对偏远地区接入宽带进行补助，将宽带服务拓展至400万农村用户，帮助这些地区的1800万人使用宽带。参与“美国宽带接入计划”的电信运营商有AT&T、Verizon、CenturvLink、Fairpoint、Frontier和Windstream 6家公司。“连接美国基金”将在每个地区为一家服务提供商提供补贴，并且资助地仅限于那些服务提供商无法找到商业机会来维持运营的地区。此外，还将设立“高级移动/卫星基金”，为最难提供宽带服务的地区提供移动宽带接入服务。

同时，美国还加大了宽带基础设施建设和频谱资源拍卖力度；增加了4G及5G移动宽带网络的投资，以促进宽带技术在全国的推广。

3.1.3 美国国际科技合作模式

以市场为导向，大力发展军民两用技术，改变了以往优先发展军事工业的思维模式，建立起以政府与工业界间的“新的伙伴关系”为核心的国家创新体系。美国在构筑国家创新体系的过程中，实行由政府牵头，企业、大学和研究机构协同作战的方案，共同确定研究和开发重点，这样可以最大限度地调动各方面的积极性，实现信息资源的共享，减少研究和开发中的盲目性，避免重复浪费。采取建立“国家技术银行”、制造发展中心等措施来加强政府与工业界的伙伴关系和对工业技术的支持。强调建立联邦政府和州政府的科技伙伴关系，成立国家标准与技术研究所等全国性协调机构来加速科技产业化。为了响应 2013 年奥巴马宣布的“重大挑战”，美国政府致力于构建和谐的“产业—公益—政府”三方面之间的协作关系。在这种合作模式下，一些里程碑式的项目得以开展，比如“脑计划”“高端制造业合作关系”以及于 2015 年从产业合作伙伴方获得 1400 亿美元投资的“美国商企气候承诺行动”。

高度重视科技人才的引进与培养，打造一支在全球最具竞争力的人才精英队伍。20 世纪 90 年代以来，随着信息时代的到来和知识经济大潮的兴起，高技术人才供不应求，人才结构性短缺现象时有发生，美国坚持实施了技术人才引进战略，在全世界范围内吸引人才来美国求学、工作和技术移民，在科技领域培养的博士规模与质量有目共睹，许多外国留学毕业生及跨国公司人才选择留在美国工作和发展。

大力加强国际科技合作，实现共赢局面。美国的科技事业发展到今天，一方面是其长期重视知识细化、综合化的结果，认识到科学研究规模越来越庞杂、投入越来越多，单个国家往往难以承受巨额的投入；另一方面是第二次世界大战以后，美国认识到不同国家科学技术各有所长，且面临许多关系到人类共同利益的全球性问题，因此，利用全球的科技资源来服务于自身的科技发展目标，并取得了举世瞩目的显著成效。21 世纪以来，取长补短、互通有无成为各国共同的愿望和需求。美国政府积极顺应这一变化，大力推进国际科技合作，改变了单方面输出技术的状况，力争实现共赢局面。采取的措施有：在国际空间站和人类基因组计划等项目上，同日、德、法、英、中等国进行了合作；自 20 世纪末起，美国将俄罗斯、中国和日本确定为开展国际科技合作的重点国家。

3.2 欧盟国际科技合作概况

欧洲对外开展国际科技合作始于1983年，“冷战”结束后，欧洲对国际科技合作高度重视，制定了新的科技合作战略和规范。欧盟的国际科技合作分为三个部分：一是欧盟内部各成员国之间的科技合作；二是欧盟各成员国分别与欧盟以外的其他国家和地区开展的国际科技合作；三是欧盟作为一个整体与其他国家和地区开展的国际科技合作。为了建立起统一的欧洲研究体系，提高欧盟的全球竞争力，并在世界范围内发挥作用，欧盟十分重视内部各成员国之间的科技合作，其目标是整合欧盟的科研力量，集中整个欧洲的科技精英，攻克科技难关，以期形成全欧科技大联合。随着经济全球化、竞争国际化、互联网泛在化发展进程的加快，欧盟日益认识到与欧盟以外的第三国开展国际科技合作的重要性，于是大力实施新的国际科技合作政策，加强与第三国建立广泛的联系并开展互利的合作。

3.2.1 欧盟的R&D投入状况

在科研经费方面，欧盟总体上保持了相对稳定的增长。在全球R&D经费投入三足鼎立的时代，欧盟R&D经费投入占全球研发投资的份额最小。2015年，欧盟用于研发的投资占全球的比重为19%，已被中国所超越（20%），显著低于美国的28%。欧盟的科研投入不到GDP的2%，美国、日本的科研投入约为本国GDP的3%。但欧盟的科研人员数量仍然占据全球最大的份额（22.2%）。近年来，欧盟已经意识到，充足的科研经费是科技进步的根本保证。为此，欧盟对科技合作的投入力度日益加大，这一点从欧盟科技研发框架计划的经费投入变化中可以明显看出（见表3-1）。欧盟及其成员国将通过欧盟委员会的框架计划继续加大其R&D投入。欧盟第八框架计划提供了1150亿美元的预算，其中8.5%将用于研发和创新，欧盟计划到2020年重新实现R&D投入占联合GDP的比重达到3%的目标。

自 2008 年金融危机以来，全球政治经济环境发生了巨大的变化，欧盟陷入了长期的债务危机，又饱受难民危机以及恐怖主义的威胁，经济增长缓慢，同时又面临着与欧元区国家财政整合的压力，然而欧盟委员会保持了其在基础研究投入上的稳定性。成立于 2007 年的欧盟研究委员会，作为第一个为基础科学前沿研究融资的泛欧洲机构，已经在 2014—2020 年获得了 131 亿欧元的资金，相当于“地平线 2020”计划总预算的 17%。联合国教科文组织发布的《2015 年科学报告：面向 2030》表明，尽管欧洲在“地平线 2020”计划中的预算增加了，但公共部门对知识的投资仍然面临着较大的挑战和压力。所有欧盟国家中，只有德国真正在过去 5 年中增加了公共研发的投资（法国和英国的公共研发投资不但未增加，反而有所减少）。

表 3-1　欧盟科技研发框架计划的经费投入

名称	年度	总经费	重任
欧盟第一研发框架计划（FP1）	1984—1990	32.71 亿欧元	（1）建设欧盟统一的研究区域（ERA） （2）保持科学技术的卓越 （3）提升工业企业的竞争力 （4）应对经济社会的挑战
欧盟第二研发框架计划（FP2）	1987—1995	53.57 亿欧元	
欧盟第三研发框架计划（FP3）	1991—1995	65.62 亿欧元	
欧盟第四研发框架计划（FP4）	1995—1998	131.21 亿欧元	
欧盟第五研发框架计划（FP5）	1999—2002	148.71 亿欧元	
欧盟第六研发框架计划（FP6）	2003—2006	192.56 亿欧元	
欧盟第七研发框架计划（FP7）	2007—2013	558.06 亿欧元	前 4 点同上； （5）经济增长 （6）扩大就业
地平线 2020（Horizon 2020）	2014—2020	770 亿欧元	

资料来源：清华大学研究院海外处。

欧盟已在包括欧洲航天局、欧洲粒子物理研究所（GERN）、欧洲分子生物学实验室、欧洲科学基金会在内的多家机构的研发项目上取得成效。虽然欧盟经济持续受到全球经济不景气的影响，不能保持可观的增长幅度，但可预见的是欧盟的 R&D 经费投入仍能保持稳定。欧洲统计局公布的报告显示，2015 年欧盟研发支出约为 3000 亿欧元，占 GDP 的比重（研发强度）为 2.03%，接近 2014 年的 2.04%，高于 2005 年的 1.74%。与世界其他主要经济体相比，欧盟的研发强度远低于韩国（2015 年为 4.23%）和日本（2015 年为 3.67%），也低于美国（2015 年为 2.80%），与中国相当（2015 年为 2.07%），高于俄罗斯（2015 年为 1.13%）。为了提高欧盟竞争力，“欧盟 2020 战略”五大目标之一就是到 2020 年研发强度升至 3%。欧盟研发支出主要投入在商业（64%），其次为高等教育（23%）、政府部门（12%）和私营非营利部门（1%）。2015 年，欧盟成员国中，研发强度高于 3% 的分别是瑞典（3.26%）、奥地利（3.07%）和丹麦（3.03%）；研发强度低于 1%的七个国家分别是塞浦路斯（0.46%）、罗马尼亚（0.49%）、拉脱维亚（0.63%）、马耳他（0.77%）、克罗地亚（0.85%）、保加利亚（0.96%）和希腊（0.96%）。

3.2.2 欧盟国际科技合作政策

欧盟在开展国际科技合作的过程中，强调国际科技合作要最大限度地符合其对外和发展援助政策。早在 2010 年，欧盟就制定实施了“欧盟 2020 战略”，致力于实现智慧型、可持续、包容性的增长，通过完善和优化欧盟内部各成员国之间的协作关系，完成先前制定的“里斯本战略”的目标任务。欧盟为此采取了如下措施：确保研发投入的稳定增长，调整和优化内部市场结构（特别是服务业），促进信息通信、智能制造、“工业 2.0”等新技术的广泛运用。其他项目也自 2010 年起就开始启动，其中就包括目标宏大的“创新型联盟”。

相应地，欧盟在开展对外科技合作时针对不同的合作对象，采取了差异性、针对性极强的科技合作措施。欧盟将与第三国的科技合作划分为五个区域，分别采取了与之相适应的科技合作政策。截至 2015 年，欧盟已同世界上超过 20 个国家签署了科技合作协定，通过欧盟研发框架计划，建立了不同的双边或多边科技合作与人员交流互动机制，如 INCO-NETs、BILATs、ERA-NETs、Marie-Curie Plan、NCP networks 等，大力促进国际科技合作，推动双边科技计划相互开放，鼓励发达国家、新兴国家和少数发展中国家参与其中。

（1）与发展中国家的合作政策

欧盟把与发展中国家的科技合作视为其发展政策中的重要组成部分，其目的在于根据发展中国家的特殊文化、经济条件、社会性质及科技发展潜能，鼓励发展中国家的科学家通过科技合作走向国际科技合作大舞台，积极参与国际科学研究活动。各发展中国家的科技合作领域定位在食品、能源环境、交通、城市化、全球信息社会等几个方面。例如，2011 年欧盟与印度签署双边科技合作协定，2012 年建立起高层创新对话机制，并按照各自 50%的出资比例，设立了规模达 6000 万欧元的平等互利研发创新合作基金。

在此背景下，欧盟与印度科技合作进展迅速，科技合作的领域不断得以拓宽和深化，科技人员沟通往来日益紧密。两方围绕共同感兴趣的计算科学、先进材料、新能源、生物经济、食品安全和医疗健康等领域，组织开展了联合项目招标，取得了许多科技创新成果。双方科技人员相互参与对方的科技计划，印度科技人员参与正在开展的欧盟第七框架计划项目达 157 项，成为欧盟重要的科技合作伙伴。

（2）与地中海地区国家的合作政策

欧盟与地中海地区伙伴国家开展科技合作的目的在于促进其科技基础设施建设和科研创新能力的提高。为创建“地中海研究创新区”这一目标服务。欧盟与地中海国家的重点合作领域为：促进地中海地区经济社会现代化、有限水资源保护和管理、文化遗产和海洋生态的保护等。

（3）与俄罗斯和独联体国家的合作政策

俄罗斯和独联体国家具有较好的科研基础与开发潜力，欧盟与俄罗斯及独联体国家开展科技合作的目的在于帮助这些国家解决在转型时期面临的重大经济与社会问题，巩固这些国家的科研实力，促进欧盟与这些国家在物理、生物医药、数学、化学、航空航天、交通等传统优势领域进行国际科技合作，这对欧盟的科研具有重大的地缘政治经济战略意义。欧盟与上述国家的科技合作主要通过 INTAS 框架实施。

(4) 与东南欧(巴尔干)地区国家的合作政策

欧盟把东南欧地区视为整个欧洲不可或缺的组成部分,它与巴尔干地区国家开展科技合作的目的,是逐步改善其动荡、碎片化和欠发展的固有形象,提高东南欧地区国家的科研能力,促进其可持续发展和社会稳定。

2011 年 11 月,“地区合作理事会”部长级会议提出了雄心勃勃的“东南欧 2020 战略”(SEE2020 Strategy),并在 2013 年底进一步明确了战略目标和行动计划。该战略由“一体增长”(Integrated Growth)、“包容增长”(Inclusive Growth)、“增长治理”(Governance for Growth)、“持续增长”(Sustainable Growth)、“灵巧增长”(Smart Growth)五大支柱构成,以期通过深化贸易投资促进生产要素的自由流动,通过发展高效清洁能源提升地区竞争力与环保意识,通过知识型和高附加值的生产方式加强增长模式的创新性。欧盟向该地区持续地给予了物资、资金、技术、人力和理念支持,特别是注重具有塑造功能的财政和技术援助。在第 6 个科研框架计划中,其合作项目主要集中在城市化建设、社会经济、可持续发展以及信息社会和物理等领域。

(5) 与新兴经济体和工业化国家的合作政策

新兴经济体及工业化国家对欧盟来说既是合作伙伴,又是竞争对手,欧盟与其开展国际科技合作共同解决全球性问题,目的是实现“双赢”。双方开展科技合作,一方面,新兴经济体和工业化国家可以提供部分欧盟成员国所需要的先进科学技术,有助于欧盟科研机构和企业提升国际竞争力;另一方面,这些国家的科研实验室和企业可以分享欧盟巨大的科技资源,进一步提高自身的科研实力。

3.2.3 欧盟国际科技合作模式

欧盟的科学技术政策是在欧洲联合和一体化进程中形成和发展的,是为欧盟一体化建设服务的。自欧盟科技共同体提出以来,欧盟在科技一体化发展道路上虽非一帆风顺，但通过坚持不懈的推行，不断地取得了实质性的进展。欧盟的科技联合主要表现在科研政策的协调和研发活动的协调两方面。

欧盟成员国的科研政策分为两个层面：一是欧盟成员国共同制定的欧盟整体科研发展政策；二是各成员国根据自身的科研优势、传统、基础而制定的国家科研政策。协调好两者之间的关系是建设欧盟科技共同体的关键，这种政策协调的一个重要现实意义就是使各成员国能够分享欧盟内部各成员国之间的科研政策信息和统一的科研活动统计数据。欧盟科技共同体研发活动的协调体现在三大层面，即欧盟研发计划的协调，欧洲科研网络的协调，以及成员国之间科技组织的协调。

（1）创新社会网络的公共科学研究合作模式

欧洲的科技合作有着良好的传统。1971 年开始的欧洲科技合作计划（COST）是欧洲国家第一个在科学技术领域合作的计划，它为后来欧共体框架计划的实施提供了经验和借鉴，是欧洲科学技术大计划合作的先驱。COST 也是欧盟创建网络的公共科学合作模式的代表。

首先，它促进了欧盟之内、欧盟与欧盟之外的非成员国之间的合作，尤其在促进欧洲国家之间研究人员的交流和合作方面起到了十分重要的作用，已被成功地运用于强化欧洲协调发展和研究协作的附加值，被认为是欧洲科技进一步整合的有效途径。

其次，COST 创建的科学家合作网络，可以说是欧洲其他资助机制在新领域合作的实验场所。如果其他渠道有资助相应领域的研发计划，通过 COST 在一起工作的科学家无疑是最合适的申请者。

最后，还在于这种社会合作网络的持久性。因为即使 COST 阶段性工作完结了，参与者之间通常仍保持着较好的工作沟通与业务联系，这就为继续寻求科研上的合作与支持提供了有利条件。

由此，依托 COST 形成的网络可能把许多不同研究领域的专家学者联系到一起，共同解决特定的研究课题，从而对欧洲经济社会出现的研究热点与难点问题做出及时的回应。

作为落实欧盟发展战略主要的操作工具——“第七框架计划”（FP7）在2013年底结束，新的研究与创新框架计划——“地平线2020”（Horizon 2020）于2013年12月11日正式启动，为期7年（2014—2020年），预算总额达770亿欧元。

“地平线2020”重新设计了整体研发框架，简化和统一了旗下所属的各个资助板块，保留了合理的政策，简化了难以操作或重复烦琐的项目申请、管理流程。“地平线2020”的提出，标志着欧盟在研发计划上进入了新的历史时期。其目标是帮助科研人员实现科研设想，获得科研上新的发现、突破和创新；确保欧洲产生世界顶级的科学，消除科学创新的障碍；促进新技术从实验室到市场的转化，在创新技术转化为生产力的过程中，融合公众平台和私营企业协同工作。

（2）自上而下的预竞争科技合作模式

欧盟框架计划集中体现着欧盟自上而下的预竞争科技合作模式。所谓预竞争项目，是指这样的研究：研究结果需要进一步开发，以生产市场化的产品和工艺。这可以使互为竞争对手的公司成为研究的伙伴。

框架计划所体现的自上而下表现为：作为一个整体的欧盟科技计划，首先确保所有成员国达成一致的协议，再向欧洲议会和社会经济委员会咨询，由欧洲理事会根据投票的结果予以批准实施。作为一般的规则，项目申请至少有3名合作者（独立的法人机构），来自至少3个不同的国家（包括中国），合作者具有互补性（大学、科研机构、企业、其他有关单位或联合组织），其中一个合作方为协调人。

框架计划所体现的预竞争表现为：它所实施的主题研究和专项计划都是相关共性技术的研究和开发，一般具有基础性（应用广泛且发展潜力较大，一般介于基础研究和应用开发之间）、开放性（能够为多个企业提供技术服务平台）、外部性（特殊的公共商品、外部性明显，开发风险大，不确定性明显）、关联性（涉及多个产业部门所包含的技术）、间接性（研究开发收益分散体现在其服务对象的效益上，间接效益超过直接效益）、系统性（技术之间是互通的，互相依存又保持独立，作为平台性质的共性技术的研发具有长期性，是一项系统过程）、网络性（网络特性越强，使用者越多，共性的特点越明显）等特征。

（3）自下而上的市场导向科技合作模式

“尤里卡计划”是欧盟自下而上的市场导向科技合作模式的代表，是属于由市场作为驱动力量的民用高技术合作计划。该计划主要由相互补充、相互衔接的三大具体行动计划构成：一是跨会员国工业企业主导的联合攻关项目计划（JPIs）；二是支持鼓励创新型中小企业广泛参与的“欧洲之星”项目计划（Eurostars）；三是支持创新集群建设“创新孵化器”项目计划（Clusters）。

“尤里卡计划”的基础规则是“自下而上”，即由伙伴而不是尤里卡或政府确定项目，伙伴在选择题目和合作对象、控制进度等方面有完全的自由，同时，项目的规模除了要求至少包括两个来自不同尤里卡成员国的独立机构之外，没有任何限制。此外，这种合作由伙伴自己提供资金，他们可以从自己国家的政府接受公共资助（公共资助不能超过项目总经费的50%）。这种市场导向的灵活而非中心化的特征，为研究参与方选择课题和合作伙伴提供了良好的机会，切实满足了业界和研究机构的需要。欧盟框架计划和尤里卡计划存在较大差异（见表3-2）。

表 3-2 欧盟框架计划与尤里卡计划的区别

类别	框架计划	尤里卡计划
合作模式	预竞争 R&D	市场产品和服务的发展
项目产生	由欧盟委员会自上而下产生项目	由合作伙伴自下而上产生项目
管理机构	欧盟机构	伙伴间协议确定
资金来源	来源十分集中	来源较为分散
研究成果	属欧盟和参与者所有	属合作伙伴所有

在1999年伊斯坦布尔部长会议之后，各成员国认为尤里卡计划是一个

可以为创新公司实现研发成果向市场转化提供优良环境的工具，因而决定重振尤里卡计划。同时，要强调工业界内部对话的重要性，让工业界的声音在确定尤里卡的方向中发挥更大的作用。还要响应中小企业的特殊需求，特别是在研发之后的商业阶段帮助他们。其中的簇团项目具有代表性，充分显示出了尤里卡计划“自下而上”的特色：由业界自己提创意、自己启动、自己管理与协调，尤里卡本身作为一个促进者。

簇团项目实际上是围绕着一个更宽泛的共同目标的小项目组成的，每个簇团项目都有明确的战略领域以及通过具体子项目实现的目标。截至2015年，由欧盟尤里卡计划提供部分资助，正在开展的国际科技合作项目达到了26项，投资总额达3550万欧元。主要合作领域为信息通信技术（ICT），占投资总额的65%；其次分别为工业制造技术（占15%）、生命科学（占12%）、新能源技术（占4%）和生态环境保护技术（占4%），均为主要支持市场化导向的国际科技合作研发创新活动。当前，欧盟尤里卡计划会员国已经超过40个，通过签署合作协议进行。

3.3 韩国国际科技合作概况

韩国依靠“科技立国”政策，经过国际化→模仿→创新的历程，逐渐闯出了一条依靠科学技术促进自主发展的道路。韩国的经济发展水平和综合国力在短短40多年中得到了显著提升，与发达国家的科技差距不断缩小。韩国在本国科技事业发展进程中，并非闭门造车式的完全关起门来自己创造，而是实施了开放引进消化吸收的科技发展战略，利用不同的国际科技合作模式来逐步夯实国家的科技创新能力。根据美国彭博社消息，2015年全世界最具创新能力的50个国家的排名中，韩国名列第一。

3.3.1 韩国的R&D投入状况

韩国经验表明，研发投入强度与经济增长存在显著的正相关关系，而且在工业化和后工业化过程中也应持续上升。发达国家研发投入强度一般保持在较高水平，成功追赶型国家的研发投入强度也很高，甚至会超过先行工业化国家。韩国从 20 世纪 90 年代中期开始加速上升，R&D 投入强度排名位居前列，而其国家竞争力也在这个时期快速提升。

韩国政府在基础研究领域的投入强度极大，意在稳固其科技创新能力，从根本上改变模仿式创新，努力在基础科学领域形成自己的内生增长力量。韩国政府致力于强化基础科学和商业界之间的联系：2011 年，韩国在大田未来的“国际科学商务带”建立了国家基础科学研究院。另外，韩国非常重视 R&D 投入，R&D 投入比重占 GDP 的比重不断增加（见表 3-3）。根据韩国未来创造科学部发布的数据，截至 2015 年，韩国 GDP 中，R&D 投资比重占 4.23%，继 2013 年（4.15%）和 2014 年（4.29%）后，连续第 3 年居于全球首位。

表 3-3 韩国总研发经费及其占 GDP 的比重（2008—2015）

指标	2008	2009	2010	2011	2012	2013	2014	2015
总研发经费（百万美元）	43839	46549	52173	58427	64268	68149	72834	77934
总研发经费占 GDP 的比重（%）	3.123	3.293	3.466	3.744	4.026	4.149	4.292	4.230
研发经费年均增长率（%）	7.050	6.182	12.082	11.987	9.997	6.039	6.875	7.000

资料来源：经济合作与发展组织（OECD）网站。

韩国研发投入比例的增长很大程度上是由于产业界研发投资增长，而政府的目标是到 2017 年，将总研发经费占其国内生产总值的比重提升至 5%。

3.3.2 韩国的自主创新发展策略

韩国曾经走的是一条典型的“引进主义”道路，到今天能积累起雄厚的技术创新基础，是通过集中引进国外先进技术，结合自身的产业发展特点，有选择地加以消化吸收。由于充分地利用了后发优势，很好地控制了投资和风险，并且较快地取得了成效，韩国的科技水平迅速地在世界上崭露头角，不仅超过了同类发展水平国家的科技水平，而且在全球享有科技创新强国的美誉。回顾韩国的科技创新策略，在模仿创新之初，韩国对国外先进技术严重依赖，由此在不同程度上影响了经济发展的自主性；20 世纪 80 年代末，韩国推行了“科技立国”战略，实现了根本性的转变，即更加注重独立自主的技术研究和开发能力的提升。

韩国政府在 2013 年 7 月召开的第一次国家科学技术审议会议上，确定并发布了《第三次科学技术基本计划》，内容涉及 2013 年到 2017 年韩国科学技术发展的基本规划和方向。根据该计划公布的内容，韩国政府将在未来 5 年内持续扩大在研发领域的投资规模，力争到 2017 年将韩国人均国民收入提高到 3 万美元，同时创造出 64 万个就业岗位。为保证该计划的顺利实施，韩国制订了具体的行动方案。其主要内容包括：扩大国家研发领域投资；开发国家战略技术；发挥中长期的创新力量；积极发掘有潜力的新兴产业；增加就业岗位。根据该计划，韩国在 2017 年的研发预算将从当时的 68 万亿韩元增加到 92. 5 万亿韩元，并计划在下面五个领域进行重点投资：发掘新产业；寻找未来增长动力；营造干净而方便的环境；开创健康长寿时代；建立安全社会。

韩国未来创造科学部提出该部发挥中心作用的五大战略：构建“创造经济”生态系统；增强国家研发和创新实力；推动软件和内容产业化；加强国际合作和全球化；造福国民的科技和信息通信技术。为发展网络新产业，韩国拟制定“云计算发展法”，建立大数据分析中心，并建立基金培养内容产业。同时，协调各部门利用科学技术解决食品安全等社会问题，为此将启动规模达 100 亿韩元的试点项目。另外，韩国未来创造科学部将把大田“国际科学商务带”发展成世界基础科学研究枢纽，吸引世界 300 名著名科学家到韩国，并培养 3000 名研发人员，以挑战未来科学领域的诺贝尔奖。

3. 3. 3　韩国国际科技合作模式

韩国的特点在于针对薄弱领域加强国际合作，而在优势领域则强调自主研发。韩国的“拿来主义”式自主创新模式，主要是通过国际科技合作的路径，集中引进外国技术并对其加以消化吸收再创新，以形成强大的技术基础。这种模仿创新具有投资少、风险小、见效快的特点，它使韩国的技术水平一跃而起，超出中等发达国家水平而接近发达国家水平。目前，韩国已初步形成以企业为主体，国家承担基础、先导、公益研究和战略储备技术开发，产学研结合的自主创新体系。

（1）加大国际合作领域的资金投入

经过四十多年的发展，目前韩国已基本建立起立足全球视野，政府承担基础性、先导性和社会公共利益研究以及战略储备技术开发的统筹规划与管理责任，以企业为开发主体，大学及科研单位积极参与各项基础与应用研究任务，产学研有效协作，具有完善法律保障的国家创新体系。2015 年，韩国在研发经费、教育以及专利方面位居全球 50 大创新国家排行榜的榜首，在高科技公司数量方面排名第四，在生产以及研究人员方面位居第七。

韩国是通过国际科技合作、政府与企业共同努力的方法提升自己的科技创新实力的典型。由此，韩国高度重视在国际科技合作领域的投入（包括国际共同研究基金）。这些投入主要用于执行双边科技部长会议提议的共同研究课题，参与主要国家的国家研究开发事业。目前，韩国的国际合作在研发经费占国内生产总值的比例、高科技公司数量、高等教育人数、研究人员数量以及专利数量等方面，在全球均名列前茅。

（2）加强国际科技人员交流

韩国十分重视科研成果共享和试验设备共用等方面的国际科技合作，并通过多种渠道促进与其他国家之间的科技信息交流。具体表现在以下两方面：利用信息技术，构建网络平台，完善世界韩民族科学家网络，编制在外科学家数据库，扩大国际科技信息交流；以企业和大学为主体，通过召开国际学术会议、研讨会、学术交流会，交流最新科技信息及发展动向，明确国际科技合作意向，创造国际科技合作机会。

（3）重新调整国际合作的战略方向

韩国参与国际规范、标准的制订工作，有效维护和拓展国家利益。为此，韩国从国防网络领域着手，积极开展国际合作，加强交流与沟通。在此基础上，考虑更大范围的交流与合作，与其他机关、民间的合作纳入到国际网络合作的范畴。以企业、大学为主体，在政府的积极鼓励和大力推动下，有重点、有选择地迅速扩大和加强了与中国、加拿大、美国、欧盟等国家和地区的战略合作，并进一步关注地区经济社会发展，以产业的跨国跨地区发展为纽带，促进了韩国与柬埔寨、越南、泰国、马来西亚等东盟国家的政府间科技合作，建立起了长期的、稳定的国家科技合作与交流机制。

（4）关注国际知识产权制度规则的制定和国际知识产权合作

韩国企业在国际市场竞争和国际知识产权开发方面已取得巨大成功，因而越来越关注国际知识产权制度规则的制定和国际知识产权合作，并在国际知识产权合作组织中发挥了重要作用。韩国已成为专利合作条约（PCT）的第 8 位申请国和第 6 位信息检索成员单位；同时，韩国在 PCT 制度改革和技术合作中发挥着重要作用；韩国知识产权局积极为 PCT 新成员（如菲律宾）提供教育培训；韩国还积极参与国际知识产权保护的合作和国际条约的制定与修改。2015 年，韩国与中国开展了 5G 领域的合作，各自投资 10 亿~ 15 亿韩元联手研究核心技术，并在国际电信联盟（ITU）、第三代标准化组织 3GPP 的标准化和频率政策方面开展了合作。

（5）继续加强国际合作的基础设施建设

《韩国科技发展长远规划——2025 愿景》对韩国的未来科技发展战略进行了全面的规划，确立了韩国成为全球科技强国的政策目标，力图在科学预测未来社会发展态势的基础上，确立韩国科技长期发展愿景，指明韩国科技发展和努力的方向，以此加快推进加强国家创新体系建设的若干措施的实施。

从总体上看，韩国国家科技战略有三个层面的突出特征：①高度重视国家科技发展的长期性与整体性；②彰显韩国国家创新体系的国际性和开放性；③重视国家科技发展的创新环境的不断优化。

在科技创新领域，“长远规划”选定了重点推进的领域和重点课题，主要包括下一代信息网络技术、新材料、精密机械、智能制造、新能源、生命科学、医疗健康、生态环境等领域。在未来成长动力领域，选定了100项集中开发技术，其中包括高风险、高收益的自主知识产权技术和多领域融合技术。此外，韩国政府及韩国知识产权局还推出了多项重要举措，以加强知识产权管理。韩国政府出台的关于知识产权的政策有：投入核心专利创造资金，制定重大政策课题，修订《专利法》，改进审查程序，加强与国内外其他机构的合作等。

3.4 日本国际科技合作概况

随着全球化的不断发展，日本充分意识到了世界范围的人才流动逐步加剧，对国际科技合作也表现出了前所未有的重视。日本政府具有明确的国际科技合作战略导向，为加强同世界各国的合作、培育国际型的研究人员、规范国际科技活动创造了有利条件。

3.4.1 日本的R&D投入状况

“二战”后，日本率先确立了“科技立国”的目标。作为科技强国，日本一直以来高度重视科技投入，其R&D投入总额整体呈现出持续增长状态。2000年，日本的科技投入为16.289亿日元，到2007年，则达到18.944万亿日元。全球金融危机爆发以后，世界经济发展步入较长期的调整和波动期，日本是亚洲受到经济危机影响较大的国家之一，2008年首次出现负增长，2009年日本的R&D投入总额出现了最大的负增长（-8%）。日本经济衰退的直接表现为出口急剧下滑、企业设备投资大幅减少、个人消费持续低迷，其R&D投入总额直到2010年仍然呈负增长态势。

但是，2011年日本经济实现大幅反弹，R&D投入也开始增长，比2010年增长了5.8%，到2013年，日本R&D投入连续3年持续增长。2015年，日本的研发经费占GDP的比例为3.67%，位于世界前列，并成为世界第二诺贝尔奖大国。这与其研发经费的投入较高、积极向国外借鉴、研究内容的长期性和传承性以及相对自由的研究环境等密切相关。

3.4.2 日本国际科技合作政策

综观“二战”以来日本政府以国际科技合作推进自主创新，并取得瞩目成效的历程，可以发现其典型做法表现在以下几个层面：

（1）构筑促进优秀科研成果脱颖而出的研究开发体制

为建立一个富有创造力、充满活力的研究开发体制，日本政府实施了一系列重要改革措施。如引进竞争机制，改善研究开发环境；广泛普及任期制，加强人才流动性；提高青年研究人员的自主性；改革科研成果评价体系；开拓人才活用和多样化发展的途径；建立具有创造性的研究开发体制；等等。在引进竞争机制改善研究开发环境的过程中，进行了一项重大改革，即在未来5年中将“竞争性研究资金”增加两倍，建立可创造优秀成果的研究开发体制，并营造具有竞争性的研究开发环境。近年来，日本政府一改以往做法，通过广泛普及任期制，提高研究人员的流动性。

（2）营造适合民企及大学研究开发的政策环境

首先，研究开发的投资主体往往存在着社会效益大于企业效益的可能性。其次，研究开发过程伴随着市场与技术的双重风险。最后，由于研究开发需要相当的投资，所以，中小企业很难充分进行。因此，日本政府在推进研究开发体制改革中，以建立适合民间企业等研究开发政策环境作为重要举措，具体体现在：①实施促进民间企业研究开发的税制；②通过投融资制度振兴民间企业的研究开发活动；③为民间企业的研究开发活动提供补助金支持。

（3）推进政产学之间长期的深度合作

针对研究开发活动一度停滞不前的现象，日本政府开始重视推动政产学之间的合作，致力于解决长期以来大学及有关研究机构的研究与产业层面上的研究与开发脱节的问题。

为推进政产学合作，日本政府积极采取了若干激励举措，比较典型的做法有：①构筑信息流通系统；②实施共同研究；③实施兼业许可；④设施共同利用；⑤设立科技成果转让机构；⑥召开政产学合作峰会。上述针对性措施的实施，推动着日本的政产学合作较为顺畅地走向新的发展阶段。

（4）通过国际科技合作促进创新成果的涌现

日本以开放的姿态一直追随着西方科技创新的脚步，其取得丰硕成果的医学研究主要追踪的就是美国。1987 年诺贝尔生理学或医学奖得主利根川进是美国麻省理工学院的教授，其研究成果基本上是在美国的实验室中取得的。很多研究人员都有在美国学习进修的经历，如 2000 年诺贝尔化学奖得主白川英树和 2001 年诺贝尔化学奖得主野依良治都曾在美国大学进修。这种在世界上科学最发达国家学习和研究的经历，使得日本研究人员能够了解和发现学科领域最新的研究动向，从而确保创新活动朝着最科学、最前沿、最适合的方向和路径前进。

由于代表广义技术进步的生产性指标——全要素生产性，落后或等同于研发投资比率小于日本的美国、德国、英国等国家，因此，日本科技界始终保持着一种强烈的危机感。日本政府推出《科技创新综合战略 2015》，采取了一系列措施进行弥补。而在 2016 年实施的第五个科技基本计划，进一步从政策和制度层面对已有问题进行了改正。

3.4.3 日本国际科技合作模式

日本政府通过立法提供了一系列财政补助金、税制优惠等政策，以推动民间企业以多家企业协作的组织方式积极参与国家重大工业技术项目的研究开发。财团法人与研究组合的主要区别在于前者的成果可为不特定的众多业者分享，后者的成果只限于参加组合的成员单位享受；前者可以是永久性组织，后者一般在达成目标后即解散。日本国际科技合作模式基本上可以分为两种（如图 3-1 所示）：一是产学研合作型，即政府部门直接或通过其资金分配和项目管理机构（NEDO 等）间接将项目委托给由企业或企业群（技术研究组合等）、大学和研究机构（独立行政法人等）组成的技术创新联盟（实用化阶段项目多为提供补助），由技术创新联盟具体实施研究开发；二是向民间企业集中投入，即政府部门直接或者通过其集资分配项目管理机构（NEDO 等）间接将项目委托给特定企业或企业群（技术研究组合等），由这些特定企业或企业群具体实施研究开发。前者主要适用于基础技术研究开发项目，后者主要适用于实用化、商用化阶段的研究开发项目。

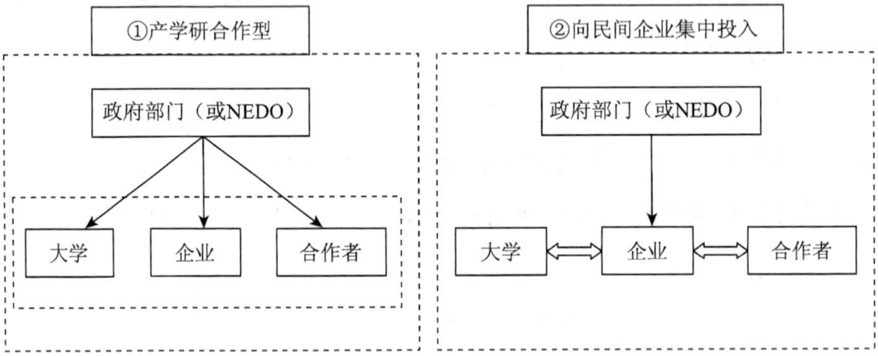

图 3-1　日本国际科技合作模式

3.5　印度国际科技合作概况

印度政府在坚持强调科技自力更生的同时，也积极参与国际科技事务和国际科技交流与合作。在印度政府看来，国际科技合作为本国的科技发展提供了一种良好的机制。国际科技合作不仅为科研人员提供了与国际互动的机会，而且使科研人员能够不断更新和深化各个领域的知识，确保与世界科技前沿同步。

3.5.1 印度科技发展方向

（1）核能技术及其产业化

印度根据其能源和常规能源资源相对短缺的基本国情，以及核能技术作为前沿科学的发展趋势，确定了从研究开发以天然铀为原料的加压重水反应堆，到以钚为原料的快中子增殖反应堆，进而进入以钍为原料的高级快中子反应堆的三个发展阶段的核能发展战略。

印度核电能力的目标是到2020年达到2000万千瓦的发电能力。目前，以钚为原料的快中子增殖反应堆的设计已经完成，以钍为原料的高级快中子反应堆的研究也取得了一定的进展。此外，印度的核废料处理技术在世界上亦属领先水平；印度有8家重水加工厂，其产品和制造重水的设备自给有余，还用于出口。

印度的核能技术具有独到之处。由核能研究引申出的基础研究、核工程、冶金学、核医学和同位素研究成果，已广泛地应用于各行各业，并造就了一大批科学家和工程师，这使得印度的核能研究和技术水平处于较为先进的地位，在世界发展核能的国家中具有一定的地位和影响。此外，印度还积极发展核武器技术，并日趋成熟。

（2）空间技术及其产业化

印度的卫星制造技术水平先进，包括制造遥感卫星（IRS系列）和通信卫星（INSAT系列）。印度至少制造和发射了27颗卫星（包括发射失败的）；但火箭制造技术却相对滞后，因为它没有能力独立制造出能够将地球同步通信卫星送入轨道的运载火箭（GSLV）。除此之外，印度在全球通信卫星发射市场的竞争中具有较大的优势，因为它的发射价格比西方国家的发射价格低15%。印度国家卫星系统是多功能卫星系统，集通信、气象、数据传送、广播电视和灾害管理等功能于一体，现已发展到第三代；印度遥感卫星被广泛应用于农业、减灾、城建规划及海洋等领域，成绩斐然。

（3）电子工业和软件产业

印度政府对电子工业和软件产业的发展非常重视，在政策和投资等方面一直给予优惠。印度政府先后出台了在全国范围内建立“出口加工区”“100%出口导向型企业”“电子硬件技术园区”“软件技术园区”“经济特区”等计划，以促进电子工业和软件产业的发展。电子硬件技术园区以百分之百的出口为导向，园区内企业以生产加工电子硬件设备和配件为主。

（4）生物技术及其产业

为了促进生物技术的研究与开发，1986年，印度在“国家生物技术委员会”的基础上成立了“生物技术部”，并建立了门类齐全的生物技术研发体系，技术水平有了较大提升，某些方面还达到了世界领先水平。一大批科研成果在农业、医药和环境保护等领域得到了广泛应用，产生了良好的经济效益和社会效益。印度已经实现产业化的生物技术产品类型有：农产品，包括杂交种子、组培苗、花卉、生物农药及肥料、动物遗传改良品种等；人类及动物医疗保健药品，包括疫苗、诊断试剂、抗生素、生物活性治疗蛋白和血液制品等；工业生物技术产品，包括酒精、有机酸等发酵制品等；废水处理等环保生物技术及其产品。

印度政府、研究机构和企业与法国、德国、以色列、日本、美国、英国等十几个国家，在基因工程、生物医学、生物农药、植物组织培养、分子生物学等领域，建立了较为密切的交流与合作关系。

3.5.2 印度国际科技合作政策

（1）重视研发资金的持续投入

印度是研发经费投入占GDP比重较低的国家之一，现在每年用于研发的资金投入不到500亿美元，多年来一直在努力将研发投入占GDP的比重提高至1%以上，但只有约1/3的研发投入是由企业主导的。2015年，在世界上研发投入最多的2500家企业中，印度只占26家。印度政府计划到2017年将研发投入占GDP的比重提高至2%，其中，私营部门与公共部门对研发的投入比将由现在的 1∶3 增长至大致相当的水平。为将研发产出商业化，提高私营部门的投资是很必要的。在维持目前公共研发投入增长速度的同时增加私营部门的研发投入，将会营造一个更好的创新环境。

近十年来，印度对科学和技术部门的资金支持的重视程度日益提升。印度的经济增长主要凭借的是内需而不是外贸来推动，其经济总量位居全球第十、亚洲第三。在 2016 年全球创新指数排名中，印度从 2015 年的第 81 位上升至第 66 位，继续保持南亚和中亚地区头名位置。在新政策的作用下，预计到 2020 年，印度的科学出版物数量将翻一番，其影响力也将不断提升，印度正朝着成为一个重要的全球创新中心的方向快速发展着。

（2）以公私合作方式鼓励私营企业投资研发

印度以公共资金与私营企业合作的新方式来开发社会和公共产品。具体政策包括：①帮助私营企业在印度及海外投资研发中心；②推广以公共部门与私营企业合作开发、共享收益的模式来建设大型研发设施；③在印度的研发体系中允许多个股份参与者；④在公共资金研发投入方面，平等对待私营企业和公共机构；⑤建立研发基金的基点机制和范式；⑥为促进科技企业孵化和培育科技创新导向的企业家而采取更有效的机制；⑦为聚焦于绿色生产的商品化创新提供激励。

（3）致力于国家科学技术创新体系建设

为加快“依靠科技创新实现国家发展”的步伐，印度政府加强了科技创新的规划部署。在提出 2010—2020 年为印度“创新的十年”的同时，印度国家“十二五”规划（2012—2017 年）也明确了科技创新的具体目标和指标。具体包括：到 2017 年，印度要成为全球科技六强之一，研发预算的 10%～15%将专门用于创新成果产业化，专利申请全球排名要位于第 9 名之前，创新指数全球排名要位于第 25 名之前，继续对研发支出和拥有自主知识产权的本土产品出口给予税收激励等。通过不断强化科技创新的协调管理，进一步加强了科技创新管理的统筹力度。

此外，印度还加大了科技创新教育和人才培养力度，提出了2017年以前将全国研发人员提升66%的目标。印度中小微企业部、德里地方政府以及技术产业研究部门联合建立了以德里大学为核心的大学集群创新中心，涉及医学、生物科学、软件等多个产业。企业与高校合作设立创新基金，高校为企业输送创新人才，形成了稳定的创新产业链。印度政府设立了包容性创新基金等多项创新型基金，专门用于促进企业与大学的合作，由国家政策予以保障，以形成高校—企业的创新体系。

（4）确立了优先发展的科技创新领域

为了切实形成产学研协同创新机制，印度大力推动学术界的专家投入产业界，同时将产业界的专家引入学术界，实施积极的国际科技合作政策，设立发明者和投资者共享知识产权的法律框架，并采取措施填补新的研发成果和草根创新进入商业领域的鸿沟。当前，印度的国际科技合作优先研发的重点领域包括农业、通信、能源、水管理、健康、制药、材料、环境、气候等。印度还积极促进包括传统知识在内的跨领域研究，加快建立“小点子、小资金”和“风险点子基金”机制，以支持创新孵化，建立社会包容创新的基金。

3.5.3 印度国际科技合作模式

（1）双边合作

一是与发达国家的合作。重点是通过对前沿领域最新发展趋势、技巧、技术的研究来强化本国的知识基础；加强基础设施建设，包括人力资源开发；建立促进技术转让所需的机制和方法。

二是与发展中国家的合作。重点是为发展中国家提供本国的先进设施或援建设施，作为本国研发活动的补充；提供咨询服务；提供培训机会和设施；通过奖学金发现并引进人才；开展最新的研究考察，逐步实现通过科技促进社会经济发展的目标。

三是与俄罗斯联邦的合作。印度政府认为俄罗斯联邦有其自身的技术优势，与它们开展合作具有十分重要的意义。这些国家在相关领域具有优秀的技术专家、训练有素的人力资源以及优良的设施，具有通过合作实现商业化和共享利益的技术潜力。但是，由于财政能力所限，在与它们开展合作时，需要采取不同的方式，如互利的研发活动，可采取为对方合作机构提供经费援助的方法开展互利的研究开发项目。

（2）地区间合作和多边合作

印度政府开展地区间合作的模式倾向于组织研讨会、论坛和培训。在多边合作领域，主要参与联合国开发计划署资助的国家项目；通过印度国家委员会参与联合国教科文组织的与科技相关的活动，以及参与不结盟国家科技中心的活动等。

3.6 国外国际科技合作的经验借鉴

基于前述分析，我们可以看到各国开展国际科技合作、利用国际科技资源、实现技术转移的途径不断拓展，可资借鉴的经验主要有以下几点。

3.6.1 高度重视科技创新的作用

全球大多数国家已经认识到科技创新在实现长期可持续发展方面起到的重要作用。低收入和中等偏低收入国家希望借助科技创新来提高收入水平，富裕国家则希望在竞争日益激烈的全球市场中保持自己的市场份额。

当前，科研已被认为是促进经济增长和发展的关键因素，并得到了所有国家的重视。各国更是把通过科研促进可持续发展作为新的优先事项，包括中国在内的发展中国家用于研发的支出都在不断增加（见表 3-4 和表 3-5）。

表 3-4　部分国家和地区的研发总开支（2015—2017）

序号	国家/地区	2015 年实际值			2016 年估计值			2017 年预测值		
		GDP（10 亿美元）	R&D 占 GDP 的比重（%）	GERD PPP（10 亿美元）	GDP PPP（10 亿美元）	R&D 占 GDP 的比重（%）	GERD PPP（10 亿美元）	GDP PPP（10 亿美元）	R&D 占 GDP 的比重（%）	GERD PPP（10 亿美元）
1	美国	17950. 00	2. 77	496. 84	18237. 00	2. 81	512. 46	18638. 00	2. 83	527. 46
2	中国	19390. 00	1. 92	372. 81	20669. 70	1. 94	400. 99	21951. 30	1. 96	429. 54
3	日本	4830. 00	3. 41	164. 59	4854. 20	3. 55	172. 32	4883. 30	3. 50	173. 36
4	德国	3841. 00	2. 92	112. 16	3906. 30	2. 88	112. 50	3961. 00	2. 84	112. 49
5	韩国	1849. 00	4. 04	74. 70	1898. 90	4. 26	80. 89	1955. 90	4. 29	83. 91
6	印度	7965. 00	0. 85	67. 70	8570. 30	0. 85	72. 85	9221. 70	0. 84	77. 46
7	法国	2647. 00	2. 26	59. 82	2681. 40	2. 24	60. 06	2716. 30	2. 24	60. 84
8	俄国	3718. 00	1. 50	55. 77	3688. 30	1. 50	55. 32	3728. 80	1. 50	55. 93
9	英国	2679. 00	1. 78	47. 69	2727. 20	1. 75	47. 63	2757. 20	1. 75	48. 25
10	巴西	3192. 00	1. 21	38. 62	3086. 70	1. 20	37. 04	3102. 10	1. 20	37. 22
11	澳大利亚	1489. 00	2. 39	35. 59	1532. 20	2. 30	35. 24	1573. 50	2. 30	36. 19
12	加拿大	1632. 00	1. 79	29. 21	1651. 60	1. 80	29. 73	1683. 00	1. 80	30. 29
13	意大利	2171. 00	1. 27	27. 57	2188. 40	1. 27	27. 79	2208. 10	1. 27	28. 04
14	中国台湾	1099. 00	2. 35	25. 83	1100. 00	2. 40	26. 64	1128. 90	2. 45	27. 66
15	西班牙	1615. 00	1. 30	21. 00	1665. 10	1. 27	21. 15	1701. 70	1. 27	21. 61

注：①GERD = Gross Expenditures on Research and Development；

②PPP = Purchasing Power Parity（used to normalize R&D investments）。

资料来源：巴特尔（Battelle）研究所，R&D 杂志。

表 3-5 部分国家 R&D 支出占国内生产总值的比重(2000—2015)

(%)

国家/地区	2000	2001	2002	2003	2004	2005	2006	2007	2008	2009	2010	2011	2012	2013	2014	2015
中国	0.90	0.95	1.06	1.13	1.22	1.32	1.38	1.38	1.46	1.68	1.73	1.79	1.93	2.02	2.05	2.07
欧盟	1.68	1.70	1.71	1.70	1.67	1.67	1.70	1.70	1.77	1.84	1.84	1.88	1.92	1.93	1.94	—
法国	2.08	2.13	2.17	2.11	2.09	2.04	2.05	2.02	2.06	2.21	2.18	2.19	2.23	2.24	2.26	2.26
德国	2.39	2.39	2.42	2.46	2.42	2.42	2.46	2.45	2.60	2.72	2.71	2.79	2.87	2.83	2.84	2.92
日本	3.00	3.07	3.12	3.14	3.13	3.31	3.41	3.46	3.47	3.36	3.25	3.38	3.34	3.47	3.58	3.39
韩国	2.18	2.34	2.27	2.35	2.53	2.63	2.83	3.00	3.12	3.29	3.47	3.74	4.03	4.15	4.29	4.23
俄罗斯	1.05	1.18	1.25	1.29	1.15	1.07	1.07	1.12	1.04	1.25	1.13	1.09	1.13	1.13	1.19	1.50
新加坡	1.82	2.02	2.07	2.03	2.11	2.16	2.13	2.34	2.62	2.16	2.01	2.15	2.00	2.00	—	2.60
南非	—	0.72	—	0.76	0.81	0.86	0.90	0.88	0.89	0.84	0.74	0.73	0.73	—	—	0.95
西班牙	0.89	0.89	0.96	1.02	1.04	1.10	1.17	1.23	1.32	1.35	1.35	1.33	1.28	1.26	1.22	1.30
英国	1.72	1.71	1.72	1.67	1.61	1.63	1.65	1.68	1.69	1.74	1.70	1.69	1.62	1.66	1.70	1.78
美国	2.62	2.64	2.55	2.55	2.49	2.51	2.55	2.63	2.77	2.82	2.74	2.76	2.70	2.74	2.78	2.76

注:因统计信息源的原因,部分数据未能收集全面。

资料来源:http://www.oecd-ilibrary.org/.

与此同时，值得注意的是，在竞相提高国家竞争力的过程中，各国也普遍意识到如果不重视基础科学研究，应用科学将因根基不稳而缺乏长期发展的持续动力。

3.6.2 以科技外交获取全球范围内的科技资源

科技援助是科技外交的重要组成部分。通过科技援助开拓国际市场，获取多方利益，是发达国家总结出的成功经验。

发达国家很早就意识到资源、能源等问题的重要性和复杂性，通过开展对外援助，能成功获取发展中国家的资源和能源。例如，为了吸收欧盟以外的科技知识、高新技术和人才以及开拓国际技术市场，欧盟与多个国家和地区签署了国际科技合作协议；美国凭借其在政治、经济、科技及军事等领域的全球霸主地位，长期以来在许多外交领域最善于打的也是科技牌，并在政府间合作、科研机构间合作、企业间技术合作以及科技人员交流等方面起着主导性作用。

与此同时，发达国家在高技术领域对他国实施合作与贸易的限制，非科技因素仍不时干扰着国际科技合作与交流的正常开展。

3.6.3 广泛参与国际大科学工程和计划

近些年来，“大科学”（Large Science）是被国际科技界所研究和推崇的热点。大科学研究国际合作包括科学家个人之间的合作、科研机构或大学之间的合作、政府间的合作等，它最为显著的特点是投资强度大、多学科交叉、实验设备复杂而且昂贵、研究目标宏大等。

国际大科学工程和计划使得世界范围的科学家能够在大规模、大尺度或是跨学科前沿性研究领域开展合作研究，有助于全球科技资源的整合和有效配置。20 世纪 90 年代以来，各国政府和国际性组织在各学科领域组织实施的具有代表性的大科学国际合作研究计划大约有 51 项。我国作为合作成员参加的约有 21 项，占总数的 41.2%，主要集中在全球变化、生态、环境、生物和地学领域，并且大多以发达国家为主。2006 年启动的“国际热核聚变实验反应堆计划”，欧盟、日本、中国、印度、韩国、俄罗斯和美国正式签署了合作协议。该计划的启动标志着人类开发新能源征程的开始，若它成功，将为彻底改变人类的能源结构提供可能。

3.6.4 重视科学家在全球范围内的交流与合作

随着全球化进程的加快，世界范围内的科技资源的流动不断加速，科研领域不断拓展，投入的资源规模日益庞大，跨学科专业之间交叉融合、相互渗透，许多科技问题必须通过双边和多边的科技合作才能解决；特别是计算机互联网技术、信息通信技术日新月异的飞速发展，以及全方位立体化交通网络的日益完善与便捷，为科学家们开展国际科技合作提供了前所未有的便利条件，在全球范围内更多人的参与和更大程度的交流与合作成为一种必然趋势。

卓越的科研水平有赖于国际合作，科研合作指标与论文影响力正相关，开放的小国通常具有更高的积极性加入全球科研网络。与此相应的一个结果是：目前由单个机构、单个作者发表的科研论文比例已不到15%。涉及国际合作的科研论文比例2015年已超过20%，相比1996年，已经翻了一番多。合著论文所占的份额在美国、欧盟、日本和韩国已达到前所未有的较高比例。从合著论文的趋势来看，美国、欧盟和日本等国家和地区与发展中国家科学家之间的合作更为密切，英国、欧盟和日本等国家和地区与发展中国家的合作日益增强。东亚地区各国之间的科技合作日趋活跃，将逐渐成为新兴的研究密集区。

3.6.5 鼓励跨国公司在他国设立研发中心

近年来，研发全球化的进程也在不断加快。跨国公司并购外国企业，在国外设立新的研发设施，以及海外子公司进行研发活动的比例不断增加。跨国公司在海外设立R&D中心主要是出于两个层面的考虑：一是基于市场驱动，二是基于技术导向。市场驱动的原因在于利用他国的研发资源，开发设计适合当地市场的产品，并支持母公司在东道国的生产、销售与服务机构；技术导向驱动的主要原因在于发掘和利用全球人才资源，进行科学研究和技术开发，为满足更多的客户和更加多样的客户需求开发新产品，掌控国外的技术发展动态，进而调整产品、工艺和原材料，以适应不同国家和地区的市场。

全球的前沿创新高度集中于跨国研发公司。在全球研发投资 2000 强公司中，250 强跨国公司约占全球研发支出的 70%、专利量的 70%，这些公司的总部及子公司大多位于美国和日本。截至 2015 年底，从地区看，更多的企业将研发支出的重点放在了亚洲（35%），高于北美（33%）和欧洲（28%）。2007—2015 年，国外企业在中国的研发支出增长了 79%，使得中国成为全球第二大研发投资目标国。印度来自境外的研发支出也实现了 116%的增长，成为全球第三大研发投资目标国。美国仍是最大的企业研发支出国、输出国和输入国。跨国公司的研发活动成为国家创新体系的有机组成部分，在爱尔兰、英国、澳大利亚等国家，跨国公司的研发投入已占到企业研发投入总额的 40%以上。

3.6.6 吸引国际一流科学家和领军人才

科技全球化进程的加快导致了两个重要的结果：一方面，促进了科学家在全球范围内的流动；另一方面，使科学家在国际合作中的作用日益凸显，吸引国际一流科学家和领军人才日益成为各国占领科技制高点的重要手段。美国是科研人员流动的中心，在吸引全球海外人才方面表现突出。建国只有 200 多年的美国发展成为当今世界唯一的超级大国，关键在于积极有效地引进国外智力。早在 1930 年颁布的移民法中，美国就提出了知识移民优先政策。1956 年，美国颁布了“优惠制”的新移民法，规定每年留出 2.9 万个移民名额给来自任何国家的高级专门人才；针对著名学者、高级人才和有专长的科技人员，不考虑其国籍、资历和年龄，均予以优先入境的礼遇。

随后的几十年里，美国先后数次修改移民法，不断放宽移民限制，以更广泛地引进国外人才。从其发展历程中可以看出，人才的吸引和培养是美国兴盛的根本所在。源源不断的外来高素质移民和国内教育培养的大量创新型人才，不仅创造了美国强大的综合国力，并且塑造了一种能够进行自我调节的保持平衡的政治体制和可持续发展的领先型的经济模式。人才流动是科技合作和知识循环的核心部分，其他国家和地区也正在努力提高海外研究人员比例，如欧盟2011年5月开始实施吸引杰出人才移民的“蓝卡工程”，吸引非欧盟国家的高素质人才到欧盟工作。有关研究结果表明：近几年来，澳大利亚、巴西和中国在全球人才流动中获得了显著的净收益，而荷兰、西班牙、美国等国家由科学家净流入逐渐转为净流出。

4　中国国际科技合作概况

作为一个发展中的科技大国，中国的国际科技合作紧密围绕建设创新型国家的总体目标，以提高自主创新能力为中心，服务于社会主义现代化建设和国家外交工作两个大局，充分发挥科技外交和政府间国际科技合作的独特优势和平台作用，在拓展合作领域、创新合作方式、提高合作成效、提升自主创新能力等方面取得了显著的成效。

4.1　研发投入持续增加

国家统计局、科学技术部、财政部联合发布的《2015 年全国科技经费投入统计公报》显示，2015 年，全国共投入研究与试验发展（R&D）经费 14169.9 亿元，比上年增加了 1154.3 亿元，增长了 8.9%；R&D 经费投入强度（与国内生产总值之比）为 2.07%，比上年提升 0.05 个百分点。按研究与试验发展人员（全时工作量）计算的人均经费支出为 37.7 万元，比上年增加了 2.6 万元。

近年来，我国的科技投入增长迅速（见表 4-1）。2015 年，R&D 经费支出比 2012 年增长了 36.2%，年均增长 11.4%；按汇率折算，我国研发经费继 2010 年超过德国之后，2013 年又超过日本，目前我国已成为仅次于美国的世界第二大研发经费投入国家。2015 年，我国研发经费投入强度（研发经费与 GDP 之比）比 2012 年提高了 0.1 个百分点，已达到中等发达国家水平，居发展中国家前列。

十八大以来，京津冀协同创新共同体建设深入推进，长江经济带转型升级明显加快，北京、上海积极建设具有全球影响力的科技创新中心，创新型省份、创新型城市建设试点初见成效，区域创新改革试验全面启动。2015年，江苏、广东、山东和北京等地研发经费超过1000亿元，北京、上海、天津、江苏、广东、浙江、山东和陕西等地研发经费投入强度达到或超过全国平均水平。2013—2014年，我国东部地区、中部地区、西部地区和东北地区的创新活动企业占比分别为44%、39.8%、37.9%和26.3%，天津、江苏、浙江、广东、陕西等地位居前列。

表4-1 中国R&D经费支出情况（2008—2015）

指标	2008	2009	2010	2011	2012	2013	2014	2015
R&D经费（亿元）	4616	5802	7063	8687	10298	11906	13015.6	14169.9
投入强度（%）	1.47	1.70	1.76	1.84	1.97	2.09	2.05	2.07

资料来源：根据《中国科技统计年鉴（2008—2015）》整理。

4.2 国际科技合作全面展开

4.2.1 与发达国家之间的科技合作

4.2.1.1 中国与美国之间的科技合作

美国作为科技大国，在大科学领域的影响是举世公认的。1979年，邓小平与美国总统卡特共同签署的《中美科技协定》，标志着中美两国在国际科技合作中里程碑式的开端，该科技协定迅速促进了中美两国在政府、企业、高等院校等之间的合作与交流，合作领域覆盖了教育、能源、环境、医学、海洋、农业、气象、林业、地震、交通、地质等领域。双方合作成果包括浙江加州国际纳米技术研究院、中美清洁能源联合研究中心、中美科学前沿研讨会、中美青年科技人员交流计划等。当然，基于中美在政治、经济、军事、科技等领域合作关系的重要性、复杂性和动态性，双方在合作中也会不时地出现一些诸如经贸摩擦、政治冲突等问题，然而双方在科技领域上的积极合作，无疑有益于搭建一个双方平等对话与沟通的平台，从而强化双方的信任机制，并增进技术合作的透明度和可持续性。

表 4-2　中美政府间科技合作一览表

合作领域	合作方		主要合作成果
	美国	中国	
农业	农业部，包括：农业科学研究院、动植物卫生检查处、海外农业局、国家食品与农业研究院、林业局	农业部、科技部、林业局	（1）2002 年，签署《农业科技合作议定书》，建立联合工作组机制；确定七大优先合作领域，建立九个联合研究中心 （2）2012 年，签署《农业研究旗舰项目议定书》，在农业领域确立了中美合作旗舰项目
商务	商务部，包括：国家标准与技术研究院、国家海洋和大气管理局	商务部、中科院、气象局、海洋局	（1）与美国国家标准与技术研究院签署《计量与标准合作协议书》等三项协议和议定书 （2）2012 年，签署《2011—2015 年中国国家海洋局与美国国家海洋和大气管理局海洋与渔业科技合作框架计划》
国防	国防部	国防部	（1）参加在华举行的国际科技会议 （2）在能源、灾害管理等领域进行对话交流
能源	能源部	科技部、能源局	（1）2008 年，签署《中美能源和环境十年合作框架文件》，确定五大合作目标 （2）2011 年，共同投入 1.5 亿美元成立中美清洁能源联合研究中心，组建产学研联盟
卫生健康	卫生及公共服务部，包括：疾控中心、国家卫生研究院、卫生资源与服务管理局以及食品药品监管局	卫生和计划生育委员会	（1）2006 年，签署《卫生健康医药科学合作谅解备忘录》及《补充替代及传统医药研究国际合作意向书》 （2）实施《中美骨髓库造血干细胞计划》，建立两国骨髓库互查系统 （3）互设办事处，完善食品安全监管能力

续表

合作领域	合作方		主要合作成果
	美国	中国	
国土资源	内政部，包括：野生动物管理局、国家公园管理局、地质调查局	林业局、建设部、科技部	（1）2011 年，签署《中美自然保护交流与合作议定书》附件十一，支持野生动物执法 （2）2006 年，签署《关于国家公园及其他自然文化遗产保护地管理与保护的合作谅解备忘录》，开展“姐妹公园”项目 （3）2006 年，签署《矿物地球科学领域科学技术合作议定书》
交通	交通部	交通运输部	（1）举行 5 次中美交通论坛 （2）设立宜居交通合作项目行动小组，实施“宜居交通合作项目”行动计划
环境保护	环境保护署	环保局	（1）2008 年，签署《中美能源环境十年合作框架下的绿色合作伙伴计划框架》 （2）2012 年，签署《中美绿色合作伙伴计划》
核技术	能源部、核管理委员会	科技部	（1）2006 年，签署《关于在中国合作建设先进压水堆核电项目及相关技术转让的谅解备忘录》，建设首批 4 台核电机组 （2）2010 年，签署《LPP 技术咨询服务合同》

截至 2015 年底，中美两国通过多个协定书或谅解备忘录，先后开展了数千个科技合作项目，数万名科学家参与了双边交流。中美科技合作取得的重大成果涵盖了基础研究、高技术与民用技术等诸多领域（见表 4-2），其中一些成果在国际上居于领先地位，如中科院遥感卫星地面站、北京正负电子对撞机、中国数字化地震台网、宇宙中迄今最大的螺旋状星系的发现、家用电冰箱氟利昂替代技术研究及超级节能无氟电冰箱生产、核安全监督管理法规的制定和核安全监督管理方式、煤气化联合循环发电示范工厂等。

在农业研究领域，我国为美国提供了为数众多的农作物种子资源，其中就有一些十分珍贵的野生农作物种资源，例如大豆、小麦、玉米、花生、蔬菜和牧草等，总计2000多份，在帮助美国培育抗病防虫的新一代农作物方面起到了积极的作用。

在地震研究领域，中国数字化地震台网项目是“中美地震科技合作议定书”下一个相当成功的项目。该网由中美双方联合投资、设计、研制、组装、测试和安装。在双方工程人员的共同努力下，该网于1987年10月在北京通过国际地震专家的技术验收，建成后，安装在11个地震台上的设备正式投入运转，产生了高质量的地震数据。这些数据为地震预报研究及基础地震学研究提供了宝贵的科学依据。

在气象卫星领域，中美卫星气象与气象卫星领域的合作卓有成效。通过中美大气科技合作渠道，国家卫星气象中心共派出了30多人次赴美国，分别就卫星资料接收处理及应用、产品开发、卫星气象学、计算机软件编程及卫星遥感探测器的辐射校正等诸多领域广泛开展了合作研究和进修培训；还派出近60人次赴美国进行短期工作访问，在各方面都得到了很多的经验和有益的启示。通过中美大气科技合作渠道，成功引进了美国P1750A系列的星载计算机芯片，缩短了我国与世界先进水平的距离。20世纪80年代初，我国从美国引进了TIROS—N系列气象卫星接收处理系统，使我国气象卫星定量遥感资料的接收处理开始转入高时效获取、高精度处理等核心技术业务领域，这对后期我国极轨气象卫星和应用系统的建设起到了积极的促进作用。

在医疗卫生领域，我国向美国提供了医疗健康方面许多重要的统计信息与相关资料，为美国科研机构研究工作的开展提供了十分有益的信息支持。例如，针对世界医学界研究的癌症治疗难题，我国汇编了《中国癌症分布图谱》，它囊括了我国2.4亿人次癌症分布的调查基础资料，尤其是在发病率、死亡率和地区分布等方面进行了统计分析，这对于美国开展有针对性的对比研究和癌症的防治具有重大价值。

当前，中美科技合作呈现出“全方位、多层次、宽领域、广伙伴、有重点、高水平”的特点，形成了政府间合作、科研机构间合作、企业间技术合作与科技人员交流并举的良好局面。

4.2.1.2 中欧国际科技合作

欧盟及其成员国作为全球最具发展活力和科技先进发达的重要地区，长期以来就是我国政治经济领域的重要合作对象之一，也是中国国际科技合作最重要的伙伴。过去30余年，中欧科技合作日益深入，成为发展中欧全面战略合作伙伴关系的重要内容。目前，我国与欧盟的国际科技合作活动中，中欧合作的领域涵盖了绝大部分科学学科和工程领域。中欧科技合作在6个领域发挥着重要作用，其中，应对气候变化和发展清洁能源两项被放在首位，其他4个中欧重点合作领域分别是公共健康、基础研究与前沿研究、大科学工程以及中欧企业间的科技合作。我国有44个机构参加了中欧科技创新的29个合作项目，包括以研究国际前沿和竞争性科技难点为主要内容，支撑“欧盟2020”战略科研与创新的主要政策工具——“地平线2020”计划，中国成为欧盟除了美国、加拿大和南非之外的位列第四的参与国。

我国和欧盟的科技合作主要有以下四种形式：

（1）同欧盟及成员国政府间的科技合作

20世纪70年代以来，中国政府和欧盟及其各成员国政府先后签署了政府一级经济技术合作协定或科技合作协定。在欧盟一级，双方建立了中欧领导人定期会晤机制。双方就各个领域的合作签署了有关协议，并根据这些协议规划落实具体的合作计划和项目。目前，中欧领导人已举行多次会晤。由于欧盟研究与技术开发框架计划是面向世界的开放式的科研计划，从20世纪末起，我国就积极投标参与了框架计划中有关项目的合作研究。

（2）同科研院所和基金会之间的科技合作

中欧科研院所和基金会之间的科技合作，是双方最重要的合作渠道之一。这种合作形式具有灵活性和多样性的特点。双方可以相互进行学术访问、人员交流，也可以围绕共同的研究计划进行合作，或者为了一些长远项目共建科学实验室、科学中心等联合研究机构。中欧科研院所和基金会之间的科技合作，主要是专业对口的合作。在我国，与欧对口合作的学术机构主要有：中国科协、中国科学院、中国工程院、国家自然科学基金会、高等院校等。而在欧盟及其成员国，则分别是国家的科研机构如科学院、工程院、研究院、研究中心以及官助民办的各种学会、协会、科学联合会和基金会所属的研究所等。

（3）与成员国地方之间的科技合作

中欧地方之间的科技合作虽然起步较晚，但发展很快。由于我国与欧盟成员国共同建立了众多的友好省州合作关系，科技合作逐渐成为双方地方友好合作的重要内容。中欧地方之间的科技合作具有形式多样、机动灵活的特点。这里既有省州一级的合作，又有地方高等院校、科研机构以及经济技术实体之间的交叉合作。随着欧盟及其成员国的大型企业和跨国公司陆续进入中国，在我国各个省、市、自治区众多的经济技术开发区和高新技术开发区，双方科技合作项目对地方经济的发展都做出了一定的贡献。多样化、多渠道和多层次性是欧盟及其成员国对外科技合作最显著的特点，这些特点是由欧盟及其成员国演绎形成的，同时也是由以政府为主导、以各类科研组织为载体的、多层次的对外科技合作形式所决定的。

中国与德国的科技创新合作为两国企业创造了巨大商机。德国在创新领域一直走在世界前列，并致力于推进“工业 4.0”战略，引领第四次工业革命。而中国也在积极打造创新型国家：一方面，中国“信息化与工业化融合”战略与德国“工业 4.0”战略有很多契合点，两国在交通、电动汽车、能源、环保和食品安全、医疗等领域创新合作前景广泛；另一方面，中国拥有广阔的市场和丰富的劳动力资源，德国拥有先进的技术和管理经验，再加上中德发展阶段不同，经济互补互利远大于竞争。2014 年，中德两国建立了全方位战略伙伴关系，发表了《中德合作行动纲要：共塑创新》。在这一合作框架下，两国科技部门在创新政策、电动汽车、清洁水、未来城市、科技管理、半导体照明等领域开展了积极合作。两国按照开展“工业 4.0”合作的精神，签署了《关于在智能制造（“工业 4.0”）和智能服务领域通过双边科技合作开发和推广创新方案的联合意向声明》，合作内容聚焦智能制造（“工业 4.0”）领域的智能物流、智能服务、能源和资源利用效率、信息物理系统（CPS）、安全保障、系统集成和互联互通、标准化等。同时，结合当前科技计划管理改革和中德科技合作需要，两国还签署了《关于联合研究与创新项目资助程序及标准的联合意向声明》，推动双方联合制定和发布项目资助指南和实施联合资助机制。

中法科技合作正迈向新的纪元，互相成为欧盟成员国中最主要的科技合作伙伴之一。在中欧关系的发展蓝图中，中法合作的重点领域在于新能源、新材料、新一代信息技术，以及航空航天等新兴产业领域。2014 年，中法签署了 21 个项目、价值 180 亿欧元（约合 248 亿美元）的订单，涉及领域包括核电、航空航天、汽车产业等。截至 2015 年底，共有 9000 多家法国企业落户中国，而在法国的中国企业只有 250 多家。目前，中法核领域的合作内容非常丰富，两国间的交往涵盖了民用核能全过程。中法在民用核技术领域均持有可持续核能观，正在推动在民用核领域开展长期稳定的合作，及造福于人类的清洁能源建设。中法还在传统合作领域谋求纵深发展，即考虑将核能合作沿产业链进行延伸，逐渐扩展到上游的资源开发、后期的废料处理及联合开拓第三方市场等，以加强经贸、农业、金融、航空航天等领域的合作，推动双向投资和人员往来便利化，并就气候变化、全球经济治理等重大国际问题沟通协调（中法共同承诺积极应对气候变化，将绿色增长作为中法的主要战略和重要的务实合作领域，在农产品加工等领域的合作已成为两国交往的重要渠道，并继续拓展新领域的合作，如卫生和城市可持续发展等）。

虽然当前英国正处于脱离欧洲的进程当中，但事实上中英科技合作正处于有史以来的“黄金时代”，科技合作领域日益扩大。1978 年 11 月，中英签订了政府间科技合作协议，标志着两国科技合作与交流由此开启。这也是中国与西方发达国家最早签署的政府间科技合作协议之一。30 多年来，中英两国对口部门和机构在基础研究、卫生、农业、水利、林业和航天航空等领域签订了 20 多个对口协议或备忘录。自 1998 年以来，定期举办的中英科技合作联委会推动着两国科技合作不断向前发展。近年来，中英两国一些重大科技合作计划和项目的确立与执行有力地推动了双边科技合作，如中英创新计划，中英科学桥计划，“中国明天”计划，复旦—丁铎尔全球环境变化研究中心、中科院—约翰·英纳斯联合中心科技合作计划，以及“20：20 小麦”研究项目和中英卫生支持项目等。中英双方于 2013 年 12 月共同设立的中英联合研究创新基金（以下简称“牛顿基金”）堪称中英科技合作的新标志。双方在重点战略领域开展了一系列跨领域、全链条、高层次的科学创新合作，这些重点领域涵盖了能源和环境，农业、食品和水安全，城镇化，先进制造以及卫生健康等。与以往不同的是，牛顿基金在进一步强化基础科学合作和人员交流的同时更关注两国的创新合作，以充分发挥科技创新在推动经济社会发展中的重要作用。在中英官方科技合作不断深入开展的形势下，两国非官方科技交流和合作也呈现出活跃态势，双方许多科研机构、大学或企业都建立了长期的科技合作或定期交流关系。牛津大学技术转移公司已在常州等地设立了 4 个合资公司；布拉德福德大学与四川大学共同成立了“中英先进材料研究中心”；兰卡斯特大学与广东省启动了双边科技创新合作“催化剂”计划。另外，中国企业与英国大学、科研院所的合作日益深化，共同设立研发中心，利用先进的国际科技资源进行产业研发和人才培养。如中航工业集团与帝国理工学院和诺丁汉大学联合建立了研发中心，重庆海扶医院和牛津大学医院在超声肿瘤治疗设备方面开展了合作，中化集团和利兹大学开展了合作研究，华为与萨里大学合作开展了 5G 技术开发，陕西摩美得制药公司与牛津大学合作开展了中药复方疗效验证研究等。英国已成为中国的第二大科学合作伙伴，仅次于美国。双方正在探索更好的方式和更加通畅的渠道，以更好地发挥技术合作对两国经济发展的推动作用。

（4）参与欧盟框架计划

欧盟框架计划是欧盟自 1984 年开始实施的“研究、技术开发及示范框架计划”。该框架计划是欧盟成员国及联系国共同参与的中期重大科技计划，具有高水平、宽领域、投资足、参与国多等特点。中国参与的欧盟框架计划项目数在发展中国家位居第一。客观上，欧盟也面临着诸如环保、疾病、能源等问题所带来的挑战，希望同中国进行合作。于 2013 年结束的欧盟第七框架计划，有百余名中国科研人员获得了欧盟委员会科研与创新总司总额达 1900 万欧元的资助，这一数字在该计划的全体参与国中位列第三，仅次于美国和俄罗斯。近几年来，中国与欧盟在食品、农业、生物技术、环境、航空、遥感、核安全等高科技领域开展了全面深入的研究协作，取得了显著成绩。中欧科研机构和人员交流日益频繁，开放式创新局面正在形成。双方已就科技人才流动状况与政策研究、国际同行评议、搭建中欧科研人才合作对接平台、为中欧科研人才服务等合作事宜深入协商，一种开放式合作的创新局面逐步形成。

4.2.1.3 中国与日本之间的科技合作

近几年来，虽然中日之间因领土争端极大地影响了政治与经济关系的正常化，但是客观上看，两国长期以来的国际科技合作交流仍然得以不同程度地推进。

（1）中日开展了长期的科技交流

20 世纪 60 年代初，中日两国就开始了民间科技交流。中日邦交正常化以后，双方建立起政府间科技合作关系，并于 1980 年 5 月签署了《中日科技合作协定》。此后，两国的科技交流与合作发展迅速，规模不断扩大，形成了多形式、多渠道、官民并举的局面，尤其在应用技术合作层面，取得了突出的成效，对我国的经济和社会发展、科学技术进步起到了良好的推动作用。中日政府间的科技合作达成的协定主要有《中日科技合作协定》《中日环保合作协定》《中日核能合作协定》等。此外，包括两国科技部门在内的许多政府管理部门都开展了对口合作，不少部门签订了合作协议，定期举行会晤，对促进两国科研人员的交流、开展共同研究等发挥了很好的作用。

（2）合作范围聚焦于科技环保等公益性课题

2008 年 11 月，第二届中日韩三国卫生部长会议在北京召开，三方共同签署了《中日韩三国卫生部共同应对流感大流行的行动计划》。同年 12 月，中日韩发表了《中日韩合作行动计划》，明确了科技和环保合作的主要内容：启动东亚气候伙伴计划，共同研究沙尘暴的监控、早期预警和防控，解决本地区空气污染问题，加强治理海洋垃圾合作，开展候鸟联合保护和监控。为积极推进实施"一带一路"战略规划，充分发挥科技对经贸合作的引领和支撑作用，围绕"海洋与气候变化及防灾减灾"和"海洋生态环境"战略课题，我国专家与日本科学家开展了相关的合作研讨。这些活动意在强化中日两国科学家在海洋与气候变化、防灾减灾、海洋生态环境等领域的科技交流与合作，构建协同机制，推动两国间的海洋生态保护合作研究。

（3）发挥了企业、大学与政府各自不同的功能

在当前的中日国际科技合作中，日方的科学技术研发主体是民间企业。由于近年来中国已成为世界各国企业最为热衷的投资地之一，几乎所有的日本大型企业都在中国投资办厂。据日本经团联统计，目前在华共有近 5 万家日资企业，其中约 700 家企业在华设立了研发机构（含软件开发）。日本企业将中国视为可提供优质、具有竞争力的研发人员的重要基地，在 IT 服务外包等方面同我国企业开展了大量的互利合作。受益于这种合作，华为、中兴等中国企业也快速扩展了它们在日本的业务，积极开拓日本市场。

大学和科研机构的交流是中日科技合作的另一个重要方面。目前，中国国内的理工类大学几乎都有与日本大学和科研机构的交流项目。通过大

学和科研机构间的合作，中日双方在很多基础领域和应用领域的科研水平都得到了显著的提高。例如，通过合作，日本从中国进口的ITO靶材、高纯氧化铝、新陶瓷材料等高技术产品逐年增加，有力地促进了两国经贸关系的发展。

在政府合作层面，中日科技合作联委会已成为两国政府合作的主要渠道，至今已经召开了十三届会议，开展了包括生物、信息、材料、环境、能源、医疗、农业等领域的近千个合作项目，影响较大。由于日本是一个小政府大社会的社会结构，日本政府在中日科技合作方面主要发挥政策引导和扶持鼓励的作用，政府本身直接参与的中日科技合作项目较少。

（4）中日科技合作在波折发展中仍取得了一定成效

2015年4月，中日两国政府在北京召开“中日科学技术合作委员会”会议，确认了在防灾及产业技术研究领域的合作方针。该会议始于1981年，以数年一次的频率由东京和北京交替举办（近几年来，因日本对我国钓鱼岛实施所谓“国有化”事件导致两国关系波折而较长中断）。中日科技合作发展到今天，虽然历经波折，但科技合作领域得到了不断拓展和深化，并取得了一定成效。日本大金、东芝、理光、富士通等大企业均在中国设立了研发中心。为了加强中日民间在信息通信技术领域的合作，日本NTT DOCOMO公司在北京设立多科莫（DOCOMO）通信技术研究中心有限公司，以推进新一代移动通信技术的研发与应用。目前，日本在华投资超过100万美元的高技术企业已超过1000家。另外，中国通过各种渠道开展的智力引进和技术培训稳步发展，通过日本花甲协会、日本海外开发会（JODC）、日本海外技术者研修协会（AOTS）、日本技术协会等组织每年引进500多名“花甲专家”，到中国工农业生产和科研第一线帮助开展技术革新，并传授技术和经营管理经验，发挥了较大作用，其中部分专家获得了中国国家“友谊奖”和有关部门颁发的“国际合作奖”。

4.2.1.4 中国与韩国之间的科技合作

中韩两国于1992年8月24日建交，同年9月30日两国政府签署了

《中华人民共和国政府和大韩民国政府科学技术合作协定》。自此，两国的科技合作与交流迅速发展，并且在多方的共同努力下取得了显著的成效。目前，两国的合作领域包括基础研究、应用技术和高新技术等；合作形式有开展联合研究、代表团互访、人才交流与培训、召开研讨会，等等；双方交流渠道呈现多样化，既有政府间交流，也有民间交流，既有地方部门间的交流，也有大学和研究所间的交流以及企业间的交流。中韩科技合作在推动两国科技进步和经济发展的过程中发挥了积极作用。

我国和韩国的科技合作主要有以下五种形式：

（1）确定了广泛领域的共同研究项目

双方通过协商并经联委会确立的共同研究项目，内容涉及基础研究和应用研究等多个领域。双方政府对这些项目的实施都给予了足够的重视，绝大部分项目进展顺利，并取得了一定成果。从 2008 年 5 月开始，双方议定把合作研究的重点集中在气象灾害预报、生物技术、新材料技术、环境技术、应用激光技术和基础研究等领域，并把高新技术产业化、高新技术开发区的合作也列为合作重点。2010 年 5 月，中日韩三国领导人在韩国济州岛发表了《中日韩加强科技与创新合作的声明》，根据协议，中韩双方在能源（新能源、节能减排）、新材料及纳米材料、生物技术（包括利用生物技术防治沙漠化）和传统医药领域确定了 9 个联合研究项目。

（2）重视双方互派科技考察团

双方自 1994 年开始每年互派 4 个科技考察团组，选择自己感兴趣的领域进行考察。所选人员均是其所在研究领域的专家，考察后形成内容详尽的考察报告，对今后在该领域开展科技合作具有很强的参考性和指导性。2015 年 7 月，中韩科技创新企业交流大会在北京成功举办，中韩两国 IT、汽车制造、航空航天、机械设备领域的 50 多家跨国企业参加了活动，进行了一对一的科技考察深入交流。2015 年 10 月，由中国科学技术交流中心、韩国技术风险财团共同主办的“自贸环境下的中韩科技交流与合作论坛暨中韩高新技术展示洽谈会”在常州举行。2015 年 11 月，由韩国未来创造科学部、梨花女子大学、国家核融合研究所等单位的专家学者组成的核聚变考察团访问了中国科技大学，了解核聚变领域的研究现状和前景，共同推进中韩两国在核聚变领域的科技创新合作。

（3）针对重点领域建立联合研究中心

作为一种新的合作方式，中韩双方科研人员以分别在本国对等建立的联合研究中心为桥梁，进行学术交流与合作研发。双方建立了海洋、新材料、生命科学、光电技术和纳米技术等共同研究中心。各研究中心针对共同感兴趣的课题开展合作研究，并不断推出阶段性成果。在 2009 年底的第十次联委会上，双方就原有研究中心的状况、成绩和问题进行了评估，在此基础上，双方一致同意对原有研究中心进行调整和改革，推动实施《“中韩联合研究中心”改革方案和推进计划》。根据改革方案，双方将在重点研究领域重新审批成立“中韩联合研究中心”，鼓励和推动其在相应专业领域发挥统筹协调作用，组织和实施联合研究项目，有效利用和推广研究成果，建立产学研合作的平台。目前双方已确认成立了“中韩利用生物技术防止沙漠化联合研究中心”和“中韩光学物理技术联合研究中心”。

（4）开展青年科技工作者的交流

1993 年，根据中韩科技合作联委会会议决定，两国政府实施了“中韩青年科学家交流计划”。该计划致力于通过科研人员的交流，为他们提供提高科学知识和积累研究经验的机会，以提高各自国家的科技水平。1994 年，中韩两国开始互派博士后到对方国家相关研究机构或大学从事为期一年的研究和交流，以加强两国在人才培养方面的合作，并推动科研院所、大学和企业间的合作。作为两国重点科技合作项目及联合研究中心的重要支撑之一，“中韩青年科学家交流计划”进一步推动了中韩两国科技合作与交流向着更加务实和高水平的方向发展。

（5）与韩国国际协力团的合作

韩国国际协力团（KOICA）成立于 1991 年 4 月 1 日，作为负责韩国对外援助的政府机构，其职能在于最大限度地实施政府对外无偿援助和技术合作方案，保障给予发展中国家的援助计划的有效性。该机构与中国的合作始于1992年。1994年10月，双方签署了合作纪要，正式确立合作关系。KOICA通过派遣专家和协力队员、开展专项技术合作及开发项目调查、人才培训等方式，在华开展了4000余万美元的技术合作项目，对推动我国经济建设和科技发展起到了一定的促进作用。KOICA在华先后实施了数十项技术合作项目，其中，“中国就业指导培训中心”项目是KOICA成立以来最大的对外援助项目，韩方提供1000万美元，2000年底如期建成。该项目对于中国学习借鉴韩国在职培训、职业技能鉴定、职业技能竞赛等方面的先进经验和做法起到了巨大的推动作用。此外，在政府科技协定框架下，两国对口专业部门已分别签署了大气科学、航空技术、航天和宇宙技术、卫星技术、钢铁技术、基础科学、标准计量、中医中药、环境保护、科技政策、核安全技术、通信技术、新材料、海洋技术、邮政邮电、林业技术、技术信息、基金会等多个合作议定书或谅解备忘录。根据这些协议，许多合作项目正在进行并取得了阶段性成果。

4.2.1.5 中国与澳大利亚的合作

澳大利亚是一个富有创造性的国度，具有全球领先的研发实力和科研机构，以优质的研究享誉全球，在众多行业领域的科学研究和复杂问题解决方面取得了傲人成绩。中国和澳大利亚两国的科技交流起步于20世纪60年代，50多年来两国科技合作成果丰硕，且不断向关键领域迈进，两国科技交流合作水平也日渐提高。

(1) 两国科技合作关系日益紧密

中国与澳大利亚在技术和创新方面，对双方来讲，都是全球至为重要的合作伙伴。两国在清洁能源、水资源、免疫基因学和全球气候变化等方面开展了卓有成效的合作，启动了全球环境变化遥感对比研究等合作项目。中国还与澳大利亚在海岸带及三角洲地区的可持续发展方面开展了合作。同时，中澳还在功能材料和未来无线通信技术领域建立了两个联合研发中心。在数学、工程学、化学、农业、免疫学等研究领域，中国已成为澳大利亚领先的合作伙伴。此外，两国科研工作者在论文发表方面的合作日益增加，中国学者参与写作的科研论文占澳大利亚论文总数的比例已从1996年的4%上升到2015年的20%以上。中澳两国均较为关注气候变化相关问题，人口老龄化及其带来的医疗服务、环境、能源、食品安全等领域的问题，因此这些是双方未来科技合作的重点关注领域。

（2）互补性合作催生了大量成果

中澳合作能够不断取得成果是因为双方都平等地投入科研能力，而中澳迥异的科研背景产生的碰撞，以全新的方式产生出新的知识。多年来，两国科技合作成果斐然，这尤其体现在一些关键领域。比如，中澳两国工程人员联合建造了能够捕获二氧化碳并将其储存起来的火力发电站；双方科研人员对糖尿病新疗法进行了试验；双方合作发现了能够令中国小麦产量提高10%的生物控制因子；等等。宝钢集团还与澳大利亚四所大学联合组建了研发中心，成为澳大利亚第一个由外国企业与本国大学联合建立的研发中心。双方科学家在西澳大利亚的SKA射电望远镜项目以及中国的FAST望远镜项目中都能取长补短，互相启发，从而大大促进了合作项目的进展。除了科学技术领域长达数十年的合作，双方还在2011年成立了中澳科学与研究基金会。该基金会现已为6家联合研究中心提供支持，截至2016年底，已建成12家研究中心。中澳大学间签订了近400个正式的校际合作伙伴协议，比10年前约增加了80%。

（3）科技创新研讨影响力不断提升

中澳间形成了沟通良好的科技创新研讨机制。2016年4月，“澳大利亚周·中国”科技创新研讨会在北京举行。澳大利亚联邦科学与工业研究组织（CSIRO）、主要大学的研发部门、初创孵化和加速机构、投资者以及科技初创公司等，与中国相关政府机构和企业就信息和数字、智能制造、先进材料、资源、医疗、生物、金融科技、教育技术等领域的科技创新进行了深度交流，寻求和促进双方在研发、技术和创新领域的合作。代表团访华期间宣布了多个合作协议，包括联合研究合作伙伴关系的建立、研发成果的商业化以及澳中两国孵化机构的合作。

（4）有效合作经验模式已得以推广

澳大利亚计划到2020年，在两国政府的支持下，将中国创新的生态系统——“火炬”科技园区的模式引入澳大利亚，从而促进中澳科技产业创新合作迈上一个新的台阶。新南威尔士大学将打造一个全新的、具有现代技术水平的、占地20000平方米的创新园区，选址在悉尼著名的、拥有得天独厚地理优势的东区。新南威尔士大学“火炬”科技园区建成后将会吸引一大批来自澳大利亚、中国及其他地区的中小型企业、创业者、投资人以及决策者。

4.2.1.6 中国与加拿大的合作

中国和加拿大虽然地理位置相隔遥远，但两国间的经贸和科技合作日益呈现出强劲的发展势头，尤其是科技合作方面，取得了显著的成绩，这对两国的经济和科技发展起到了巨大的推动作用。

（1）两国间的合作呈现强强联合态势

中加政府间科技合作始于1972年。目前，两国各级政府部门共签署了41个科技合作协议。过去中国因为经济和科技实力较弱，主要是以学习的姿态与西方国家进行合作，现在随着综合国力的增强，中国和加拿大的科技合作正朝着更注重专业定位、互补互利的方向发展，呈现出一种强强联合的发展态势。近几年来，两国在航天、遥感、通信、气象、海洋、渔业、林业及基础科学等领域也进行了卓有成效的合作，两国高校和科研机构之间也开展了多层次、多渠道的交流与合作。中加合作的领域涉及面宽，合作伙伴和资金渠道多元，合作模式不断创新，充分体现了政府引导、产业推动、资源多元的国际合作新趋势。

（2）加拿大长期积极开放地开展中加科技合作

在造福全人类的科技领域，加拿大长期以来对中国采取了积极开放的合作态度，科技合作能为中加友好做出积极贡献。为落实双边政府间科技合作协议，促进和支持双边科技创新及产业化合作，两国政府于 2007 年签署了《中加科技合作协定》并形成定期交流机制，该协定为两国科学家间的合作提供了重要的政策支持。创新驱动发展是中加两国的共识，在面对未来共同挑战方面，两国科技界合作潜力巨大。

2008 年，我国科技部与加拿大国际贸易部共同宣布了首轮中加政府间科技合作项目。我国科技部与加拿大安大略省签订了《研究与创新合作备忘录》，建立了联合资助机制；与魁北克省签署了《启动第二次合作研究项目征集的联合声明》；与加拿大国家研究理事会重签了合作备忘录，共建中加氢能燃料电池联合研究中心。2015 年中加建交 45 周年之际，中加科技合作联委会会议在加拿大召开。双方围绕清洁技术、生物医药、农业与环保、航空技术等重点领域展开深度合作，提升科技人文交流水平，发展公共部门和私营部门伙伴关系，为两国创新创业合作培育良好环境。2016 年 2 月，中加科技合作联委会会议在加拿大渥太华举行。来自两国近 40 个政府部门和相关机构的 130 多位代表参加了会议，就包括健康与生命科学等领域在内的合作进行了交流，并签署了《中加科学技术和创新行动计划（2016—2018）》等合作文件。

（3）加拿大优势科技成果为我国提供了较好的借鉴

加拿大拥有先进的科技管理制度和创新体系，值得中国借鉴。加拿大单元分工明确，资源配置高效，民间科技创新能力尤为强大。在清洁能源、卫星通信、量子计算和传染病防治等领域都颇有建树。由加拿大 MDA 公司研制的机械臂是国际空间站的重要工具，在深空探测方面发挥了不可替代的作用。此外，加拿大构建了跨太平洋海底监测系统，用以观察海洋地质、海洋生物和深海试验的活动等；加拿大是第一个破解 SARS 病毒基因序列和研发出首批埃博拉病毒疫苗的国家之一，其科研能力和水平可见一斑。大温哥华地区近年来创新成果不断涌现，创意产业蓬勃发展，跨国企业研发总部纷纷来此落户，国际性创新和学术峰会连续在此举办，这些都是值得中国学习和借鉴的科技优势领域。

4.2.2 与其他国家的科技合作

从20世纪80年代开始，发展中国家之间加强了经济技术方面的合作。进入21世纪，合作的内容逐步增加。当前，发展中国家间的科技合作主要体现在双边合作方面，多边合作比较少。

4.2.2.1 中国与俄罗斯的合作

1992年12月，中俄双方正式签订了《中华人民共和国政府和俄罗斯联邦政府科学技术合作协定》；2000年11月，中俄两国签署了《创新领域合作的谅解备忘录》；2006年和2007年，中俄两国互办“国家年”，表明两国政府对科技合作高度重视，“做共同创新的科技合作伙伴”已成为两国战略协作伙伴关系的重要内容。在2010年中俄科技合作分委会例会上，双方讨论了从政府层面推动开展一些中长期、大规模科技合作项目的问题。

（1）政府间科技合作活动迅速起步

为推动中俄科技合作更上一个新台阶，2008年10月，中国科技部与俄罗斯教育科学部就深化中俄科技合作等问题达成了若干重要共识。双方同意建立中俄科技部长战略对话机制，并将携手推进在上海合作组织框架下建立科技部长会议机制。同月，第三届中俄经济工商界高峰论坛在莫斯科举行，高峰论坛专门设立了中俄高技术合作分论坛，对进一步深化中俄科技合作以及提升科技合作在两国关系中的影响力起到了推动作用。

（2）纳米技术和微电子装备领域合作取得进展

2008年，中俄双方在纳米技术领域的合作取得了新进展。俄罗斯国家纳米技术集团公司总经理率领公司主要高层领导访华。随后，俄方又连续派出两个纳米技术专家团访问上海、苏州、北京、泰州等地，并商谈具体项目合作事宜。同年10月，在中俄总理第十三次定期会晤的框架下，我国科技部与俄罗斯国家纳米技术集团公司签署了《关于建立中俄纳米技术战略合作联盟的协议》。

（3）创新型科技企业和创新平台顺利打造

2015 年 4 月，斯科尔科沃基金会（由俄罗斯政府设立的非营利组织）和中国赛伯乐投资集团在北京签署了总投资规模为 2 亿美元的合作协议，该基金会将和中国赛伯乐投资集团共同打造一个俄中创业孵化器、一家机器人中心和一个创业基金，重点投资 IT、机器人以及通信技术领域的公司。

（4）在高科技民用产品研发制造方面合作成效突出

近十多年来，以俄罗斯联邦科技与工业集团公司（Rostec）为主体，中俄在军事技术合作方面成效显著。该集团公司成立于 2007 年，目的在于协助研究、制造和出口国民工业及军事工业的高科技产品，2014 年创新产品比例为 24%。该集团公司无线电电子中心（联合仪表制造股份公司以及 Shvabe 股份公司）与中国电子科技集团、中国航天科工集团、中国航天科技集团及中兴通讯股份有限公司展开合作，双方共同开发制造高科技产品。在飞机和直升机、航空发动机、先进防空系统、海军装备等产业领域，中俄双方企业共同研发、设计、生产先进的武器系统。这类合作基于双方的高度信任，已经过长期的历史检验并形成有效的合作模式。

4.2.2.2 中国与印度的合作

从 1988 年中印双方签订第一个政府间科技合作协定至今，两国的有关部门已签署 20 多个部门间的科技合作协议和备忘录。2006 年 9 月，中印两国科技部在北京签署了《科技合作谅解备忘录》，成立了部长级中印科技合作指导委员会，主要任务是协调解决双边合作中的战略性问题，指导和促进两国科技合作的发展。印度莫迪执政以来，特别是随着 2014 年 9 月国家主席习近平访问印度后，中印双方在许多领域实质性地推进了科技合作。

（1）中印双方科技合作的互补性日益显露

目前，中印两国人口占到了世界人口的 1/3，市场、经济等规模超常，潜力巨大。预计到2030年前后，中印两国人口将近30亿，将共同进入世界经济排行榜的前三名，经济、市场以及教育科学文化等领域都将达到世界一流水平。

中印两国的合作具有高度契合的互补性和极其显要的经济基础。中国硬件扎实、印度软件发达，中国国企强大、印度民企活跃，中国制造业领先工程建设世界第一、印度药业服务业发达，中国深度开放、印度民族保护有方，中国拥有独立完整的工业和国家技术创新体系、印度可以博采众长吸收从俄罗斯到美日欧的各种先进技术，中国在世界资源利用方面具有技术和资本优势、印度享有更好的国际环境，等等。这些都显示出中印两国的深度合作与发展具有很强的互补性，且具有更加明显的趋势性与现实性。

（2）确立了重点合作领域与主要合作方式

2006年双方发表了《联合宣言》，其中一项重要内容就是促进科技领域合作，同意在地震工程学、气候变化和天气预报、以先进材料为主的纳米技术、以生物纳米为主的生物技术和制药等领域开展合作。

2013年9月10日，中国—印度科技合作联委会第六次会议在北京顺利召开。双方商定了未来合作方向、优先领域及合作形式，并通过及签署了中印科技合作联委会第六次会议纪要。中印两国将重点在地震和自然灾害减灾与管理、天文学和天体物理学、气候变化技术研究、传统知识和医药等领域加强科技合作，鼓励双方科学家以举办研讨会、共建联合实验室及联合研究中心等形式进行合作。

2015年5月，中印签署了海洋领域合作文件，双方将在海洋科学、海洋技术、海气相互作用、气候波动与变化、海洋生物化学研究和生态系统、地质和地球物理等方面开展合作。

（3）一些重点合作项目已取得阶段性成果

2015年2月，中国华为公司投资1.7亿美元在印度南部城市班加罗尔成立了中国大陆之外最大的研发中心，可容纳5000名工程师。与之同期，我国电商巨头阿里巴巴决定通过金融子公司向印度电子结算巨头的运营公司出资25%。

2015年3月，印度最大的电信运营商巴帝电信（Bharti Airtel）与中国移动就联手开发4G、5G移动电话等最尖端技术和联合采购器材达成共识。近年来，两国海洋部门、科研机构和专家间开展了良好的互访与交流活动，与有关国家一同推动了印度洋海洋观测系统（Indoos）的规划、建设和运行，彻底改变了印度洋缺乏现场观测资料的局面。

4.2.2.3 中国与巴西的合作

中国与巴西分属于东半球和西半球最大的发展中国家，社会经济发展水平相当，从研发重点领域和技术优势来看，两国各有特点，科技合作具有很强的互补性，发展潜力巨大。本着优势互补、互利共赢的原则，两国在空间技术、农牧林业、水产养殖、医药卫生、能源矿产等领域开展了卓有成效的合作。

（1）合作的领域不断得以拓展和创新

20多年来，中巴双方签署的科技合作协定、协议和议定书等文件共计20多个，还签署了很多对口部门的合作文件。2001年，双方签订了在信息、生物技术、新材料方面合作的备忘录；2009年，签署了《中国科技部和巴西科技部科技与创新合作工作计划书》。

2010年，双方宣布建立巴—中技术革新、气候变化及能源中心，该中心的宗旨是面向目前共同的挑战，包括环境污染、气候变化、清洁能源、能源效益、核能等。近些年来，中巴科技交流已走出传统领域，开始涉足生物技术、纳米技术、信息技术领域，并积极挖掘在新能源、可再生能源方面的合作潜力。目前，中巴科技合作涵盖了航天航空、信息技术、通信、水电、农牧业、林业、医学医药、环保、地质、交通能源、化工、生物技术、水产养殖和新材料等领域。

（2）合作建设了一批研发与数据中心

2012年，中国纳米技术研究中心与巴西国家纳米实验室共同宣布启动纳米技术合作计划，推动纳米技术在两国农业和气象等方面的应用，并在环境、节能减排和新材料等方面开展长期研究。同年，“中巴农业科学联合实验室”揭牌，这是我国在海外设立的首个农业联合实验室，标志着两国政府将全面推动农业科技合作，共同应对气候变化和粮食安全等挑战。

2013 年，中国国家电网公司与巴西政府达成协议，在特高压输电技术的输出、电气设备生产、智能电表开发等方面展开合作。同年，联想集团宣布斥资 1 亿美元在巴西建立研发中心，开发企业软件。该研发中心设在著名的坎皮纳斯大学科技园内，主要专注于企业软件和高端服务器研发。

2014 年，巴西宣布启用亚马孙国家研究院数据中心和全国教育与科研网数据共享中心，这两个中心均使用了华为公司捐赠的云计算技术与设备。同年，百度公司在中巴两国元首见证下，发布了百度葡语版搜索引擎。奇虎 360 公司也与巴西电脑安全技术公司合作，提供了新一代互联网安全系列产品的核心技术。

（3）中巴合作正向纵深进一步发展

2014 年底，中巴联合研制的地球资源卫星 04 星在太原成功发射升空，这是两国通过长期空间合作成功送入太空的第四颗卫星。中巴两国航天局还签署了关于后继卫星合作项目的意向书。两国决定要在更高水平、更宽领域、更大舞台上推进全面战略伙伴关系。作为两国关系的重要组成部分，科技合作也面临着承前启后、继往开来的新任务。

全球新一轮科技革命正加速发展，并且带动着产业变革。新科技将以前所未有的方式，改变着经济、社会和人民的生活。两国科技合作已拓展至高科技和创新领域，以适应当前世界的潮流。中国正在实施创新驱动发展战略，这与巴西加强提升工业化水平的发展思路高度契合。中国的科技创新正在融入全球创新网络，两国要优化配置科技合作资源，依托国际科技合作平台，协同创新，共促发展。科技合作正成为助推中巴经济转型升级和社会民生改善的“新引擎”。

4.2.2.4 中国与南非的合作

自1998年我国与南非建立外交关系以来，两国的合作迅速起步并得到了全面发展。十多年来，随着相互交往的日益紧密，各领域的合作取得了显著成效，为双方的科技合作奠定了坚实的基础。

（1）跨国科技合作迅速起步

1999年3月，中南两国签署了政府间双边科技合作协定，成立科技合作联合委员会。双方一致同意在生物技术、新材料和先进制造技术、信息技术及系统、环境保护、采矿技术、资源勘探、空间技术、本土知识系统等领域开展合作，并面向两国科研机构联合征集和资助科技合作研究项目，支持双方开展长期研究开发项目合作。

两国科技部分别于2000年、2003年、2005年和2010年召开了四次中南科技合作联委会会议，并共同资助了6轮共59个联委会合作项目，促进了两国的科技进步和经济社会发展，生物技术、采矿和冶金、环境和可持续发展、可再生能源、本土知识体系5个领域成为重点合作领域。2015年3月，南非“中国年”在南非行政首都比勒陀利亚隆重开幕，中南双方围绕科技、文化、经贸等领域在南非举办了一系列精彩纷呈的交流活动。

（2）力求在通信与核能等领域实现突破

南非政府将资讯通信技术发展作为国家发展战略的重要内容，制定了资讯通信发展目标，致力于扩大宽频覆盖率，为南非民众提供优质通信服务。2015年6月8日，中国工业和信息化部部长苗圩在开普敦同南非电信与邮政服务部部长西亚邦加·奎莱签署了《中国工业和信息化部与南非电信与邮政服务部开展信息通信技术领域合作的行动计划》。南非依托中国在通信领域特别是宽频建设领域的经验，推进宽频建设；鼓励和支持中国优秀的网络通信企业与南非进行投资与技术合作，并通过发展电子商务、远端教育等加快农村地区发展。

作为非洲最发达的经济体，南非正在推进新建8座核能反应堆的计划。

2015 年 11 月，南非和中国核能监管机构签署了一项技术合作协议，协议内容包括许可程序、供应商检验、检查人员培训、联合检查与技术支持等。这些重点领域的合作可以为南非经济社会发展提供有力支援，实现互利双赢。

（3）以科技合作成果的应用推广惠及民众

中南科技合作覆盖了双方感兴趣的领域，做到了优势互补，而且起到了很好的示范作用，促进了中国与其他非洲国家的科技合作。双方联合开展的“桉树速生丰产林保护”研究项目被列为中南政府间长期科技合作项目之一，得到了两国政府的支持，迄今已取得了可喜的成果。

依托中国在航天技术领域的优势，南非积极深化和扩大了两国在太空技术方面的合作。中国帮助南非林波波省建立起了包括 14 个诊疗中心的远程医疗系统，成千上万的人们受益于该医疗系统。通过务实、深入的中南科技合作，两国的经济和民生得到了很好的发展与改善。

4.2.2.5 中国与以色列的合作

以色列是一个科技强国，中以之间的科技交流由来已久，特别是近些年来，两国之间的国家级创新合作也富有成效地全面开展。

（1）中国成为以色列科技成果输出应用的合作伙伴

以色列工业化程度高，知识密集型产业发达，高附加值农业、生化、电子、军工等领域技术优势突出。作为“中东硅谷”，其科技创新对 GDP 的贡献率高达 90%。但由于国土面积狭小且人口规模不大（截至 2015 年底，以色列全国约有 800 万人口），要在动态变化的环境中推动应用科技创新成果并形成产业化规模，无疑极具挑战和风险。所以，以色列科技创新成果常常在其他国家进行推广应用和产业化，长期以来欧洲和美国都是以色列科研成果输出的理想平台。

但是，自全球金融危机爆发以来，欧美地区的经济衰退对以色列的出口造成了冲击，这就促使以色列不得不在全球另寻布局。中国作为全球消费增长最为迅速、制造业体系较为完善的地区，具备为以色列的科研成果创业孵化与产业化应用推广的较好条件。由此，以色列与中国建立起越来越紧密的合作关系。2014 年，“以中创新合作联合委员会”宣布成立。2015 年 1 月，两国签署了《中以创新合作三年行动计划》，该计划囊括了多项涉及两国教育、文化、科学、农业、卫生和学术领域的合作协议。中国已成为以色列在亚洲的第一大贸易伙伴，也是其全球第二大贸易伙伴。

（2）两国间合作涉及领域越来越多

我国的“一带一路”战略，为强化与以色列的科技合作提供了历史契机。当前，中国已经成为仅次于美国的对以色列投资最多的国家。中以政府之间、地方之间、企业之间、学术机构之间都建立了合作。除了传统的科技领域，双方的合作正在向清洁能源、城市发展、环境保护、航空航天、移动互联网、生物医药和数字娱乐等领域不断深入和拓展，各种科技合作专项正如火如荼地推进。2016 年 1 月 5 日，中国—以色列科技创新投资大会在北京召开，涵盖了智慧城市、医疗器械、农业科技、清洁技术、互联网、移动通信等领域，双方 1000 多家企业的代表参加了会议。

（3）太库以色列中国创新中心成为科技合作促进平台

2016 年 3 月，太库以色列中国创新中心在特拉维夫成立。该中心专注于孵化器运营管理和科技创业企业动态成长，致力于在全球甄选和培育中国市场需要的先进技术。

对于以色列初创企业，太库提供包括办公和导师在内的基础服务，鼓励初创企业和高新技术走向中国。对成长期企业，太库推出链接以色列技术和中国市场的“马可波罗计划”，通过产业讲座、融资路演和产业化宣讲等活动，帮助成熟企业完成它们在中国的成长路径设计，确保它们在中国的产业化落地顺利进行。

创新中心拥有来自中以重点合作产业领域——生物制药、医疗器械、智能硬件、清洁能源、脑科技和机器人等的签约服务企业 17 家。目前，太库已经与以色列政府单位、学术机构、行业领袖、顶尖企业和媒体各界建立了合作关系。可以预见，创新中心将切实成为“中以创新加速器”，为两国创新合作交流贡献力量。

（4）中以产业技术合作基金发挥着积极作用

两国科技部曾于1997年启动了中以科技与战略研发基金，近20年来，双方通过基金资助了近30个联合研究项目，效果显著。为推动中以在高技术产业的合作，中国和以色列就建立中以产业技术合作基金达成了共识，将重点支持两国企业开展以产品为导向的高技术研发合作。

在“国际科技合作计划”的支持下，中以企业在集成电路制造方面开展合作研发，率先开发了微电子机械系统（MEMS）的晶圆级芯片尺寸封装技术（WLCSP）工艺。2008年11月，中国农业部与以色列洽谈具体合作事宜，纳米水处理技术项目正式启动。2011年8月，中以共同签署两国科技部长联合声明，启动新的联合研究计划，以支持两国科学家开展更加广泛与深入的合作交流。根据联合声明，两部门将为两国科学家开展合作研究提供经费支持，为两国科技合作开辟新的渠道，为两国科技界更紧密的联系与合作提供支撑。

4.3 中国国际科技合作的成效

4.3.1 总体合作成就显著

中国改革开放30多年来，改革力度不断加大，社会主义市场经济体制不断完善，中国加入“世贸”进程加快，对外开放政策环境越来越宽松，极大地促进了国际科技合作的开展，使得中国的国际科技合作与交流空前活跃，不断向广度和深度发展。中国国际科技合作迅速发展，为国民经济的持续、快速、健康发展和科技进步做出了巨大贡献，取得了许多重要成果。国际科技合作通常以技术引进、国际学术会议、合作研究、人才交流、建立国际科技合作基地等形式开展，其中技术引进是我国迅速提升技术水平的重要途径。

在国际范围内各学科领域组织实施的代表性大科学国际科技合作研究计划中，我国参与合作的约有 21 项，例如，北京正负电子对撞机、中巴地球资源卫星、中俄合作研究开发 6000 米自治水下机器人、气象卫星和卫星气象、中国数字地震台网、“人类基因组计划”（HGP）与中国的“1%项目”等。

“人类基因组计划”（HGP）是人类自然科学史上最伟大的创举之一，其核心内容是 DNA 序列图的构建，即分析人类基因组的长达 3000mb 的 DNA 分子的组成（核苷酸或碱基序列）。中国科学家承担并完成了 1%的测序任务。中国参与“人类基因组计划”，改变了人类基因研究的格局，提高了人类基因组国际合作的形象，受到国际同行的欢迎与称颂。它所倡导的“全球合作、免费共享”的“人类基因组计划精神”，已成为人类自然科学史上国际合作的楷模。

一批重大国际科技合作项目的先后实施，为我国在更宽领域和更深层次参与全球科技合作与竞争、提高国际影响力发挥了重要的作用。随着高等教育改革的不断深化，我国形成了政府指导、民间参与、机构互动的合作架构，一个全方位、多层次、宽领域、重实效的国际科技合作态势已经呈现，应继续加强国际科技合作，以更低的成本、更高的效率获得更强的竞争力。

深入开展国际合作已成为我国消化吸收世界科技进步成果、更好更快提升我国自主创新能力和国际竞争力的重要途径，我国已经初步形成了政府引导、民间参与、机构互动的对外合作架构，并已初步呈现“以我为主、互利共赢”的全方位、多层次、广领域的国际科技合作态势，国际科技合作工作已进入历史最好的发展时期。

4.3.2 区域创新体系建设取得新进展

我国不断加强国际性和区域性的对外科技合作工作，承办和主办了一系列多边国际会议和展览会。例如，第十届联合国科技顾问委员会会议、亚太地区空间技术应用促进发展部长级会议、亚欧科技部长会议、中国 21 世纪议程高级国际圆桌会议、亚太经济合作组织科技部长会议、发展中国家环境与发展部长级会议、科技工业园区研讨会、世界企业孵化与技术创新大会、国际航空博览会、世界园艺博览会、北京高新技术产业国际周、第 16 届世界计算机大会，等等。

为了增强发展中国家的软件开发能力，我国与葡萄牙政府、联合国大学等合作在澳门共建了国际软件技术研究所。在与周边地区的合作中，我国参与了澜沧江—湄公河联合开发、图们江和黄渤海跨国经济区联合开发、亚欧大陆桥合作开发等工作，并加强了与有关国家的科技经济合作活动。

目前，与我国进行科技交流的国家和地区已达 152 个，其中与我国签订了政府间科技合作协定或经济、贸易和科技合作协定的国家有 96 个，来华工作的外国专家和我国港澳台地区专家已经达到 44 万人次，我国已加入 1000 多个国际科技合作组织，派出培训人员已经达到 4 万多人次，并且呈现出高速增长的态势。

在政府间科技合作协定的框架下，各专业部门也与外国的相应部门签订了相关科技合作协定。例如，农业部与联合国粮农组织及其他国际农业组织以及 100 多个国家建立了科技合作与交流关系，并与其中 20 多个国家签订了农业科技合作协议；卫生部与 52 个国家签署了卫生合作协议或备忘录；国家环保局已与 27 个国家签订了 30 多个双边环境保护协议或备忘录；国家质量技术监督局参加了 24 个国际组织，并与 50 多个国家的相应部门建立了合作与交流关系；核工业集团公司与 16 个国家签订了政府间和平利用核能合作协定，与 40 多个国家建立了合作与交流关系。

民间科技合作与交流则在更广泛的范围内展开，科研机构之间、高等学校之间、科技学术组织之间、企业之间、城市之间以及科学家个人之间的交流都很活跃。例如，中国科学院已同 60 多个国家和地区建立了科技合作关系，签署了院级合作协议 70 多个、所级合作协议 700 多个，每年的交流量约 8000 人次。教育部对 16 所高校进行统计，它们已同 100 多个国家近 2500 个院所、科研机构、国际组织、企业建立了合作与交流关系，签订了 1500 多个科研项目合作协议。我国各部门参加国际科技学术组织 800 多个，其中包括联合国系统涉及科技项目的有关组织 30 多个。中国科协及其所属全国性学会参加了 240 多个国际科技组织，有 280 多人次的科学家先后在国际科技组织中担任理事、执委以上或所属专业委员会的领导职务。国家自然科学基金委员会也与国外 30 多个国家的 55 个科学基金组织和学术机构签订了双边合作协议或备忘录。中国工程院除已加入国际工程与技术科学院理事会外，还与 12 个国家的工程院或科学院建立了联系。

4.3.3 高校国际科技合作最为积极

要增强我国在前沿技术和基础科学领域的科技创新能力，一方面要靠自己努力，另一方面也需要开展广泛的国际合作，充分地吸纳他国的智慧和技术优势，利用全球科技资源。科技创新任务特别是知识创新的重担越来越多地落到了高校身上，高校正在迅速成为我国科技创新的主力军之一。我国高校积极参与国际科技合作，引进、汇聚和培养了一批具有国际领先水平的学术带头人及一批具有创新能力的优秀学术骨干，形成了一支优秀的创新团队，带动了高等学校教师队伍整体素质和科技创新能力的提高，促进了我国前沿学科和新兴学科的发展，提升了我国高校在世界范围的学术地位和竞争实力，提高了我国的科技创新水平。

在 2014 年中国发表的国际论文中，国际合作产生的论文共计 6.5 万篇，比 2013 年增长了 16.7%。国际合著论文占我国发表论文总数的 24.7%。我国有 19 个学科论文被引用次数进入世界前 10 位，比 2013 年度统计时增加了 3 个学科领域。第一作者发表的 SCI 论文中，来自高校的比例越来越大。2015 年上半年（1—6 月）主要 985 高校发表的 SCI 论文如图 4-1所示。

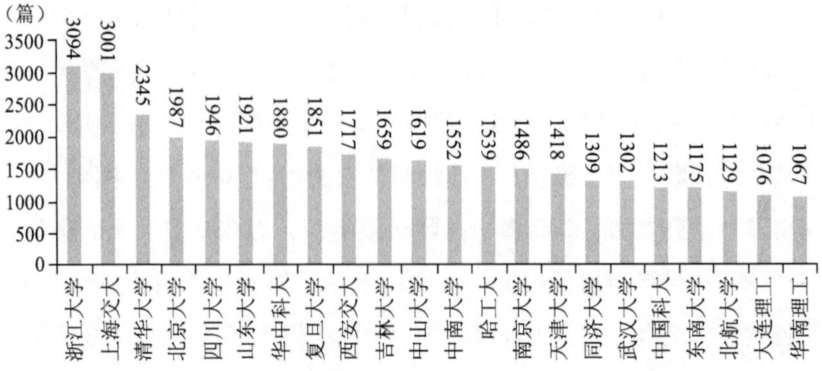

图 4-1　2015 年上半年（1—6 月）主要 985 高校发表的 SCI 论文统计

资料来源：Web of Knowledge 数据库。

高等学校是科技第一生产力和人才第一资源的重要结合点，始终是国家创新体系中重要的组成部分，地位重要，作用独特。据统计（截至 2015 年 1 月），高校 R&D 折合全时人员占全国的比重为 9%；R&D 经费占全国的比重为 7.6%；牵头承担“973 计划”项目占全国的比重为 68%；牵头承担国家重大科学研究计划占全国的比重为 67%；牵头仪器开发专项或承担子任务占全国的比重为 90%；获得国家科技三大奖（国家自然科学奖、国家技术发明奖和国家科技进步奖）占全国的比重为 60%；发表 SCI 论文占全国的比重为 82%。高校具有丰富的人才和学科优势，已成为我国组织实施各类科研任务的主阵地之一，它们也有信心和能力在实施创新驱动发展战略中做出更大的贡献。

除了引进高端人才到国内从事前沿技术研究之外，高等学校也有更多的科技工作者积极参与了国外的国际合作计划，通过使国家之间的科研机构组织和科研人员建立密切的联系，了解最新的学术前沿和技术进展。例如，著名的欧盟科研框架计划是当今世界上最大的官方科技计划之一。欧盟第四个科研框架计划首次把“国际合作”列为专项计划，使欧盟科研框架计划跨出欧洲，吸纳和引进国际合作伙伴参与到原始创新、人力资源和研究能力建设等方面。目前，该计划的“国际合作”资金投入不断增加，研究领域逐渐扩展，影响力与日俱增，已经得到了我国高校专家和学者的广泛认可。

我国的高校国际科技合作交流规模不断扩大，形式和层次向更高水平发展。其形式已从过去的学习考察、参加国际学术会议、展览会等，发展到合作研究、联合设计、联合调查、合办实验室和研究机构、合资开展高技术研究、支持留学人员回国建立科研基地或回国创业，以及我国高校科研人员到境外参与合作研究、创办孵化器等多种形式。其合作领域也从传统技术、基础学科，扩大到生物技术、空间科学、信息、自动化、新材料、新能源、激光等高技术领域。同时，高校通过国际科技合作，培养了一大批各层次的科技人才，极大地丰富了我国经济建设人才资源，为推动我国科技事业的发展提供了人才保障。总体而言，无论是在合作研究方面，还是在国际学术会议方面，重点院校取得的国际科技合作成果数量都远大于其他院校取得的国际科技合作成果数量的总和。

4.3.4 知识创新体系建设继续推进

R&D 活动代表了高水平的科技活动，是创新链的前端环节。R&D 经费及其占 GDP 的比重是一组国际通用的反映一国科技投入规模和水平的重要指标，是反映我国自主创新投入的核心指标，也是列入我国科技发展规划的重要监测指标。

在 R&D 投入的支持下，我国自主创新取得了丰硕的成果。2011 年，我国成功发射卫星 19 次，“天宫一号”目标飞行器和“神舟八号”飞船成功发射并实现空中交会对接；载人深潜器“蛟龙”号成功完成 5000 米海试。

统计结果显示，2005 年至 2015 年 9 月，中国科技人员共发表国际论文 158.11 万篇，共被引用 1287.60 万次，与 2014 年统计时比较，数量增加了 24.2%，连续两年排在世界第四位。在此期间，中国各学科被引用次数处于世界前 1%的高被引论文共计 15011 篇，占世界份额的 11.9%。中国国际科技论文被引用次数增速超过其他国家，但与前三位的美国（6041.7 万次）、德国（1417.4 万次）、英国（1404.3 万次）相比，还存在着一定的差距。中国平均每篇论文被引用 8.14 次，比 2014 年统计时提高了 7.5%。中国有 19 个学科论文的被引用次数进入世界前十名。其中，农业科学、化学、计算机科学、工程技术、材料科学、数学、药学与毒物学 7 个领域论文的被引用次数位居世界第二。

4.3.5　高新技术开发区等成为对外科技合作的窗口

蓬勃兴起的我国高新技术产业开发区和科技创业服务中心，不仅成为我国高新技术的创新和发展基地，也是我国对外科技合作和开放的一个“窗口”。

我国政府也十分重视开发区等科技园区的国际化活动，1994 年以来，在 4 次亚太经济合作组织（简称 APEC）领导人非正式会议上，先后提出了关于召开亚太经济合作组织科技部长会议、加强 APEC 科技工业园区合作的倡议，制定了《走向 21 世纪的科技产业合作议程》。1996 年 11 月，在 APEC 领导人非正式会议上，提出加强 APEC 成员组织间进行科技工业园区合作的倡议，得到与会各成员组织代表的欢迎。

会后，国务院先后批准北京、苏州、合肥、西安、烟台、上海、深圳、成都、杨凌、武汉共 10 个高新技术产业开发区为对 APEC 开放的科技工业园区。科技部批准北京、苏州、重庆、天津、武汉、上海、成都、西安共 8 家科技创业服务中心为国际企业孵化器试点，成立专门网络互通信息，以促进科技合作的国际化。科技部也多次资助上海、西安等地的高新园区举办企业孵化器国际培训班，资助或批准各地开发区管理委员会和创业中心的领导出国访问或接待外国有关人士来开发区参观、访问，以开辟渠道，促进合作。

4.4　中国国际科技合作的发展趋势

4.4.1　国际科技合作环境继续得以优化

我国自实施改革开放政策以来，在国家外交政策的指导下，根据中国科技和经济发展的需要，按照平等互利、成果共享、保护知识产权、尊重国际惯例的原则，已在世界范围内开展了官方、民间、双边、多边的国际科技合作与交流。

从2001年开始，我国启动了国际科技合作重点项目计划，进一步寻求更广泛的国际合作。近年来，我国还参加了人类基因组计划、全球环境变化计划、欧洲核子研究中心的计划、核聚变研究等重大科技合作计划；与法国、德国等国家在信息自动化、生物医学等领域建立了多个联合实验室。同时，还大力加强在高科技产业化方面的国际合作，启动了中美马里兰大学科技创业园、中俄科技创业园、中国和新加坡科技园的建设。这些科技合作均取得了令人满意的成效。与发展中国家的科技合作始终是我国对外科技合作的基础和重点。

近年来，随着我国科技实力和综合国力的增长，以及国际影响力的不断增强，特别是我国依靠科技进步推动经济发展取得了显著成效，并提出了建立创新型国家的战略目标，使得发展中国家对华开展科技合作的愿望日益增强。在经济全球化的趋势不断发展和中国“科教兴国”战略深入实施的背景下，我国的国际科技合作工作在新的历史时期将会有更大的发展，国际科技合作环境将继续得到不断优化。

4.4.2 国际科技合作交流向多形式、多领域方面推进

我国国际科技合作与交流的形式已经有了很大的发展，已从过去相互考察、出国参加学术会议或展览会、在华举办展览会和技术座谈会等方式发展到了合作研究、联合设计、联合调查、合办试验室和研究所、派学者到国外科研机构合作研究开发、请专家来华做技术咨询和可行性研究、科技人员受聘出国工作等。

在多边和区域框架下，我国积极参与了欧盟框架计划的合作，有针对性地参与国际科技合作，特别是从20世纪90年代中期以来，又出现了在华或出国合资开办高新技术企业、共同成立高技术发展促进中心、共同出资设立高技术产业合作专项资金、举办出口科技产品展览会、支持留学人

员回国建立科研和教学基地或回国创业等科技与经济相结合的合作方式。合作项目的执行单位则出现了双方都有研究机构和企业参加的模式，如“2+2”模式（即双方各由1个研究机构和1个企业参加），甚至“N+N”模式。

中国积极参与亚太经合组织、亚欧会议、经济合作与发展组织、中国—东盟（10+1）、中日韩—东盟（10+3）、中亚五国、中非合作论坛等区域框架下的科技合作，对树立我国的国际形象，提升我国科技在周边国家的影响力，提高我国实用技术与高技术产业在周边国家尤其是发展中国家的市场占有率，发挥了积极的作用。

合作交流的领域也在扩大。除传统技术、基础性学科方面的项目外，我国已与国外就生物技术、空间技术、信息技术、自动化技术、激光技术以及新材料、新能源等领域开展了多渠道、多层次的科技合作与交流活动。一些国际性的大科学研究项目和欧盟的科学研究计划中的研究项目，也开始吸收我国科研人员参加。同时，我国“973”等研究计划也实施对外开放，吸收外国科学家参加。

4.4.3 地方性国际科技合作与交流加速发展

全国各地方省市也积极开展了国际科技合作与交流，围绕地方的经济建设目标，转向开展以发展地方科技、振兴地方经济为重点的具体项目，联系实际、因地制宜，已经取得了很好的效果。比如，北京市与有关国家和国际组织合作建立了一批研究、开发、咨询、培训机构，增强了北京市的研究开发能力，也构成了北京市对外合作的基地和窗口。天津市科委根据本市经济建设需要，实施科技外向型百强计划，在引进外资、推动技术出口方面取得了较好的成效，受到科研单位和企业的欢迎。广东省科技厅利用地处开放前沿和毗邻港澳的优势，技术合作已从以技术引进为主的单向式合作逐步发展到技术引进、技术出口和合作研究并存的双向式合作，重点放在农业和高技术领域，已取得显著的经济效益和社会效益。河北省科委在抓农业科技合作项目的引进、消化吸收工作方面也取得了显著成效，对促进农业产业化发挥了重要的作用。武汉市科委紧紧围绕贯彻实施“武汉跨世纪科技进步战略纲要”加大对外开放力度，积极引进技术、资金和人才，促进科技外事进入经济建设主战场，为武汉的经济与社会发展做出了巨大的贡献。云南、江苏、辽宁、福建等省份为了更主动、更有计划地根据地方需要开展国际科技合作与交流，编制了国际科技合作计划，设立科技合作专项资金，以支持合作项目的实施。

地方科协的科技外事工作也围绕当地的经济建设、科技进步和社会发展的需要，开展了形式多样、实用性强、目的明确的对外科技合作与交流活动，效果显著，为当地的经济建设和发展做出了贡献。

4.4.4 对外国际科技合作创新日益频繁和深入

随着我国科技实力的不断提高，科技进步对社会经济发展的贡献不断加大，发达国家政府认识到中国科技发展的重要地位，相继出资与我国联合支持优先领域的合作研究（见表4-3），开创了良好的国际科技合作局面。据统计，这些对华科技合作专项资金总额每年约合数亿元人民币。

近年来，我国对外科技合作的领域越来越广泛，在开展多层次、多渠道的交流活动中，取得了很多重大成果。比如，OMOM 胶囊内镜进入临床应用阶段、中加合作开展燃料电池与氢能研究取得显著成效；“先进能源系统中 CO_2捕获技术研究”项目验收顺利通过；国际合作推动地奥心血康胶囊通过欧盟 GMP 现场检查；中英合作研究麻疯树生物柴油共性关键技术取得进展；中德合作开展中国层状盐岩 CO_2地质处置研究取得成效；中国地质调查局召开项目执行进展评议会；充分利用外方资源，成功开发出制备高耐磨纳米晶陶瓷的新方法；等等。

表 4-3 部分国家对华科技合作专项资金一览表

名称	重点支持领域
中加政府间科技合作基金	能源、环境、卫生、农业
科技部与加拿大不列颠、哥伦比亚省政府设立科技合作基金	海洋技术、农业、生物技术、信息通信技术、环境、采矿、能源、先进材料
中以科技合作专项基金	农业、生物、材料、水资源
科技部合作司与日本科技振兴事业机构合作框架	材料
中俄优先领域联合研发项目	生物技术、纳米技术与材料、资源、节能技术、信息通信
中欧科技伙伴合作计划	首批优先领域为能源与环境、健康、生物技术
中英科技创新计划	支持中英大学具有商业化前景的合作研究项目
中英科学桥计划	支持双方大学和研究机构大型合作项目，包括企业参与的创新合作
中英可再生能源研发合作计划	可再生能源
中英碳捕获和储藏零排放燃煤电厂合作计划	清洁能源
中意中医药联合实验室	中医药
中荷战略联盟计划	基础研究
中国—瑞典后 3G 移动通信战略合作计划	移动通信
中瑞新材料合作交流中心	材料
中国—芬兰纳米战略合作计划	纳米技术
中瑞科技合作计划	共同确定的优先领域
中国—西班牙可再生能源中心	可再生能源

4.4.5 跨国兴办研究开发机构的合作形式不断增多

为了适应跨国合办研究开发机构的新形势，并加强对合办研究开发机构的指导和管理，国家科委于 1997 年 9 月发布了《关于设立中外合资研究开发机构、中外合作研究开发机构的暂行办法》，对合办研究机构的条件、审批办法、合作内容、权利和义务等做了具体规定。

跨国合办研究开发机构是当今世界经济全球化和科技经济合作一体化的一种表现形式，也是国际科技合作不断深化的表现。近年来，外国企业和科研单位纷纷到我国来合资或独资开办科研开发机构，已有美国、日本、德国、澳大利亚、俄罗斯、韩国等国家的公司、科研机构和大学与中国内地科研机构和高等学校合办研究开发机构。这些机构主要集中在北京和上海两地，天津、厦门、武汉、重庆、成都、昆明、珠海、桂林、哈尔滨、吉林、大连、三亚等地也有一些。研究开发的技术一般是根据中方特长提出的，涉及电子、通信、新材料、生物技术、化工、建材、机械、医药等领域。众多世界 500 强跨国公司在北京、上海、天津、苏州等地独资开办了科研开发机构，并且仍保持着持续增长的态势。

4.5 中国国际科技合作中存在的问题

4.5.1 国际科技合作与自主创新缺乏协调

改革开放以来，我国绝大部分地又开展了积极的国际科技合作，通过大量技术引进有力地推动了区域经济社会的快速发展。研究表明，开放条件下获得自主技术创新能力的关键不在于技术引进的来源和层次，而在于设计了良好的激励机制，促进引进技术的消化、吸收和再创新。因此，国际科技合作中的技术消化吸收、学习和创新的激励政策及制度环境至关重要。而我国尤其是地方主管部门对技术引进事务管理的重点是技术引进协议的订立和审批，却忽视了对引进技术的吸收、消化、创新等的后续管理和规范。在这种缺乏政府规范和引导机制的环境下，不但自主创新能力难以形成，还会在无形中造成企业过分依赖技术的引进而没有动力和压力致力于自身创新能力的提高。

当今时代，科技对经济社会发展的引领作用日益突出，充分利用全球科技资源提升自主创新能力成为新时期国际科技合作的鲜明特点。目前，我国的国际科技合作尤其是省市层面的地方国际科技合作大多无助于自主创新能力的形成和培养。有研究表明，我国大部分已有的国际科技合作项目是“绕开了知识产权”的公益性的技术合作，以及“以市场换技术”的不平等合作。这与自主创新的国家战略是背道而驰的，也与各地方提出的创新型战略相悖。与此同时，多年来过多的技术引进而忽视后续的吸收—消化—再创新的做法，使得很多企业研发能力不足，没有自己的技术和能力，进而凸显了自主创新能力的不足。

4.5.2　知识产权保护和开发利用水平有待提高

知识产权保护制度是促进科技进步、文化繁荣和经济发展的一项重要的法律制度，是开展国际科技、经济、文化交流与合作的基本环境和条件之一。各国都非常重视知识产权的保护问题，但是我国在这方面还比较落后。

一是知识产权保护意识淡薄。近年来，我国每年取得的国家级重大科研成果达 3 万多项，而每年受理的具有较高技术水平的发明专利申请只有 1 万多件，其余的成果没有取得专利保护，这些技术一旦公开，就意味着白白流失。另外，发明人只是申请中国专利，而不申请其他国家和地区的专利，也导致专利大量流失。就企业而言，我国企业面临的国际知识产权竞争环境日益严峻。知识产权成为部分跨国公司打压我国竞争对手、谋求更大利润的主要工具。21 世纪，世界巨头竞争最锋利的武器——知识产权的保护问题，是中国加入 WTO 以来国内企业遇到的最棘手的问题。目前，跨国公司非常重视在我国的专利申请工作，日益密集的专利“陷阱”将成为我国公司不得不面对的棘手问题。据统计，我国企业商标有超过 80 个在印度尼西亚被抢注，有近 100 个商标在日本被抢注，有近 200 个商标在澳大利亚被抢注。另外，还有许多知名商标被其他国家抢注。近几年，我国企业知识产权保护意识虽有一定提高，但受惯性思维的影响，整体保护意识仍然比较淡薄。我国 99%的企业没有申请专利，60%的企业没有自己的商标。这些数字反映出我国知识产权保护水平的低下，说明企业对知识产权保护仍缺乏足够的重视，知识产权保护意识淡薄。

二是知识产权保护措施缺乏。知识产权需要国家政府综合运用行政、经济、法律等手段予以保护。但是，由于我国知识经济和法制经济发展滞后，知识产权保护工作还面临着许多困难。就法律来说，我国虽然颁布了《商标法》《著作权法》《专利法》等，但相对于内涵和外延极其丰富的知识成果和人类无穷无尽的创新能力而言，现有法律制度仍然很不完备，也很不配套。同时，知识产权领域有法不依、执法不严、违法不究的现象也时有发生。就行政而言，国家虽然已经成立了知识产权局，但面对面广量大的知识市场及大量存在的违法侵权行为，仍然缺乏健全的管理网络和强有力的管理措施。就经济而言，知识市场还没有广泛建立起扶优限劣、优胜劣汰的运行机制，普遍存在着合法经营的收益微薄，而盗版侵权的则大发横财的现象。

三是知识产权人才缺乏。国内大多数企业尚未建立知识产权管理部门，没有专门负责知识产权工作的人员，真正具备知识产权相关知识的人才不多。企业一旦牵连到知识产权争端，要么处于极其被动的地位，要么需要支付高额费用聘请外部人员应诉，致使一些专业性很强包括专利申请、商标注册、产权谈判及分析的工作，因专业人才的缺乏而无人能胜任。相关人才的缺乏直接导致知识产权在保护的过程中遇到各种阻碍，使得企业蒙受各种损失，甚至成为企业倒闭的直接原因。同时，这种情况的存在也会影响到国家经济尤其是国际贸易方面的发展。

4.5.3 企业的自主创新主体地位有待提高

中国的市场化进程伴随着全球化进程，在企业逐步成为国家创新体系主体的同时，本国企业也受到了外资企业的挑战，“以市场换技术”让本国企业失去了市场，也失去了研发和创新的机会。虽然宏观数据显示中国研发经费不断增长，企业所占比重节节攀升，但本国企业创新能力则提升缓慢。国有企业通过改制逐步变成有限责任公司或者股份有限公司，表面看似降低了国有企业在创新资源投入方面的比重，实际上只是国有资本变换了一种存在方式。

目前，国有企业在资产规模、经济规模和增长率等方面均优于民营企业，但是随着改革开放进程的加快和国有企业改革的深化，国有企业的国有性质和企业性质在创新活动上会产生一定的冲突，国有企业在企业创新中的地位并不突出。私营企业研发活动发展较快，研发效率较高。私营企业在中国经济转型阶段的技术创新中扮演了重要角色，对产业结构的调整起到了举足轻重的作用。但是，私营企业在整个企业创新系统中所占的比重还比较小，国有及国有控股企业依靠行政力量在众多领域形成垄断，行业开放和竞争环境的缺乏使得国有及国有控股企业缺乏研发和创新动力，同时严重限制了私营企业的发展空间。

4.5.4 国际科技合作与国家发展战略的协同难度大

国际科技合作涉及国家之间的政治经济、发展战略、外交政策、科技水平和执政理念与愿望等层面，这既会受到内部因素的影响，也会受到外部因素的影响。国家战略需求往往会随着科技发展水平、产业设备升级、替代技术出现、国际格局调整以及国家战略中心的转移而不断变化。国家间的亲密合作时期是短暂的，两国政治关系的疏密、经济利益的纠纷都可能影响到科技合作的进程与成效。因此，国际科技合作中所涉及的诸多问题、漫长过程、可能的变故都影响着我国的自主创新战略。

我国具有战略需求的关键技术，通常掌握在发达国家手中。发达国家为了保持其技术优势或国家安全，通常会在国际科技合作当中存在着防范、控制和封锁心理与客观行为。这就在一定程度上限制了合作的领域、范围和程度。十分典型的就是美国。美国对中国的科技合作政策是一种复合性政策，它在一些尖端高新技术领域（如航天、微电子、生物技术、光通讯、高性能计算机等）采取了严格的控制策略，但在基础研究、大科学工程及我国具有自然资源优势特色的领域，则采取相对宽松的政策。中美科技合作的重点主要集中在地质、考古、动植物、天文学、高能物理、生命科学与生物工程、信息学、材料、遥感和能源等领域。但在合作项目选题上，我国缺乏应有的自主性，往往以接受美国委托开发为主，即美国提供经费，我国负责研发工作。在一些关键领域的核心技术和大科学领域的合作项目较少。由于缩小和消除中国与发达国家间科技创新能力的差距非一日之功，我国要掌握在科技合作中的主动，就必须加快利用各种条件，积极掌握更多的科技资源，努力提高自身科研能力，尽可能地提升国际科技合作与国家自主创新战略需求间的契合度。

5 国际科技合作与自主创新的系统动力学模型

5.1 系统动力学模型的理论基础

5.1.1 系统动力学研究对象与思路

系统动力学（System Dynamics，SD）最初被称为工业动态学，出现于1956年，创始人为美国麻省理工学院（MIT）的福瑞斯特（J. W. Forrester）教授。系统动力学是福瑞斯特教授于1958年为分析生产管理及库存管理等企业问题而提出的系统仿真方法，它是一门分析研究信息反馈系统的学科，也是一门认识系统问题和解决系统问题的交叉综合学科。系统动力学运用系统结构决定系统功能的原理，将系统视为结构、功能的因果关系，认为系统的行为模式与特性主要取决于其内部的动态结构与反馈机制。系统动力学方法面向各类经济系统的复杂性并以系统结构、自动控制和信息传递等知识为基础，吸取了系统论、控制论、信息论、计算机模拟技术、管理科学及决策论等学科的精髓。由于非线性因素的作用，高阶次、复杂时变系统往往表现出反直观的、千姿百态的动力学特征，而系统动力学正是这样一门可用于分析研究社会、经济、生态和生物等一类复杂大系统问题的学科。

在早期的研究中，系统动力学多用于以企业为中心的工业系统中，在随后几十年的发展历程中，它的研究领域远远超出了工业系统的范围，已经广泛应用于社会、经济和管理等各学科。许多理论研究借助系统动力学方法和系统设计的概念，依据现实经济社会系统中个体相互联系的规律，定量地描绘各关键变量的因果关联及函数特征，模拟预测政策变化对未来发展的影响。系统动力学模型可作为实际系统，特别是社会、经济、生态复杂大系统的“实验室”。系统动力学的建模过程就是一个学习、调查研究的过程，模型的主要功用在于向人们提供一个进行学习与政策分析的工具，并使决策群体或整个组织逐步成为一种学习型和创造型的组织。

从20世纪50年代末至今，系统动力学研究的对象可归纳如下：

第一，系统动力学的研究对象主要是动态反馈系统。

第二，从系统动力学研究所涉及的领域看，研究对象主要是社会、经济、管理、科技和生态环境等反馈系统。

第三，从系统动力学模型构造的对象看，系统范围主要是国家、区域和城市等反馈系统。在研究工作中，系统动力学均是以系统为研究对象，以实践活动为指导，运用系统概念和系统思路把研究的系统问题构造成系统动力学模型，并借助计算机模拟技术进行定量分析。系统动力学的研究思路如图5-1所示。

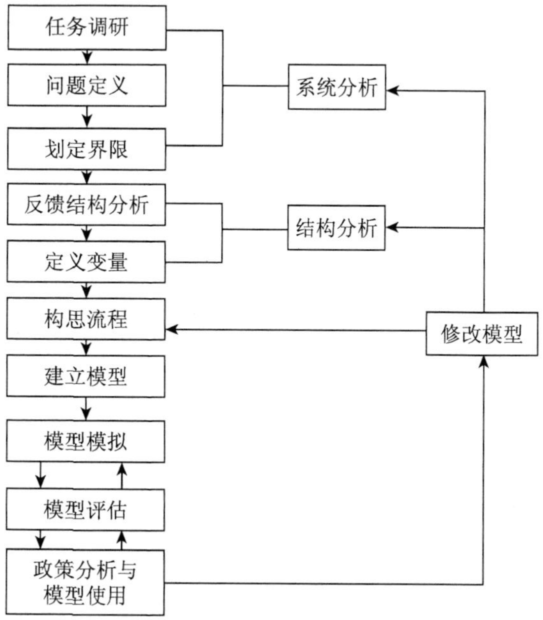

图5-1　系统动力学的研究思路

5.1.2 系统动力学对国际科技合作与自主创新研究的适用性

由本书对国际科技合作与创新的分析可知，国际科技合作与创新是典型的复杂系统。任何客观存在的系统都不可能是绝对封闭的系统，科技全球化背景下，国际科技合作与创新必然会同其他国际科技合作与创新产生密切联系。在开放式创新模式下，国际科技合作与创新不断通过各种方式同其他国际科技合作与创新相互作用，进行物质、能量和信息的交换。对国际科技合作与创新的研究一般出于两个层面的考量：一是总结出研究对象自身及其环境的定性变化规律，选择适当的研究工具实现定量研究；二是实现对研究对象的动态分析，预测研究对象的发展，增进人们对这一系统的理解，进而加强管理。国际科技合作与创新国际化的演化过程和效果可以由系统动力学较好地实现，在模型构造上与一般研究方法相比，其适用性表现在以下几个方面：

第一，系统动力学主要研究社会系统，本书所研究的国际科技合作与创新正是经济管理系统的一个子系统，属于系统动力学可研究对象之列。在海外设立研发中心、国际技术联盟、跨国公司 R&D 分支机构等，使得国际科技合作与创新的国际化程度不断加深，其机制是由各种要素通过多重因果反馈构成的，各种因果关系相互交织，难以从系统中将某一特定因果链隔离出来进行单独研究。国际科技合作与创新国际化过程中的结构和运行关系的特殊性决定了一般的数学工具难以处理此类问题。某些驱动要素在现实研究中很难找到与其匹配的系统数据，但这些要素在研究中又无法舍弃，因此，必须将其作为过程变量，纳入模型体系之中，通过其对输入变量功能的传递效应影响系统的输出。这样，就必须找到一种能同国际科技合作与创新的运行特征相匹配的动态分析工具。

第二，在系统动力学研究中，海外设立研发中心、国际技术联盟、跨国公司 R&D 分支机构等对国际科技合作与创新的作用机制可被看成是由信息流、物质流和资金流所组成的反馈系统，这十分接近现实。而一般数学模型中，即使应用多元方程也较难解决不同性质的系统要素量纲的处理。像信息流这样难以衡量的元素，体现在实际活动中是一种行为关系的反馈，系统动力学模型恰能适当地描绘出这一系统关系。

第三，作为研究动态反馈性复杂系统问题的定量方法，系统动力学不仅可以厘清创新体系中各要素间的因果关系，弥补传统因果分析方法纯描述性的缺陷，而且可以从动态的角度，在充分考虑要素间相互作用的基础上建立系统动力学模型，运用有限数据进行推算和分析，通过对系统变量的控制，利用计算机模拟，实现“政策实验室”的功能。

第四，系统动力学模型的支持系统不是数据而是构造。一般数学模型，尤其在定量分析方面应用十分广泛的计量模型，其理论基础是大样本，只有大样本数据计算才具有说服力。然而一些新兴问题，如国际科技合作与创新的国际化问题，在国内权威可信的相关数据收集工作开展的时间很短，且不够细致，这导致数据在时间维度上无法达到大样本的要求。系统动力学着重强调的是系统模块间相互关系所形成的因果结构，即使再复杂的社会系统都可被概括描绘成关键的因果循环链条，从而摆脱了数据缺失对研究的制约。

第五，运用系统动力学方法研究国际科技合作与创新运行机理，可从国际科技合作与创新的结构和运行关系出发，提炼国际科技合作与创新中的输入变量和产出变量，绘制国际科技合作与创新功能要素间的因果关系图和系统动力学流图，进而建立国际科技合作与创新运行的系统动力学模型，并运用计算机进行仿真，通过对系统变量的适当控制和调整，研究在一定条件下国际科技合作与创新的能力驱动变量和能力表征变量间的动态关系，从而阐明国际科技合作与创新的运行机理。

第六，模型适合做政策性实验。包括国际科技合作与创新在内的一般社会经济系统的演化过程都是以人类实践活动为基础的，存在人为干预的可能性和必要性。从研究目的来看，我们之所以投入精力剖析、探询社会经济系统演化的规律，也正是希望能从经济、合理的角度去引导它，因此政策性实验具有十分重要的实际战略意义。系统动力学对于变量的期望值和反控制的调节原理，使得模型十分适合作为政策性实验工具。

5.1.3 系统动力学模型的基本概念

（1）因果关联

每个系统都存在因果关系，因果关系也是系统动力学研究的基础。系统中的因果关系是指系统中的个体发生变化的原因和可能引起的结果，系统动力学模型就是利用因果关联描述变量之间的关系。例如，变量 A 和变量 B 之间的关系是正极性的，那么变量 A 增加，变量 B 也会增加，反之，则为负极性的。

（2）反馈回路

在系统中，变量之间的正负因果关系形成反馈回路，通过这些回路，可以确定模型的结构性框架。在反馈回路上，因果关联极性的累积效应产生了反馈回路的极性，正反馈回路能够产生自身增长的行为，负反馈回路能够产生自身需求特定目标的行为。此外，因为社会经济系统的复杂性，变量数量较多，因果关联是交叉的，从许多交叉的回路中，我们可以找到影响系统行为的主导回路，以便控制。

（3）变量要素与关联要素

系统动力学模型具有系统反馈结构，结构要素可分为变量要素和关联要素。变量要素包括状态变量、决策变量、辅助变量和常数。关联要素包括物质链与信息链。其中，状态变量和决策变量是构成系统结构图的基本结构要素，它们按一定次序排列，形成反馈回路。

5.2 国际科技合作与自主创新系统动力学模型设计

5.2.1 动力学模型的基本假设

系统动力学的研究是基于系统内部诸因素的，外部的因素不能对系统的运行产生本质的影响，因此在进行国际科技合作与创新动力学模型构建时要首先确定系统的边界。本部分所述的边界条件为模型成立的必要条件，基本假设则需要根据研究对象做进一步的检验。

（1）边界假设

H1：国际科技合作与创新的国际化是一个连续的、渐进的行为过程。

H2：在考察期内，能力表征要素的数量是单调递增的。

H3：不考虑非正常状态（如地震等因素）导致的系统状态突变。

H4：模型主要考虑各创新主体的投入产出，对内部具体行为不予考虑。

H5：假设发明专利的经济效益通过新产品的销售收入反映出来。

（2）基本条件

本书建立的系统是基于国际科技合作主体中各创新主体的结构与行为构筑的国际科技合作动力学模型。

（3）系统目标

本书主要研究国际科技合作与自主创新的相互影响机制，通过仿真分析系统结果，来达到验证文章理论的目的，那么，建立系统动力学模型的目的就是充分且清晰地反映国际科技合作与自主创新之间的作用机制，并将其用于定量研究，为国际科技合作体系政策的制定提供有力的参考。

5.2.2 系统动力学模型的设计原则及相关问题说明

由于每个研究对象都有特殊性，因而有必要在模型设计之初明确适合本书研究的设计原则并对相关问题进行说明。

在本书中，模型在变量及变量关系设计上遵循以下原则：

（1）可行可计量

由于我国统计部门在研发和创新活动方面对相关数据的收集工作做得不够充分、全面，时间也较短，本书研究遵循可操作性原则，尽可能依据我国相关统计年鉴中能获取的数据设计变量。依据各种已获得的数据设置变量并进行因果分析，其优势在于：在具体内涵方面关联度很高，从理论角度看也不失严密。各变量选择的解释详见变量设置及说明。

（2）以企业为主体

在国际科技合作与自主创新的各创新主体之中，企业是经济要素空间区位和流动的主体。相较于高校和科研机构，企业更具灵活性、主观能动性和逐利性，对国际化的创新溢出和国际化市场需求更为敏感，同时经济全球化的形成与跨国公司的发展及壮大密不可分。跨国公司将地区要素与资源配置纳入全球研发系统当中，会对国内企业的创新活动产生影响，而国内企业也同时通过技术引进、海外并购等活动不断加深对国际创新资源的利用，因此系统动力学模型的设计也是以企业创新活动为主体，遵循“创新资源投入—创新活动—商业化产出”的创新活动过程。

（3）直观、简洁

国际科技合作与创新是一个十分庞大的社会经济系统，是融合了技术与经济的创新活动所依赖的复杂巨系统。正是因其复杂，我们才需要借助模型将其抽象、简化，使之直观易懂，并服务于实践，这也是理论研究的最终目的。因此，本书研究系统动力学模型的因果关系遵循直观原则，力求简洁明了。

（4）以创新为主导

全球化背景下的国际科技合作与自主创新受到两种力量的影响：一种是跨国创新资源流动所带来的创新活动驱动力；另一种是本国已有经济基础和创新环境所形成的自主创新能力。国际科技合作与自主创新的空间结构也是在内外部环境两种力量的耦合作用中形成的。因此，本书中模型设计的目的是分析全球化创新对国际科技合作与自主创新的辐射，以及各个创新主体的反馈关系对系统创新产出的影响，揭示其协同发展的规律，并由此设计有效路径。

5.2.3 国际科技合作与国家科技创新的一般因果关系图

若要验证假设的真实性，必须运用数据和一些统计方法，然而脱离系统特点的测算往往缺乏可信性。因此，笔者根据企业创新能力形成机理分析的概念框架，建立国际科技合作与自主创新演进的一般因果关系图。然后根据一般因果关系图选取指标，绘制反映中国国际科技合作与自主创新演进过程的系统动力学流图。在建立国际科技合作与创新国际化演进的一般因果关系图之前，首先在对专利数量变化和新产品的影响因素进行分析的基础上，以创新主体的行为为主线，以人才和资金的流动为作用方式，从外资企业创新系统、内资企业创新系统、政府创新支持环境三方面刻画国际科技合作与自主创新的动力学行为。

（1）因果关系图

依据系统动力学研究方法的原理和模型设计原则，结合前文对国际科技合作与创新各要素分析总结出的关键结论，确定国际科技合作与自主创新系统动力学的因果关系（如图 5-2 所示）。

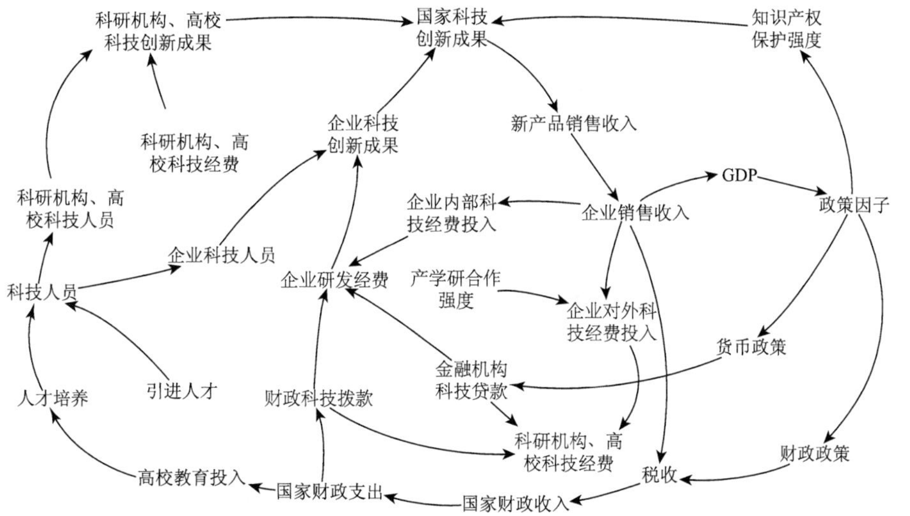

图 5-2 国际科技合作与自主创新系统动力学的因果关系

（2）主要反馈回路

提升我国国际科技合作和自主创新能力需要通过多重路径实现，这些路径中的要素在系统中相互影响，不能单独作用，由此构建出国家科技创新能力的各要素因果关系，存在以下主要反馈回路：

回路 1：国家科技创新成果—新产品销售收入—企业销售收入—企业对内科技经费投入—企业研发经费—企业创新成果—国家科技创新成果。

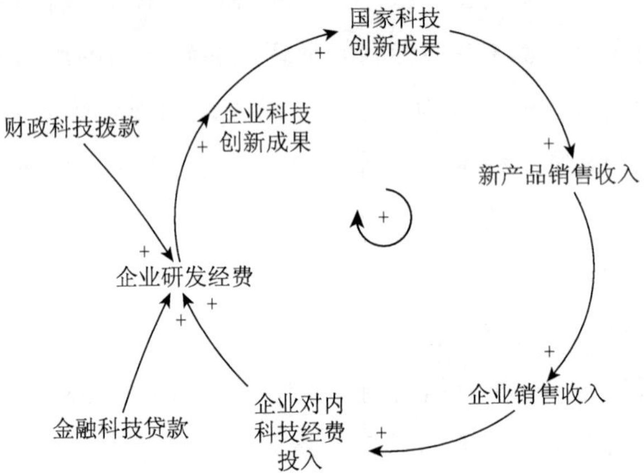

图 5-3 回路 1

该回路是正反馈回路，描述了通过将科技创新成果转化成新产品，给企业带来经济效益；企业加强研发经费投入，从而提升企业创新能力。

回路 2：国家科技创新成果—新产品销售收入—企业销售收入—税收—国家财政收入—国家财政支出—财政科技拨款—企业研发经费—企业创新成果—国家科技创新成果。

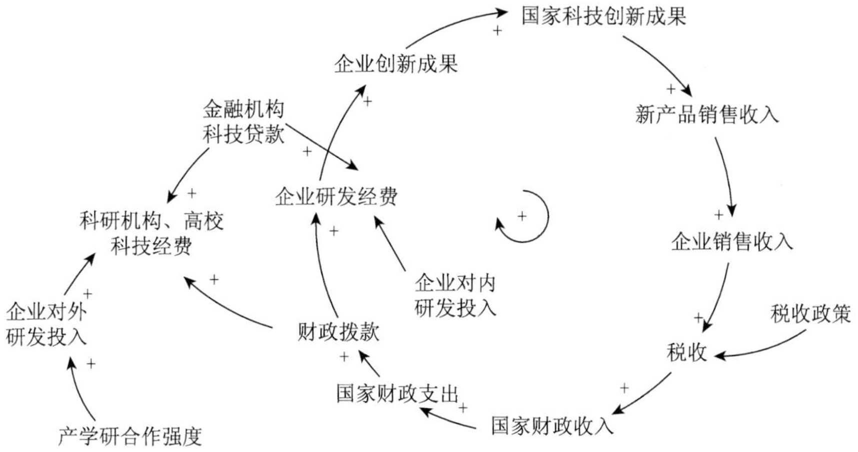

图 5-4　回路 2

该回路是正反馈回路，描述了国家创新能力提升，企业纳税增加，我国财政支出加大了对企业科技经费的投入力度。

回路 3：国家科技创新成果—新产品销售收入—企业销售收入—税收—国家财政收入—国家财政支出—财政科技拨款—科研机构、高校科技经费—科研机构、高校创新成果—国家科技创新成果。

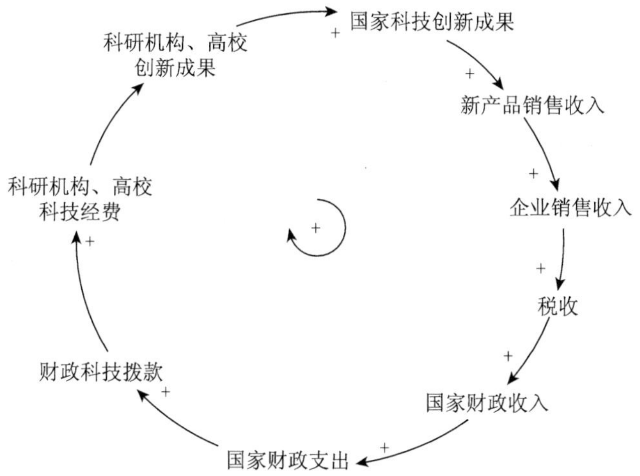

图 5-5　回路 3

该回路是正反馈回路，除了上述对科技经费投入加大之外，事实上国家也加大了对科技事业的投入力度，这为加快科技人才培养、提高我国创新能力提供了人才保证。

回路 4：国家科技创新成果—新产品销售收入—企业销售收入—GDP—政策性因子—知识产权保护强度—国家科技创新成果。

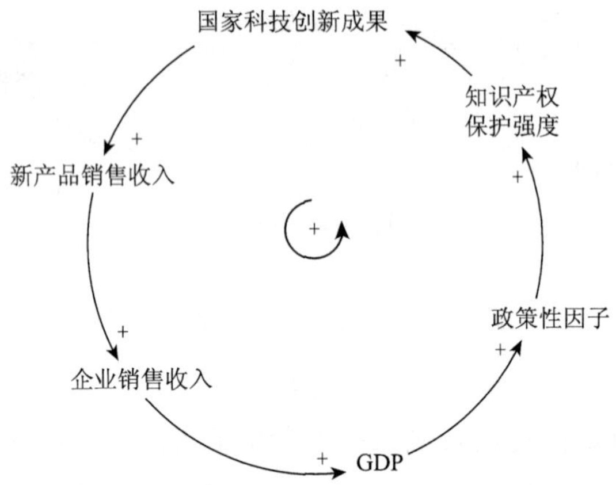

图 5-6　回路 4

该回路是正反馈回路，随着我国创新能力的提升和对知识产权的重视，政府出台了知识产权保护政策，为科技创新能力的提升提供制度保障。

回路 5：国家科技创新成果—新产品销售收入—企业销售收入—GDP—政策性因子—货币政策—金融机构科技贷款—企业研发经费（或者科研机构、高校科技经费）—企业创新成果（或者科研机构、高校创新成果）—国家科技创新成果。

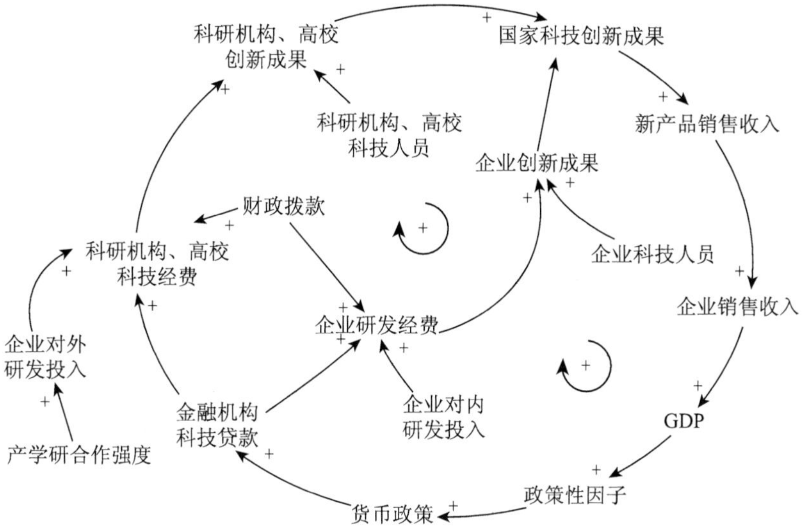

图 5-7 回路 5

该回路是正反馈回路，说明提升科技创新能力会影响我国经济发展，政府通过出台新货币政策来增加对企业和科研机构、高校的科技贷款，从而提升我国的科技创新能力。

上述回路描述了国家科技创新系统的动态演化机制，揭示出提升国家科技创新能力的复杂性。国家科技创新能力的最终结果，要依靠系统内部的相互作用来反映。

5.3 系统动力学模型流图设计与仿真分析

5.3.1 控制变量及系统流图

系统动力学模型涉及参数数量较多，相互关系交错复杂，对参数值的估计并不能一步到位。因此，参数值的选取必须与模型运行相结合，并在模型调试过程中不断调整，直至模型行为无显著变化。

（1）主要变量设置及说明

根据前文分析，国际科技合作系统动力学模型主要涉及的变量可分为创新环境、创新载体、创新产出三个部分。

创新环境模块要素的确定。能代表创新环境的要素主要有：人均国内生产总值、基础设施建设情况、大学入学率、税负、知名大学、知名企业。人均国内生产总值可以体现出人们的生活水平，是经济发展情况的真实反映，但是我们最终衡量的能力并非人均量，而是一个能为创新提供资源的刻画经济实力的指标，因此本书用国内生产总值替换人均国内生产总值。基础设施建设情况比较笼统，不够具体，因此用千人互联网用户人数和千人计算机拥有量代替。这里之所以没有用总量数据，一是因为这两组数据可以通过查找直接得到，减小了二次计算的误差；二是因为这两个指标不是直接影响创新产出的因素，只需反映出环境情况即可。大学入学率可以间接反映高等教育投入情况。税负可以通过财政收入要素间接对财政科技拨款进行作用，最终都将转化为人员和资金，属于载体模块，因此这里暂不考虑。知名大学和知名企业属于创新主体范畴，也不予考虑。此外，虽然知识产权保护水平一般会通过《专利法》等法律表现出来，难以量化，但是作为创新环境的重要组成部分，应该予以考虑。

创新载体模块要素的确定。能代表创新载体（投入）的要素主要有：研究开发人员、研究开发支出。两者是最直接的影响创新产出的要素，但是由于需要各个创新主体的对应要素，考虑到数据的可获得性，本书选取科技人才数量和科技经费筹集数量作为衡量人才和经费的要素，替代研究开发人员和研究开发支出。财政科技拨款和高等教育投入作为科技人才和科技经费筹集的上游环节，虽然这两组指标包括的范围有所不同，但是作为资源，也可以间接影响创新产出，因此包括在指标体系当中。

创新产出模块要素的确定。能代表创新产出的要素主要有：专利数量、专利和许可证收入、科技论文数、高技术产品出口额。在国家创新能力的表征要素中，专利处于作为基础研究成果的论文和反映市场应用成果的技术许可收入的中间环节，它既是基础研发成果向生产力转化的中间环节，又是许可收入的技术源头。因此，在国家创新能力的表征要素中，专利是最具综合特征的核心指标。由于专利的三种形式（发明、实用新型和工业外观设计）中发明专利技术含量最高、所占比重较大，因此，发明专利指标更能体现国家创新能力的本质特征。另外，专利数量还可分为专利授权数量和专利申请数量。由于专利授权数量受到专利审批政策和效率的影响，缺乏实效性，因此本书采用国内发明专利申请数量（以下称为专利申请数量）代表创新产出，该要素也是本书构建的国家创新体系能力导向的概念框架中的能力表征要素。科技论文是科研工作者以探索和解决科技问题为目的，采用专业语言和科学逻辑思维方式，并遵照一定的学术规范撰写，经过正规严格的审查后公开发表的研究成果。它是创新活动中产出的重要成果形式之一。本书也将科技论文作为创新产出的能力表征要素，该指标反映着创新产出的水平和效率。具体的指标体系见表 5-1。

表 5-1　基于功能模块划分的国家创新体系研究指标体系

功能模块	具体指标
创新环境	国内生产总值、知识产权保护水平、千人互联网用户人数、千人计算机拥有量
创新载体	财政科技拨款、科技经费筹集数量、科技人才数量、高等教育投入
创新产出	国内发明专利申请数量、发表科技论文数量

（2）流图

因果反馈回路反映了变量之间的相关关系，但这仅仅是一种定性的描述。为了确定各变量之间的数量关系，系统动力学模型还需要确定水平变量、速率变量、信息流等因素，并将这些变量有机组合成系统流图。在分析国际科技合作系统因果关系的基础上，我们对以上变量设置进行相应简化，绘制出国际科技合作系统要素配置流图（图 5-8）。

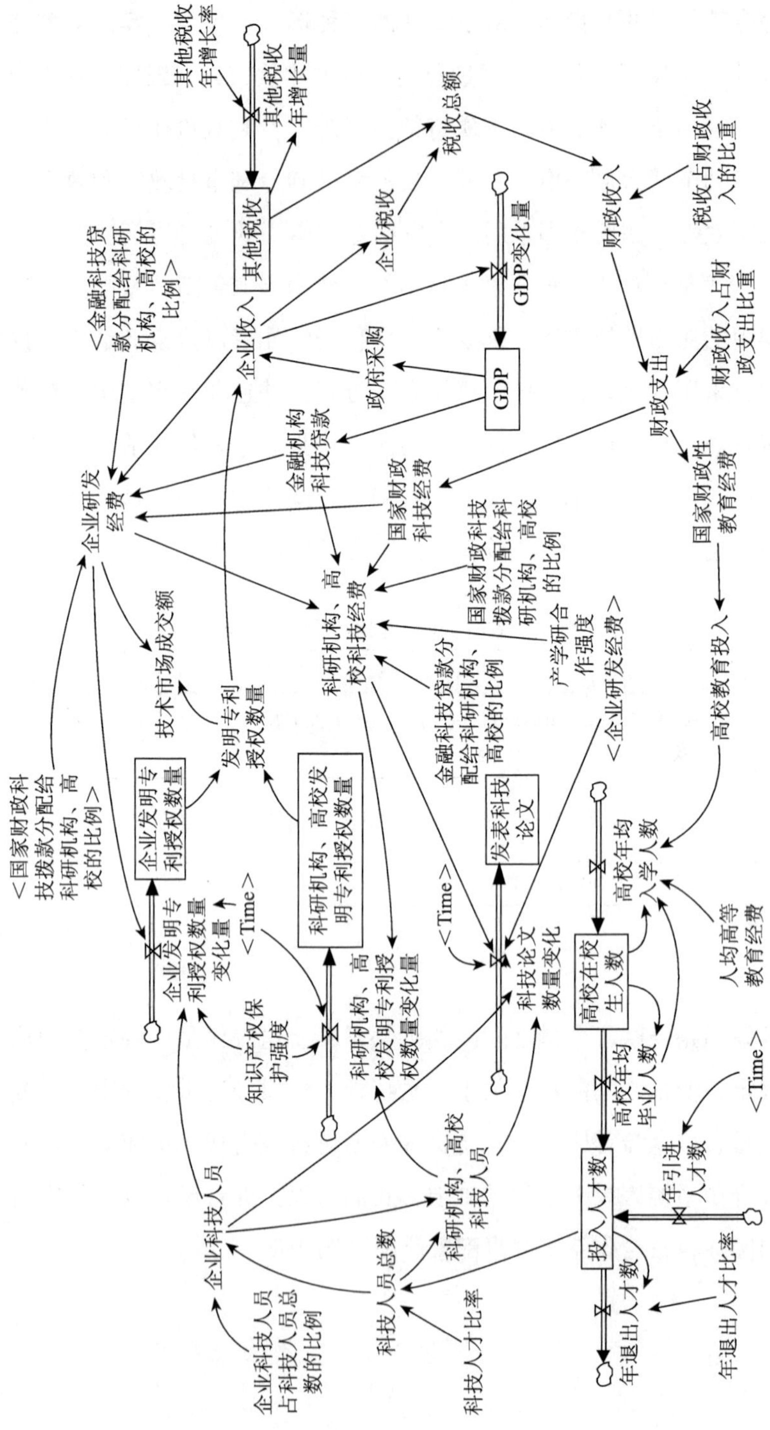

图 5-8 国际科技合作系统要素配置流图

5.3.2 模型方程设计和参数数值确定

在国际科技合作背景下，我们在国家科技创新能力的因果关系和各反馈机制分析的基础上建立国家科技创新能力系统动力学模型，最终绘制出系统动力学流图（图 5-8）。本书选取《中国统计年鉴》《中国科技统计年鉴》中财政、科技活动成果、科研机构及高校科技活动状况等在 2006—2015 年的相关数据，运用 Matlab7.0 和 SPSS19.0 软件进行分析，得出公式中的参数。

模型主要方程和参数为：

发明专利授权量=（企业发明专利授权量+科研机构、高校发明专利授权量+5944）＊0.95

企业发明专利授权量=INTEG（企业发明专利授权量变化量，7885）

科研机构、高校发明专利授权量=INTEG（科研机构、高校发明专利授权量变化量，6876）

企业发明专利授权量变化量=IF THEN ELSE（Time<2013，（1.213＊企业科技人员+0.816＊企业研发经费）＊（知识产权保护强度（Time）/150），（0.413＊企业科技人员+0.416＊企业研发经费）＊（知识产权保护强度（Time）/180））

科研机构、高校发明专利授权量变化量=IF THEN ELSE（Time<2013，（1.516＊科研机构、高校科技人员+1.132＊科研机构、高校科技经费）＊（知识产权保护强度（Time）/150），（1.016＊科研机构、高校科技人员+10.732＊科研机构、高校科技经费）＊（知识产权保护强度（Time）/150））

知识产权保护强度=（[（2005，0）-（2015，4.86）]，（2005，2.873），（2006，2.926），（2007，2.988），（2008，3.035），（2009，3.093），（2010，3.156），（2011，3.184），（2012，3.192），（2013，3.207），（2014，3.428），（2015，3.843））

技术市场成交额=（327.744+0.001＊发明专利授权量+0.791＊企业研发经费）/9.3

企业收入=1.137＊发明专利授权量+3600+政府采购

企业研发经费=（企业收入＊0.35+国家财政科技经费＊（1-国家财政科技拨款分配给科研机构、高校的比例）+金融机构科技贷款＊（1-金融科技贷款分配给科研机构、高校的比例））＊1.2

科研机构、高校科技经费=企业研发经费＊产学研合作强度+国家财政科技拨款分配给科研机构、高校的比例＊国家财政科技经费+金融科技贷款分配给科研机构、高校的比例＊金融机构科技贷款

金融机构科技贷款=GDP＊0.03

政府采购=GDP＊0.02

企业税收=0.4＊企业收入

税收总额=企业税收+其他税收

其他税收=INTEG（其他税收年增长量，8874）

其他税收年增长量=其他税收＊其他税收年增长率

其他税收年增长率=0.26

GDP=INTEG（GDP 变化量，185896）

GDP 变化量=INTEGER（0.203＊企业收入+34717）

财政收入=税收总额/税收占财政收入的比重-2920.4

税收占财政收入的比重=0.912

财政支出=财政收入/财政收入占财政支出比重

财政收入占财政支出比重=0.899

国家财政性教育经费=财政支出＊0.181

高校教育投入=国家财政性教育经费＊0.4

高校年均入学人数=高校在校生人数-高校年均毕业人数+高校教育投入/人均高等教育经费

高校在校生人数=INTEG（高校年均入学人数-高校年均毕业人数，

978610)

人才年引进数=31896＊EXP（0.298＊（Time-2005））

投入人才数=INTEG（年人才引进数+高校年均毕业人数-年退出人才数，3.815e+006)

科技人员总数=投入人才数＊科技人才比率

企业科技人员=科技人员总数＊企业科技人员占科技人员总数的比例

科研机构、高校科技人员=科技人员总数-企业科技人员

INITIAL TIME=2005

FINAL TIME=2015

SAVEPER=TIME STEP

TIME STEP=1

产学研合作强度=0.05

产学研合作强度是用企业提供给高校和科研机构的研发经费与企业自身研发经费之比经过平均拟合而成，表征了内资企业与高校和科研机构的交互紧密程度。

5.3.3 模型检验

系统动力学模型有效性检验的目的在于验证模型构造的系统状态是否与国际科技合作与自主创新的实际行为吻合，检验通过模型分析能否正确描绘与认识研究主题。

（1）仿真模拟

使用Vensim-PLE软件对我国国际科技合作体系运行模型进行仿真模拟，并验证模型的有效性，分别对GDP、企业发明申请专利授权量的实际值和模拟值的误差进行评价。

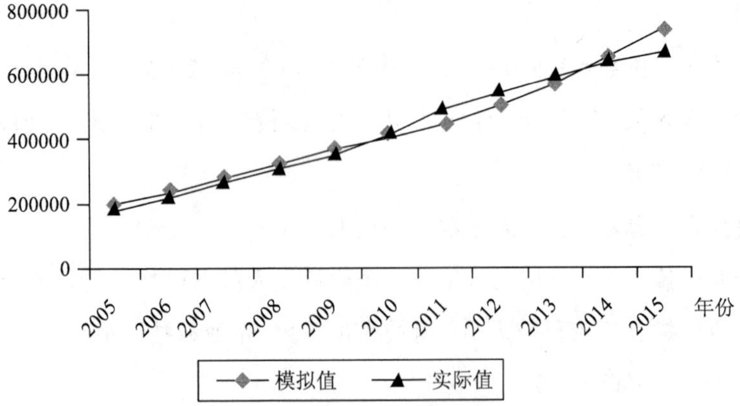

图 5-9　GDP 实际值与模拟值对比

从图 5-9 可以看出，GDP 的实际值和模拟值趋势较为一致。

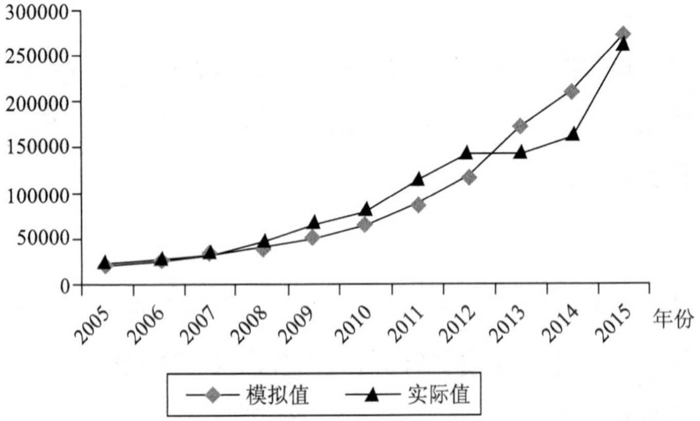

图 5-10　企业发明专利授权量实际值与模拟值对比

从图 5-10 中可以看出，2005—2008 年企业发明申请专利授权量的实际值与模拟值趋势较为一致；2008 年以后，由于我国企业对专利投资加大，发明专利授权数量骤然上升。

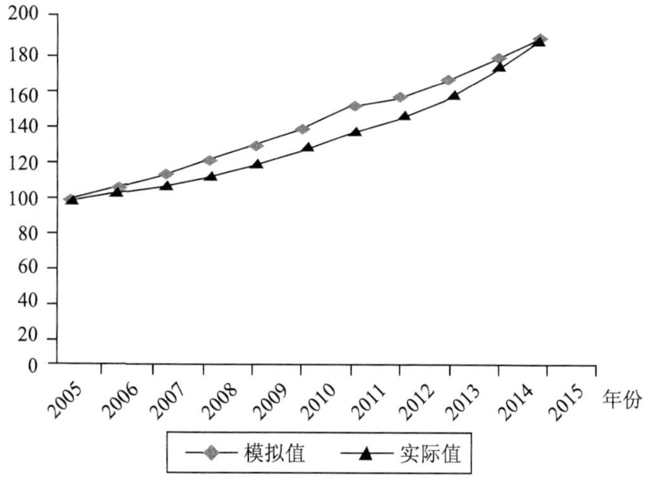

图 5-11 发表科技论文数量模拟值与实际值对比

从图 5-11 中可以看出，发表科技论文数量实际值与模拟值趋势基本一致。通过对比，科技人员总数、政府研发经费支出、技术市场成交额等主要变量实际值与模拟值趋势也较为一致。

（2）拟合度检验

拟合度检验是指通过计算相关系数的方法来检验实际值与模拟值之间的拟合程度。拟合度计算公式以及评价标准如下：

$$R^2 = 1 - \frac{\sum_{i=1}^{n} (y_i - \hat{y})^2}{\sum_{i=1}^{n} (y_i - \bar{y})^2}$$

其中，y_i 为实际值，$\hat{y}$ 为拟合值，$\bar{y}$ 为平均值，n 为模拟年数。根据拟合度公式和评价标准，分别计算 GDP、企业发明专利授权量、发表科技论文数量、国家税收总额、国家财政收入、国家财政支出等指标的实际值和模拟值的拟合系数，并对其进行评价。

表 5-2 主要要素的模拟值与实际值的拟合度检验

要素	R^2	要素	R^2
GDP	0.9796	发明专利授权量	0.9114
发表科技论文数量	0.9019	税收	0.8945
国家财政收入	0.9125	国家财政支出	0.9333
高校、科研机构发明专利授权量	0.7562	企业发明专利授权量	0.8904

从表 5-2 中可以看出，在该模型中，GDP、发明专利授权量、发表科技论文数量、国家财政收入、国家财政支出的拟合度都大于 0.9，拟合度显著；税收和企业发明专利授权量的拟合度大于 0.89，拟合度较高；高校、科研机构发明专利授权量拟合度为 0.7562，拟合度良好。

综上所述，该模型能够在较大程度上反映国际科技合作背景下以专利和发表科技论文为能力表征变量的我国国家科技创新能力的实际情况，利用它可以进一步研究我国国家科技创新能力所具有的特征，分析我国国际科技合作体系的结构特点，探讨影响我国国际科技合作体系运行的主要因素，对现实系统进行分析，为我国国际科技合作与自主创新政策的制定提供理论依据。

6 重庆国际科技合作现状

“科技是第一生产力”，以科学技术进步推动经济社会发展已得到包括重庆在内的我国各省（市、自治区）的普遍重视。近几年来，重庆以国际科技合作为抓手，以建设长江上游科技、经济中心为目标，致力于自主创新能力的提升。

6.1 重庆国际科技合作概况

国际科技合作作为重庆市实施科教兴市战略和建设内陆创新型开放城市的重要战略举措，紧紧围绕全市经济结构调整、产业转型升级的发展目标，长期以来有力地推动了科技创新工作，加快促进了创新要素的全球化配置，显著增强了全市的科技创新实力；通过不断深化“大企名校”合作机制，集聚研发创新机构，打造创新型人才高地，众多高校和企业已成为全市科技创新资源的集聚区，初步发挥了引领、辐射和带动作用；以此为契机，进一步又孵化培育了一大批具有国际竞争能力的高新技术企业、科技型企业、创新型企业、专利示范企业，重庆国际科技合作能力与整体自主创新能力得到了显著提升。

重庆坚持把扩大对外开放作为经济社会发展的重要战略选择，国际科技合作不断向纵深发展，呈现出以下态势：

一是国际科技合作与交流形式日趋多样化。重庆国际科技合作与交流已由过去单纯的考察、举办学术讲座、参加国际学术会议等方式，发展到合作研究、联合开发、共建实验室、科技人员受聘出国工作、合资开办高新技术企业等科技、经济一体化的合作方式。

二是国际科技合作与交流渠道日益拓宽。以前，重庆市仅与少数国家和地区建立了科技合作与交流关系，如今，重庆市通过政府、民间、双边、多边等渠道，已经与日本、加拿大、巴西、西班牙、德国、芬兰、美国、韩国、澳大利亚等60多个国家和地区建立了科技合作与交流关系。

三是国际科技合作与交流水平不断提高。随着国际科技经济一体化进程的推进，重庆市国际科技合作与交流的内容已从单一的科学研究逐步向产业化合作、技术贸易拓展。技经结合、技贸结合使重庆国际科技合作与交流的水平和档次得到较大提升。

四是不断加大科研事业发展的投入力度。2016年，重庆市全年研究与试验发展（R&D）经费支出约为300亿元，占全市地区生产总值的比重为1.7%。截至2016年底，市级及以上重点实验室共126个，其中国家重点实验室8个；工程技术研究中心共454个，其中国家级中心10个，企业工程技术研究中心164个。全年共受理专利申请5.95万件，获得专利授权4.27万件。截至2016年底，有效期内高新技术企业共计1443家，有效发明专利1.67万件。全年技术市场签订成交合同2094项，成交金额为257.4亿元。全市共有注册商标24.10万件，比2015年增长22.0%；共有驰名商标135件、著名商标1294件、地理标志量209件。

6.2 重庆国际科技合作模式

由于划分标准的不同，国际科技合作可以归纳为不同的模式类型。从科技实力来看，可以分为强—强型、强—弱型、弱—弱型；从参与方的数目来看，可以分为双边型和多边型；从合作目的来看，可以分为R&D型、二次开发型、技术辐射型、产品产业化型等；从合作组织来看，可以分为政府间合作型、民间合作型、混合型等。虽然国际科技合作模式划分标准不同，所得到的模式不同，但是根据重庆国际科技合作的实际情况，本书将其归结为：交流互换型合作模式、技术引进型合作模式、技术输出型合作模式、平台基地推动型合作模式。

6.2.1 交流互换型合作模式

交流互换型合作模式是指在不同国家或地区间的企业、高校、科研机构或科技工作者个人之间交流或互换信息、技术、科研资源等的一种科技合作模式。交流互换型合作的形式主要有：人才、技术或信息交流；实地考察、交流访问；参加国际学术会议；等等。

近年来，重庆重视引进国（境）外智力来渝工作，这为重庆的经济建设和社会发展做出了积极贡献。例如，“2012 海外赤子为国服务行动计划暨百名海外博士重庆行”活动中有 145 名专家教授、企业高管和海外博士来自美、英、法、德等 17 个国家和地区的知名大学和企业，涉及生物医药与医疗器械、电子信息、IT 智能等 20 多个领域，他们带来 130 个合作项目，与两江新区、重庆市科学技术研究院、中科院重庆绿色智能技术研究院等近 50 家单位进行合作。

截至 2015 年，重庆市已基本形成管理职能健全、工作制度完善、引进渠道畅通、服务质量优良的引进国（境）外专家工作体系，引进国（境）外各类专家约 25000 人次，经济技术专家比重上升到 55%左右；初步建成了以国家级引智示范推广基地和示范单位为龙头、市级引智示范推广基地和示范单位为骨干、引智示范项目为基础的服务“三农”和“库区”的引智示范推广体系，新组织实施引智示范项目 30 个，新建引智示范推广基地 10 个（其中国家级 2 个）、新增引智示范单位 15 个（其中国家级 2 个）；初步建立起全市出国（境）培训计划性强、操作规范、部门配合的出国（境）培训管理体系，选派各类人员出国（境）培训 10000 人次左右。

“十二五”期间，重庆市承办了大量国内外重要学术活动，引领和带动重庆市学会学术建设上层次上水平。《重庆统计年鉴》（2016）数据显示，重庆市市级学会在 2015 年共举办国内学术会议 379 次，参加人数 65335 人次，交流学术论文 8513 篇；举办境内学术会议 27 次，参加人数

8595 人次，其中境外专家学者 936 人次，交流学术论文 1126 篇。除此之外，重庆市还致力于引进国内外高层次学术活动，如重庆科技沙龙、中法乳腺癌高级学术论坛、第七届中国科技期刊发展论坛、中国科协第 44 期新观点新学说学术沙龙等。重庆市不断搭建起广泛的学术交流平台，加强学术能力建设，在建设创新型城市和长江上游科技创新中心的过程中发挥了积极作用。

6.2.2 技术引进型合作模式

所谓技术引进型合作模式，是指重庆市内企业或科研单位依据自身生产或研发需要，通过国际技术贸易、国际技术合作等方式，引进相关先进技术、工艺、设备，或联合国外企业、研发机构等进行技术攻关合作等。

近年来，重庆市的国际科技合作有了突破性进展。在营造国际科技合作环境、提升科技合作层次、引进国外技术和人才、推动高技术产业、服务地方经济社会发展等方面，取得了一些可喜的成绩。在成功举办“国际知名研发机构重庆行动”后，国际科技合作工作进入发展的快车道。例如：重庆市科学技术研究院与英国威尔士低碳研究院联手打造重庆低碳研究中心、重庆海扶初步建成超声治疗设备系列化和产业化平台、重庆市引进丹麦水模型助推次级河流环境整治、重庆隆生公司与加拿大 CCSI 合作共建“重庆市外种猪联合育种核心场”等。

近几年来，重庆市先后引进国外先进实用技术上千项，通过消化吸收再创新，掌握了新车批量化生产、脱硝催化剂批量化生产的全套技术和大型中空薄壁特种镁合金挤压型材等关键技术；英国牛津大学、日本 NEC 等著名高校和跨国公司也在重庆设立了研发机构；重庆—欧盟、重庆—匈牙利等技术合作中心正在抓紧筹建；成功设立了一批海外研发基地，促成机电集团在欧洲设立研发中心和创新中心；长安公司在欧美和日本设立研发中心，金山科技在非洲设立技术示范与培训中心。

2014 年以来，重庆市的 7 个“151”科技重大专项初显成效，通过科技金融的牵引和带动、企业技术创新体系的服务和支撑，培育了汽车、工业机器人、智能终端、全息交通指挥与控制、现代农业 5 个百亿级新兴产业。启动 45 个“121”科技支撑示范工程，通过产学研协同创新，在区县特色产业和重点民生领域，形成一批规模 10 亿元以上的经济增长点或惠及 10 万人以上的科技应用示范点。转变科技管理部门职能，设立专项资金，制定和完善相关激励政策措施，围绕电子信息、新能源汽车、高端装备（含机器人及其自动化装备）、医药化工与材料、现代农业、文化产业、服务产业 7 个领域引进一批科技型骨干企业、若干独立研发公司和科研机构落户重庆，吸引大批海内外高层次人才、科研团队来重庆创新创业，建立联合研发团队，大力引进并运用一批先进及实用技术。

2016 年，重庆市全年实际使用外资金额 113. 42 亿美元，较 2015 年增长了 5. 4%，其中，外商直接投资 26. 26 亿美元，同比下降 30. 4%。全市新签订外资项目 260 个，合同外资额达 40. 93 亿美元，同比分别下降了 17. 5%和 15. 0%。全年实际利用内资项目 3. 56 万个，同比下降了 3. 2%。实际利用内资金额 9345. 04 亿元，同比增长了 9. 6%。截至 2016 年底，累计有 272 家世界 500 强企业落户重庆。

6. 2. 3 技术输出型合作模式

技术输出型合作模式是指重庆市向国外输出先进技术产品或设备、在海外设立研发机构进行合作研发等活动，是增强本市技术产品出口额，提高本市技术产品市场占有率及销售额，推动企业技术进步与创新的有效途径。

2016 年，重庆市全年实现货物进出口总额 4140. 39 亿元，较 2015 年下降了 10. 3%。其中，出口 2677. 96 亿元，同比下降了 21. 6%；进口 1462. 43 亿元，同比增长了 22. 1%。按美元计算，货物实现进出口 627. 71 亿美元，较 2015 年下降了 15. 7%。其中，出口 406. 94 亿美元，同比下降了 26. 3%；进口 220. 77 亿美元，同比增长了 14. 5%（如图 6-1 所示）。全市货物出口前三位的国家（地区）为美国、德国和中国香港，出口额分别

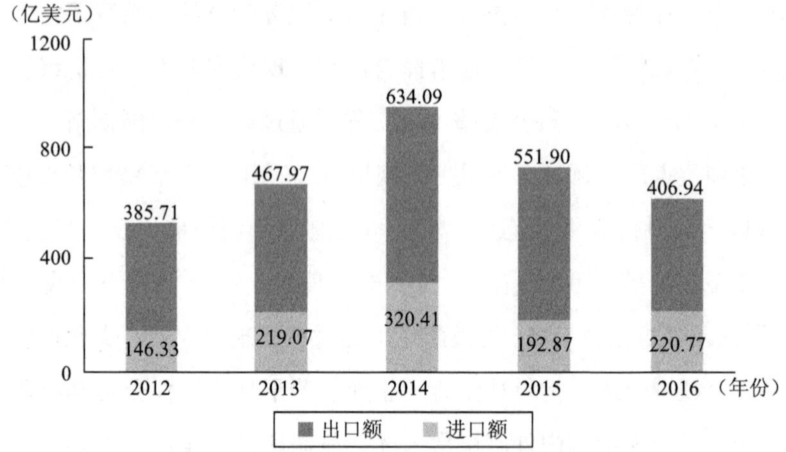

图 6-1　2012—2016 年重庆市货物进出口总额

为 643. 94 亿元、264. 46 亿元和 259. 51 亿元，较 2015 年分别下降 16. 1%、12. 6%和 2. 6%。货物进口前三位的国家（地区）为中国台湾、韩国和马来西亚，进口额分别为 227. 11 亿元、173. 44 亿元和 159. 85 亿元，中国台湾地区和韩国同比分别增长了 24. 6% 和 19. 2%，马来西亚同比下降了 5. 3%。

表 6-1　2016 年重庆市货物进出口总额

指　标	绝对量（亿元）	比上年增长（%）
进出口总额	4140. 39	-10. 3
出口额	2677. 96	-21. 6
#国有企业	113. 60	24. 6
外资企业	1534. 02	-6. 4
私营企业	1010. 60	-39. 4
#一般贸易	1133. 44	-36. 8
加工贸易	1447. 39	-6. 9
#机电产品	2241. 95	-13. 6
#高新技术产品	1657. 15	-5. 1
#笔记本电脑	1050. 34	-9. 2
进口额	1462. 43	22. 1
#国有企业	432. 91	49. 6

续表

指　标	绝对量（亿元）	比上年增长（%）
外资企业	669.18	11.4
私营企业	359.91	16.8
#一般贸易	665.17	39.7
加工贸易	220.44	-4.9
#机电产品	1101.55	11.7
#高新技术产品	862.08	14.1

资料来源：2016年重庆市国民经济和社会发展统计公报。

表6-1中的数据表明，2016年重庆市高新技术产品出口绝对额达1657.15亿元，较2015年下降了5.1%，进口862.08亿元，较2015年增长了14.1%。涉及品种超过400个，多集中于生物技术、生命科学技术、光电技术、计算机与通信技术、电子技术、计算机集成制造技术、材料技术、航空航天技术等方面。

6.2.4 平台基地推动型合作模式

平台基地推动型合作模式是指重庆市与国外相关国家或地区之间，通过整合科技资源，搭建合作平台或建立合作基地等方式，推动重庆市与国外相关国家或地区开展相关科技合作项目，以提升重庆市对外科技合作能力，提高重庆市科技水平和科技竞争力。

按照重庆市科技和产业发展的需求，充分发挥国际科技合作的先导性和超前性特色，围绕地方优势产业、特色支柱产业，依托高校、企业和科研机构，重庆市政府大力支持了一批能够加强本市研发平台建设的项目。其中，重庆科技检测中心与瑞士SGS国际通标公司、德国莱茵公司，重庆邮电大学与韩国大学、英国ESSEX大学开展的国际合作项目、产业化基地和研发中心等机构的研发工作，取得了显著成效。重庆大学国家镁合金材料工程技术研究中心和微系统中心、国家燃气汽车工程技术研究中心和中电集团第26研究所的中俄科技合作示范基地三个科技合作机构作为重庆市开展科技合作的重要平台，已被科技部批准为科技合作重点科研机构。

另外，重庆大学获得科技部批准组建重庆大学微纳系统及新材料技术国际研发中心，成为首批国家级国际科技合作重点研发机构，这也是西南地区唯一的国际科技合作重点研发机构。近年来，镁合金材料工程技术研究中心和微系统中心先后与美国、德国、俄罗斯、日本等国家开展了广泛的科技合作与交流，研发出的许多技术和产品拥有自主知识产权，已成长为国内一流、有国际影响并集研究开发、技术转移、技术交流与人才培养于一体的基地。

6.3 重庆国际科技合作的基本做法

在当前经济新常态发展模式下，为顺应国际科技合作的发展潮流，抓住开放发展的重大机遇，重庆市以战略的高度，直面科技事业发展所面对的严峻考验，科学规划和发展国际科技合作事业，以内陆开放高地和长江上游创新中心建设为契机，在国际科技合作方面进行了积极的探索和有益的尝试，形成了一些富有成效的做法。

6.3.1 组织领导方面

加强对科技工作的领导，是切实贯彻科教兴市战略规划的重要前提。重庆市从战略的角度认识到加快科技进步的速度及提高创新能力对建设重庆市新经济中心、培育西部新的增长极、促进经济社会全面发展具有十分重要的意义。加强了对科技工作的领导，努力营造对技术创新有利的社会环境，以科技进步为基础，有力推动了重庆市科技水平的提升和社会生产力的飞跃。在政府进行统一领导的前提下，加强对国际科技合作的领导及协调工作，领导组织制定国际科技合作的规划，协商协调相互之间的相关重要政策，贯彻落实国际科技合作工作。努力把握关键历史时机，明确科技创新发展的重要突破点，以对外开放的思路和积极进取的前瞻意识，加强对国内外两个市场以及资源的充分利用，切实落实通过国际科技合作促进自主创新各个层面的工作。

6.3.2 部门协调方面

重庆市政府为了促进本市国际科技合作事业的快速发展，专门成立了科学技术合作委员会，组织实施国际科技合作与交流计划，审核与协调民间重要科技合作交流项目；配合有关部门做好引进国外科技智力工作；承担科技系统因公出国（境）团组的审核管理工作和科技外事统计工作；推动科技项目招商引资工作；承办涉港澳台科技合作与交流事宜等。

重庆市科技合作委员会增强了各级行政部门之间的协作，突破了不同部门或区域之间的行政制约，提升了重庆市在国际科技合作方面的工作效率。各级相关政府部门积极主动加强与产业相关部门或各区县之间的沟通，对国际科技合作工作进行协调，积极开展国际科技合作与交流活动。组织和整合重庆市范围内的科技资源，使科研人员及行业协会在经济发展中的作用得到充分发挥。各行业协会发挥了政府与企业之间的桥梁中介作用，对国际科技合作相关的信息进行定期公布，向政府相关管理部门定时汇报工作情况，并提出相应的政策建议，积极为企业解决问题提供相关帮助，做好企业健康发展的引导工作。另外，行业协会加强了自身建设，对行业自律体制进行完善，对出现的问题及时进行解决或协调。

6.3.3 经费支持方面

“十二五”期间，重庆市的产业结构发生了巨大的变化，这也为科技研发提供了平台和机遇，如“亿台笔记本生产基地”“云计算高地”等，有力地推进了科技成果产业化。重庆市近年来不断增加科技方面的研发投入（见表 6-2），加快了科技创新的发展，力争成为西部内陆高地。

表 6-2 重庆市 R&D 经费支出（2009—2015） 单位：亿元

项目	2009	2010	2011	2012	2013	2014	2015
R&D 经费支出总额	79.46	100.27	128.36	159.79	176.49	201.85	247.00
基础研究	4.35	6.50	8.94	8.75	6.96	6.94	8.96
应用研究	12.80	13.18	20.65	24.32	16.03	18.90	24.24
试验发展	62.31	80.59	98.77	126.72	153.50	176.01	213.79
政府资金	15.31	20.82	20.14	23.06	24.11	23.25	36.45
企业资金	61.34	75.53	101.48	125.82	145.33	173.58	204.39
国外资金	0.35	0.31	0.54	0.24	0.45	0.41	0.87
其他	2.46	3.61	6.20	10.68	6.60	4.62	5.29
企业	60.64	75.56	99.84	122.64	144.54	174.66	207.96
科研机构	6.75	9.06	15.42	18.32	12.78	8.65	17.96
高等学校	10.79	14.34	11.62	17.23	17.53	16.83	18.99
其他	1.28	1.31	1.48	1.62	1.63	1.61	2.09
R&D 经费支出与 GDP 之比（%）	1.22	1.27	1.28	1.39	1.39	1.45	1.53

资料来源：根据《重庆统计年鉴（2010—2016）》整理。

由表 6-2 可以看出，2015 年，重庆市研究与试验发展（R&D）经费支出为 247 亿元，较上年增长了 22.37%，占全市地区生产总值的 1.53%。截至 2015 年底，市级及以上重点实验室共 111 个，其中国家重点实验室 8 个；工程技术研究中心共 381 个，其中国家级中心 10 个；有效期内的高新技术企业 1035 家；高新技术产品 1349 个。全年共受理专利申请 8.28 万件，获得专利授权 3.89 万件。截至 2015 年底，重庆市的有效专利共计 9.50 万件，其中有效发明专利 1.28 万件。全年技术市场签订成交合同 2706 项，成交金额 145.70 亿元。

2016 年，重庆市全社会 R&D 经费支出约为 300 亿元，占 GDP 的比重提高到了 1.7%。每万人口发明专利拥有量达到 5.6 件，位居全国第 12 位，同比增长 30.66%，实现技术成果交易额 385.7 亿元。累计向 1115 家企业发放了 2.3 亿元的创新券，新增重点培育科技型企业 3260 家，新申报高新技术企业 971 家，同比增长了 161%。新增新型高端研发机构 37 家，新增国家级企业技术中心 2 家、市级重点实验室和工程技术研究中心 100 家、市级中小企业技术研发中心 36 家。此外，培育引进了一批高层次科技创新人才。在打造新型孵化平台和技术转移平台方面，2016 年，重庆市新增国家级众创空间 20 家、星创天地 10 家、孵化器 3 家，评选品牌众创空间 10 家，新型孵化平台入驻创客团队、企业同比分别增长了 66%和 22%。

6.3.4 政策激励方面

在政策激励方面，重庆市积极贯彻落实有关政策激励，实现技术的进一步资本化，进一步挖掘目前科技人才的应有作用和潜力。首先，切实落实国家以及重庆市对转化科技成果的相关规定，进一步提高科学研究人员将科技成果向产业化转化的积极性。另外，对为科技产业化做出重要贡献的负责人进行奖励与鼓励。

重点支持面向全市科技创新创业的重大公共研发平台与公共技术服务平台建设。对新认定的国家级和市级大学科技园进行一次性奖励，专项用于其公共技术服务平台建设。对国内外知名高校、科研院所来重庆设立的从事与重庆主导产业发展相关的独立或非独立法人研发机构，独立法人研发机构，根据其投资额分阶段给予经费补贴；对非独立法人研发机构，采取有针对性的帮扶措施，促使其尽快成长壮大。

鼓励企业建立“三站三中心”（即企业院士工作站、博士后工作站、研究生工作站、工程技术研究中心、工程中心、企业技术中心）；重点企业与国内外大企业总部研发中心联姻落户重庆市的，也将获得一定补助。对企事业单位和自然人国内发明专利申请费用实行全额资助；实用新型专利、外观设计专利申请费实行定额资助；对获得中国专利金奖、中国专利优秀奖和省专利金奖的专利权人给予奖励。对新认定的国家和重庆市知识产权示范企业，分别奖励 10 万元和 3 万元；对获得中国专利金奖、中国专利优秀奖、中国外观设计金奖和中国外观设计优秀奖的分别给予 100 万元、

10万元、30万元和5万元的奖励。科技企业在管委会认可的机构协助下制定知识产权战略的，可给予相关费用40%的补贴，每个企业每年最高不超过10万元。对来高新区进行风险投资的企业给予补助，其中投资规模为500万元至2000万元的，补助2万元；投资规模为2000万元至5000万元的，补助3万元；投资规模为5000万元至1亿元的，补助5万元；投资规模在1亿元及以上的，补助10万元。重庆市鼓励企业加大研发投入。企业技术开发费税前扣除按照《中华人民共和国企业所得税法实施条例》执行。对年销售收入100万元以上的科技企业，其研发投入占企业总收入比例超过6%的部分，由财政给予5%的奖励，最高不超过100万元，具体奖励额度见表6-3。

表6-3 重庆市政府对科技创新企业的奖励

收入范围	奖励限额（万元）	收入范围	奖励限额（万元）
<500万元	2	5亿（含）~10亿元	30
500万（含）~2000万元	6	10亿（含）~50亿元	50
2000万（含）~1亿元	12	50亿（含）~100亿元	75
1亿（含）~5亿元	20	≥100亿元	100

6.4 重庆国际科技合作的特点

近年来，重庆国际科技合作之所以能取得突破性的进展，关键就在于通过营造国际科技合作环境、提升科技合作层次、引进技术和人才、推动高技术产业、促地方经济社会发展等方面，实现了“三个根本转变”：一是实现了从一般性科技交流向合作研发、共同进行关键技术攻关的深层次合作转变；二是实现了从单纯的成果和技术引进向双边共建研发机构、建设科技创新服务体系转变；三是实现了引智工作从一般性人才引进向高层次、大团队引进转变。

6.4.1 不断扩展国际科技合作的范围与深度

自2009年开始，每两年举办一次“国际知名研发机构重庆行动”，由科技部和重庆市政府主办。该活动旨在吸引国外研发机构和重庆发展急需的科技型企业入驻重庆，带动重庆的科技发展，为全球知名研发机构、专家学者与重庆及西部地区的科技交流与合作搭建高层次的平台。近几年来，“国际知名研发机构重庆行动”中参展的科技产品及项目门类多，技术含量高，涵盖了工业自动化、机床及工模具、节能技术与装备、制造业信息化、机械制造技术与装备、汽车制造专用设备等领域；合作期间，安排各国驻渝领事馆科技领事介绍本国的国情、科技发展动态以及合作意向；以“设计创新及区域经济发展”为主题，吸引了来自40多个国家和地区的600余家研发机构、500余所知名大学的3000余名专家学者，围绕新产品开发、技术革新、创新能力提升、研发平台的建设等问题展开讨论。20余个境外顶级研发机构落户重庆，100余个境外知名研发机构与重庆展开合作，2000余项境外技术被引进重庆，推动了重庆国际科技合作与交流事业的发展。目前，重庆与境外进行科技合作，已从美国、瑞士、日本、欧洲及中国香港地区、中国台湾地区等地，扩大到韩国、新加坡等地。重庆通过不断扩展国际科技合作与交流的规模和质量，力争从“重庆制造”向“重庆创造”转变。

6.4.2 不断拓宽和提升合作的领域与层次

重庆与不同国家和地区之间的科技合作几乎遍及经济生活的各个方面和所有领域，不但包括生产过程中各类生产要素的相互组合与移动，而且包括贸易、金融服务等方面的内容。重庆的国际科技合作既有企业之间的，也有政府之间的；既有法人之间的，也有自然人之间的；既有双边的，也有多边的。重庆国际科技合作的形式也在不断创新中提升层次，从改革开放初期以设备引进为主的单向式合作逐步发展到以技术引进为主以及引进科研团队的双向式合作。例如，以新材料领域国际科技合作论坛为平台，积极为推进我国国际科技合作工作和新材料领域的科技创新提供重要意见。同时，全方面、多角度地展示重庆市材料领域的国际科技合作成绩，并扩大重庆国际科技合作的影响力。

近年来，通过政府、民间、双边、多边等渠道深化双边和多边的国际科技合作，已经与新加坡、日本、加拿大、巴西、西班牙、德国、芬兰、美国、韩国、澳大利亚等60多个国家和地区建立了科技合作关系。

6.4.3 大学和科研机构成为国际科技合作的先导

大学和科研机构之所以能在国际交流与合作中发挥先导作用，其原因是在改革开放后的三十多年里，大学和科研机构能把握机遇，努力培养国际交流与合作中所需的各类人才，坚持资金可持续投入，借助从中央到地方的相关支持，努力改善国际交流环境，为广大科研人员提供良好的国际交流与合作的平台和各项服务，目前，已形成国际化人才、项目、资金、科研成果可持续发展、多维互动的良好态势。

除了在渝的少数中央部属高校如重庆大学、西南大学以外，很多地方市属高校在国际科技合作方面取得了显著成绩。以重庆邮电大学为例，该校与韩国仁荷大学、建国大学、鲜文大学，英国伦敦南岸大学，加拿大滑铁卢大学等国外高校联合培养本、硕、博各层次的专业化人才；特别是与韩国多所高校，在师资培养、学生交流方面开展了实质性的人才培训和交流。针对地理信息系统（GIS）技术迅速发展而中国西部地区GIS人才紧缺的状况，从1997年开始，重庆邮电大学先后选派30名青年教师赴韩国仁荷大学访问交流，归国后形成了从计算机工程角度探讨GIS技术、以软件开发和数据处理为主的专业特色，目前已为国家培养了300多名有计算机背景的GIS应用人才。由于空间数据处理技术和国际交流方面的优势，GIS专业的主干课程“数据库原理”被评为国家级双语教学示范课程。重庆邮电大学共选拔推荐了计算机和自动化学科的近百名本科和研究生到韩国仁荷大学、建国大学、延世大学等高校实习或再深造。同时，韩国仁荷大学、建国大学、鲜文大学、崇实大学和外国语大学先后有20余名研究生及8名计算机和通信学科在读博士生到重庆邮电大学进行学习或合作研究。

育人与研究的完美结合是高校独特的优势，高校不仅应当源源不断地为国家培养大量具有国际视野的人才，还要充分利用国际上先进的科技教育资源，为国家培养一批具有创新思想和国际科技合作能力的优秀人才。

6.4.4 外商投资企业的科技合作与交流频繁

重庆力图通过现有的资源优势、雄厚的产业基础，以提升投资环境来吸引跨国公司的投资。目前，发达国家纷纷将发展的重点转向高科技产业，如计算机芯片、信息网络、航空航天等，而将制造业在全球范围内进行转移和再分工。而重庆恰恰处于产业升级和技术升级的阶段，无论在市场需求、技术基础方面，还是在劳动力素质方面，都比较符合承接产业转移、参与全球分工的条件。目前，一大批国际知名跨国公司，如福特、通用、BP、ABB、施格兰、五十铃、铃木、本田、雅马哈、BS 等公司相继落户重庆，逐渐形成外资抢滩重庆之势。据统计，2015 年港澳台投资企业 147 个，从业人员平均人数达到 13.65 万人，工业总产值 1668 万元；外商投资企业 207 个，从业人员平均人数为 15.45 万人，工业总产值为 2696.2 万元。

表 6-4 重庆市利用外资情况（2009—2015）

年份	2009	2010	2011	2012	2013	2014	2015
新签利用外资协议（合同）数（个）	220	261	361	294	248	250	315
外商直接投资（万美元）	161	232	326	248	192	203	242
外商其他投资（万美元）	59	29	35	46	56	47	73
协议（合同）金额（万美元）	379861	628902	633609	559368	405748	462645	481728
外商直接投资（万美元）	244278	402848	624570	505724	382459	448258	466628
外商其他投资（万美元）	135583	226054	9039	53644	23289	14387	15100
实际利用外资额（万美元）	419178	636956	1057862	1057661	1059715	1062946	1076505
外商直接投资（万美元）	337577	304264	582575	352418	414353	423348	377183
外商其他投资（万美元）	81601	332692	475287	705243	645362	639598	699322

注：①自 2004 年起，新签利用外资协议（合同）数、协议（合同）金额均不含对外借款；
②2007 年起，外商直接投资数据为上报国家商务部口径。

资料来源：根据《重庆统计年鉴（2010—2015）》整理。

表6-4表明，外资企业对重庆市资产贡献率在逐步提升，外资企业对重庆市的投资也越来越频繁，这对重庆市的国际科技合作起到了积极的作用。通过与跨国公司合作，广泛利用外资发展资本技术密集型产业，重庆拉长了产业加工链条，提高了经济效益。

6.4.5 高度重视科研成果转化为生产力

为推进国际科技合作成果转化为现实的生产力，近年来，重庆市实行了作价入股、股权出售、股份出售、股票期权和分红激励五种主要激励方式，以科技成果转化项目收益为基础确定实施股权和分红激励的条件和比例，不以企业整体盈亏为前置条件，充分体现技术要素的重要性，也避免挫伤科技人员的积极性。这些都促进了科研成果的转化，也解决了不少科研人员担心的资金问题，并明确了科研的价值所在。主要举措有：

一是提前明确科研成果的权属问题。围绕国际科技合作成果转化的全过程，在科研成果产生之初、科研成果产业化、成果转让、成果股份式量化、成果推广收益所有制改革等关键环节，明确单位、科研团队、科技人员相应的处置权、使用权和收益权。

二是提高了成果转化收益分配比例。专门针对列入事业编制的高校和科研院所，将职务发明成果转让收益在重要贡献科技人员、所属单位之间进行合理分配，将不低于50%的比例用于奖励科研负责人、骨干技术人员等重要贡献科技人员和研发团队。单位对职务发明完成人、科技成果转化重要贡献科技人员和研发团队的奖励，计入当年单位工资总额，不作为工资总额基数。科技成果转让、转移、转化单位所得收入纳入单位预算，实行统一管理，处置收入不上缴国库。

三是优先支持科技计划项目。建立以科技成果转化绩效为导向的科技计划支持机制，将科技成果转化股权和分红激励政策落实情况作为高等学校和科研院所承担市级科技计划项目的基本条件之一。高等学校和科研院的科技成果，2年内以技术入股、技术转让、授权使用等形式在本市企业转化的，市科委按其技术合同成交额对转化企业给予适当补助。

四是强化金融机构的配套服务。发挥财政科技专项资金的引导作用，鼓励各类市场化的风险投资基金投入到国际科技合作成果转化的科技型企业当中。支持创业金融服务机构开展小额贷款、知识产权质押贷款、微型企业创业扶持贷款等业务。专门出台了相关的奖励标准，用于激励金融机构对转化科技成果创办科技型企业给予优惠贷款的行为。

目前，重庆已经建成上百家由企业或高校、科研院所、企业共同组建的工程中心或技术中心。一批大中型企业与高校和科研院所建立起了全面合作的技术联盟，成立了多个科技园、开发区等，集聚了市内外一大批知名高校、科研院所、高新技术企业。重庆 48.9%的市级科技攻关和能力建设项目由重庆高校与企业联合承担，16 所高校与 13 个区县签订了校地合作协议，推动了产学研互动合作。通过产学研合作，全面整合高校、科研院所、科技中介、金融机构和企业资源建立产学研长效合作机制，加快了科技成果转化，提高了产业竞争力和社会发展的服务能力。例如：由青山公司与吉林大学、重庆大学联合开发的 ATM 自动变速器，重齿公司与重庆大学的地铁及高速列车齿轮箱，四联集团与重庆科技学院合作开发的天然气液化成套技术等一批具有自主知识产权的产品产业化，实现了技术成果的转化；同时，重庆在汽车摩托车设计开发平台、汽车电子、摩托车成套关键技术、镁铝合金开发和应用等方面也取得了一批突出的国际科技合作成果，在长安、嘉陵等大中型企业得到了广泛应用，推动了地方支柱产业的发展。

重庆市通过加强战略研究，强化了国际科技合作的超前部署；通过加快重点企业技术引进的步伐，强化了二次创新；通过增强合作意识，强化了产学研协同创新；通过增强资源统筹，设立了国际合作专项等措施，以全面提升重庆市的科技创新能力。

6.5 重庆国际科技合作中存在的问题

近几年来，重庆在国际科技合作方面取得了显著的成果，但与国内其他科技先进地区相比较，依然存在很多缺陷和不足，这是今后推进国际科技合作、提升重庆自主创新能力必须着力解决的问题。

6.5.1 一些单位还缺乏国际科技合作的开放意识

在国际科技合作方面，重庆市不断拓展新空间，相关活动日益活跃，已经与国际上多个国家及地区建立了国际科技合作关系，合作效果显著提高。然而，与国内其他先进地区或城市相比较，重庆在国际科技合作的范围及吸引资金的数目方面，差距明显。

目前，一些单位对科技开放的认识还不够清晰。各层次的参与人员、各方面的科技开放的主体，还没有树立起主动开放和积极竞争的思想。很多参与者或者参与部门仍然固化于传统的工作方法和工作范围，而在开放环境中与领先者进行竞争及合作的意识淡漠。国际科技合作往往被视为一般的科技外事方面的工作，并没有进入重庆市社会总体各方面发展战略蓝图的内容体系。这种做法严重束缚了重庆进行国际科技合作的层次以及水平，导致重庆市的科技活动很难与重大科研项目形成联动，现代经济以及社会的综合发展对国际科技合作提出的要求难以得到满足。

在重庆市，只有为数不多的如长安这样的大型央企积极落实“走出去”的思想和战略，并获得了显著的成果，但大多数企业缺乏采取相关行动的积极性。那些相对而言具有一定实力及条件的科技型企业，同样缺乏贯彻的力度，开展国际科技合作的范围也较为局限，没有基于全球视野的科技竞争与合作的能力。

6.5.2 国际科技合作的范围不够广

虽然重庆在国际科技合作领域取得了一些成绩，但与北京、上海、广东等地相比，重庆开展合作的领域仍不够广，主要体现在合作内容及合作对象方面。

在合作内容方面，目前重庆进行国际科技合作的领域主要是生物医药及电子信息技术等领域，在节能与环保等高技术领域的参与相当有限。

在合作对象方面，重庆侧重于同发达国家开展国际科技合作，无论是在资金投入方面，还是在人员待遇方面，其在发达国家的投入都领先于其他国家和地区。目前，重庆市已逐渐同那些总体科技水平比较落后，然而在特定科学领域内处于先进水平的发展中国家展开了合作，原因是合作成本比较低，得到核心技术也较为容易。此外，重庆国际科技合作的表现形式也发生了显著的变化，从传统形式的相互之间进行科技访问、举行学术会议等逐渐发展到现在的进行合作研究、共同建立实验室或者研究所、合作进行设计、共同调查分析。尽管如此，重庆在国际科技合作的层次和水平上，特别是在科技成果转化为成熟产品等方面仍然存在着很多亟待解决的问题。

6.5.3 缺乏系统的国际科技合作激励机制

当前，重庆市还没有形成系统的、全面的国际科技合作激励机制和体系，因而难以达到以国际科技合作促进自主创新的目的。现实情况是，很多高等院校在开展国际科技合作方面显得极为热心和积极，但大多是为了在教学评估或学科建设、申请硕士学位及博士学位授予权的评估指标的过程中多一些筹码，如在访问学者、国际交流、国际会议、合作办学等方面，由此一刀切式地将教师职称评定与出国经历直接挂钩，规定没有出国经历的教师就不具备相应的职称评审资格，由此各种短期的、长期的国际科技合作活动名目众多，然而其实质成效，即是否真正促进了自主创新能力的提升，则无从衡量。

相比之下，一些知名企业本着“走出去、引进来”的开放的发展思路，一方面大力开展有利于企业技术进步的合作开发项目，共建研发中心等，另一方面抓住“中国制造”走向世界的机会，积极通过科技合作项目在国外谋篇布局。这些科技合作主体虽然各自制定了促进国际科技合作的激励举措，然而，在科技合作活动的统筹规划、公共资金的调配与使用监督、合作成效的评估与改进、自主创新的衡量与促进以及促进科技成果向成熟产品转化等方面，很多相关部门尚没有推出相关的激励机制。最关键的原因之一是不同的管理渠道属于互不相属的部门。这类管理体系无法兼顾各个目标以进行整体统筹动作，不同部门之间缺乏高效的交流与合作，导致对外合作的渠道的总体集成长处难以得到较好的发挥。

此外，有关提升国际科技合作、促进自主创新的相关对策，重庆市制定得还不够系统、完整，尤其是在具有广阔市场化应用需要的科技成果向外推出方面，相关法规政策比较匮乏。正是因为相关法规与政策措施不够完善，高效率管理的整体机制难以形成，才导致总体的规划缺乏方向性的指导。另外，重庆到目前为止还没有一所高校开设相关专业，因而未能培养出掌握科学技术、在一定程度上精通外语并能灵活掌握国际规则的综合型人才，导致重庆对此类人才的需求难以得到满足，这必然会对其进行国际科技合作产生一定影响。虽然重庆在引进高层次人才方面取得了一定的成绩，但仍然存在很多缺陷和不足：引进高层次人才规模相对较小，导致其数量难以满足重庆国际科技合作的需要。在引进国外高层次人才方面，重庆与其他直辖市相比仍然存在着很大的差距。另外，对海外华侨中的国外专家的吸引力仍然不足，专门针对此类人才的引进模式还没有成型，有国际影响力的专才引进难以规模化。

6.5.4 总体研发实力不强

首先，参与国际科技合作的主体进行自主研发的能力比较弱。企业及研究组织是实际参与国际科技合作的主体，但总体上看，参与主体的规模不够大、实力不够强。其次，进行科技合作的层次有限，质量相对较差。进行国际科技合作的形式有很多，在这些形式中，合作研究是一种合作较深入的形式，然而实际上仍以科研考察、交流访问和学术会议为主。再次，参与科技合作的人员的选择也缺乏规范的做法，难以在国际科技合作中达到预期效果。进行国际科技合作的层次以及深度非常需要深化。最后，进行国际科技合作的对象面很小。重庆进行国际科技合作的重要对象，是欧盟、美国、日本等发达国家及地区。但实际上，某些发展中国家虽然总体科技水平落后于欧盟、美国、日本这样的先进国家及地区，然而在某些领域的水平却可能较高，与此类国家合作的成本相对较低，得到核心技术也较为容易。

开展国际科技合作要同时注重引进和输出，加强与发展中国家的合作，才能达到技术输出的良好效果。首先，重庆国际科技合作的资金支持相对较少，近几年，虽然这种情况得到了一定的改善，但用于国际科技合作的资金依旧不足。与发达地区相比，重庆对国际科技合作进行扶植的资金相对较少，企业的投入也较少。其次，对国际科技合作进行的风险投资仍处于起步的阶段。资金的缺少，导致其在国际科技合作中往往只能处于配角的位置。再次，在国际科技合作中，人才资源及知识产权方面的流失比较严重。资金有限，管理缺乏系统性，以及科研参与人员对知识产权的认识不够清晰，导致国际科技合作发展中的人才资源及知识产权的严重流失。最后，某些组织或个人为了吸引国外资金的扶持，在签订合同时会做出很大让步，导致投入了大量的资金，特别是人才资源的投入，却得不到应有的自主创新效果，甚至表面上是进行合作，实际情况却是外方将我国科技工作者视为廉价劳动力。

6.5.5 缺乏国际科技合作的系统建设管理平台

当代社会，移动互联网络已渗透到国民经济和社会生活的方方面面。然而，重庆市还没有建立起统一的系统信息共享平台。很多管理机构建立的信息共享平台比较落后，且缺乏系统性，信息的数量相对较少，不同主体之间的互动也较少，对国际科技合作的信息公开不及时，这些问题导致网络应有的作用没有得到发挥。

近年来，重庆举办的各类国际科技成果展取得了良好的效果。然而这样的展览举办的次数并不多，尤其是核心科研技术方面，还需要持续不断地深化发展。另外，重庆目前还没有设立一个统一、高效、专门的国际科技合作事务管理机构。重庆进行国际科技合作的领域相对较多，根据不同的内容，具体工作的管理由重庆市的不同单位或者机构管理，不同部门间的信息共享程度不高，协作困难，沟通不畅。这种管理形式导致了不同程度的各自为政、重复低效的问题。

6.5.6 存在不同程度的浪费和活动效率低下的问题

无论是政府部门、高校还是国有企业，无论是官员、专家还是普通工作人员，无论是考察、会议还是交流，无论是访问学者还是短期学习，都不同程度地存在着一些低效、重复甚至浪费公款的行为，“为出国而出国”的一般性考察和照顾性出访现象较为突出。以高校为例，重庆市的大学普遍出台了评副高及正高级职称必须要有出国经历的规定，这种机械的、指标式的导向，不分专业、不分学科、不分职位的无差别标准，造成了一些不必要的、追求形式的出国交流行为；重庆每年都会安排各层级管理工作人员出国进行不同期限的考察、学习和交流，而实际的交流成效却十分有限，往往成了为个别人设定的“出国长见识”的福利活动，真正需要借助国外大学或科研机构先进技术平台、实验条件与研究设施开展前沿研究与试验发展的占比并不高。因为没有可比量的“标尺”存在，缺乏一个可操作、可监督的出国考察的标准，也缺乏公开公示的一种程序化流程。在实际工作中，往往有些单位会变通操作，从而形成了“虚考察、实观光”的国际科技交流。这可以从近两年中央巡视组开展专项巡视的反馈情况通报中看出，违规公款出国（境）等问题仍然较多。有些单位在审批过程中未对出访任务、时间、行程等进行把关，也未对出国团组进行必要的教育、管理、监督。出国团组既无明确公务目的，也无实质性的任务安排，以观光游览为主，团组人数、出访时间等均超出了规定标准，相关费用由公款支付，这种国际科技合作活动的成效当然会大打折扣。

7 重庆国际科技合作与自主创新的环境研究

在新的历史时期，重庆面临着充满变数的国际科技合作创新环境，认清当前的形势，找准地处内陆的重庆开展国际科技合作所具有的优势及存在的不足，进而有机地整合内外部资源，无疑有助于确保重庆开展国际科技合作工作的科学性和有效性。

7.1 重要性

随着对外开放程度的进一步加深，我国与国外进行交流的范围也在逐步扩大，国际科技合作、学术交流、考察访问等活动日益频繁。在这样的时代背景下，加快国际科技合作进程，对重庆具有十分重要的战略意义。

7.1.1 建设长江上游经济中心的需要

自从被设立为直辖市以来，重庆市抓住经济科技社会发展的重要机遇，积极落实全市“十三五”规划纲要目标战略，致力于建设长江上游经济中心，在国际科技合作方面取得了实质性突破。当前，在新的历史时期，重庆正处于一个全新的发展起点，面临着如何发挥西部地区唯一直辖市的引领和辐射功能，率先实现小康社会建设目标的挑战。这就意味着重庆要在加快建设国家重要现代制造业基地、国内重要功能性金融中心、西部创新中心和内陆开放高地，基本建成长江上游地区经济中心的历史进程中，切实加快创新路径的探索和发展模式的创新。因此，把握科技革命所带来的机遇与挑战，建立全面开放的科技创新体系，加强国际国内各种资源与信息的充分利用，增强对项目及人才等的引进和开放程度，不断提高重庆区域科技创新能力，就应当高度重视国际科技合作，以体制机制的创新来加快促进科技的进步，从而为建设长江上游经济中心奠定坚实的科技基础。

7.1.2 开展内陆开放型城市建设的需要

在全球化浪潮势不可挡的时代背景下，只有坚持开放型的发展战略，才能确保地区经济社会的可持续健康发展。重庆在加快内陆开放型经济发展的历史进程中，有着自身与其他省市显著不同的特点和实际情况。

但是，探索出一条行之有效的路径，对其他省市能发挥突出的带头和示范效应。因此，进一步提升自主创新的能力，是深化国际科技合作的内在要求，也是将重庆建设成为我国内陆开放型城市的有效渠道。自主创新能力往往是取得胜利的关键，因而必须全面促进对外开放经济科技的层次，引进先进技术的同时走出去，提升参与国际科技合作的领域与层次。

在进行对外开放时，内陆开放型城市建设离不开资金和技术的引进，这必将极大地促进企业研发能力的提升。通过从实际情况出发，有选择地开展技术引进，同时吸收时有所侧重，在消化吸收引进的技术之后，积极进行科技再创新，就可以尽可能地在较短的时间内缩小重庆与先进地区之间的差距。

7.1.3 提升重庆市城市竞争力的需要

在推动当代经济社会快速发展、参与全球竞争的力量当中，科技进步是主要的驱动力之一。大力发展重庆市国际科技合作事业，并使之成为迅速提升重庆市产业科技创新能力以及城市核心竞争力的战略举措，是契合重庆市产业结构调整、经济转型发展改革的现实途径。努力把加强国际科技合作作为城市化战略实施的重要途径，加快城市现代化建设的速度，有助于提升城市的经济水平。有效开展国际科技合作是把重庆建设成为我国西部区域的中心城市，以及内陆的经济开放型城市的重要前提，也是重庆走新型工业化发展道路的必经之路，实现从投资驱动型经济增长向技术创新驱动型模式的转化，从而为经济社会的可持续发展提供重要支撑。

近几年来，重庆市虽然在科技创新方面取得了显著的进步，然而与先进发达国家相比，除了在少量的学科与产业领域有着自身的优势外，在很多领域仍然存在着巨大的差距，甚至与国内先进地区相比，差距也是十分明显的，在城市综合竞争能力层面基础薄弱。以城市产业竞争为例，众所周知，汽车、摩托车等传统制造行业在重庆经济中所占的比重较大，但在主业遭遇到严重的发展瓶颈之际，重庆市众多规模制造企业如隆鑫、宗申、美心、长安等，近十几年来和全国很多的大企业一样，未能脱俗地纷纷加入到“跑马圈地”式的房产开发活动当中，为谋取现实利益而深耕于房地产领域的经营业务，从而不同程度地影响了制造业的转型和能级的提升。

为了使这些产业焕发出全新的活力，利用科技手段对其进行综合改造和潜力的挖掘，从提升城市竞争能力的现实层面来看是十分必要的。另外，以电子信息产品制造、软件开发、云计算服务等为代表的新兴产业，正在成长为重庆经济最主要的增长点，在此发展历程中，科技进步对这些新型产业的强力助推作用更为显著。所以，通过国际科技合作，加强对各种来源的技术、资金以及人才的充分利用，不断加大研发力度促进自主创新，努力提升产业技术水平，最终必将全面增强重庆的科技创新能力及城市综合竞争能力。

7.1.4 打破资源环境制约的需要

近几十年来，我国经济社会与科技得到了进一步发展，现代化程度不断加深，这些与利用资源的效率之间的关系十分密切。不可否认，包括重庆在内的我国诸多省市传统的经济增长方式是粗放型的，过度消耗了有限的自然资源，对我国的环境造成了严重污染，对资源以及环境施加了非常大的压力。如果继续以牺牲环境为代价，过度消耗资源，则必将对我国科技经济的进一步发展和小康社会的全面建设产生巨大的负面影响。

在重庆市，以重钢、建设集团为代表的国企，以力帆、宗申等为代表的民企，大部分都是传统型的加工制造行业，往往进行的是相对低端且附加值较低的产品生产，生产工艺相对落后，生产方式相对粗放，生产能力相对低下，很少有创新型甚至是具有划时代意义的产品推出，这些情况对企业的扩大以及再生产产生了严重的束缚。金融危机爆发以来，很多企业经营中存在的弊端陆续显现出来，导致企业的成长速度下降，甚至陷入低迷。

为了促进重庆市区域经济的综合发展，加快现代化产业经济集群的建设，迫切需要改变重庆市现有产业往往为低附加值行业的现状。重庆市意识到了打破资源环境制约的重要性，从2016年起已不再审批新增产能的钢铁项目，3年内原则上停止审批新建煤矿项目、新增产能的技术改造项目和产能核增项目，确需新建煤矿的，一律实行产能减量替代。

目前，重庆市在主城区的范围内，已经实现了没有钢铁厂、燃煤电厂、化工厂、燃煤锅炉的发展控制目标，但是着眼于全市8万多平方公里的范围之内，即使是在较长时间之内，要全面实现这些控制目标，显然也是较难的。因此，以国际科技合作的发展为渠道，进一步开发节约资源及进行循环利用的核心技术，提升自主研发水平，加强对能够起到节约资源作用的技术或是工艺设备进行推广和采用，就能为节约型社会的建设提供技术支撑。以科技进步为渠道，加强资源的利用效率，减少对自然环境的污染，加强对环境与生态的保护，才能实现地区经济社会的可持续发展，从而破除资源环境的制约。

7.1.5 营造一流自主创新环境的需要

不同国家及不同地区之间客观上存在着社会条件的差异，因此在科技合作中，它们所处的地位有所不同，这就决定了在经济全球化以及国际科技合作的过程中，它们获得的利益也会有所差别。

很多国家和地区的发展经验表明，为达到经济社会持续发展的目的，营造一流的自主创新环境是至关重要的基础性条件。以国际科技合作为渠道，积极利用重庆市的后发优势，确保在未来更长的一段时期内维持重庆经济社会发展效率提升和质量效益改善之间的综合平衡，促进科学技术研究层次的提升，加快提升自主创新能力，缩小与发达地区之间存在的技术差距，从而有力地增加了“重庆造”的自主创新技术含量。

人们普遍认为：充足的资金、先进的技术以及高水平的管理，都有利于生产成本的有效降低。增加制造环节的技术含量，提高其持续创新的自主性，对核心研发能力的形成具有十分重要的意义。因为进行大规模的产品生产时，企业就更具有对高额的研发费用进行分摊的能力；通过逐步积累技术能力，企业能慢慢地对科学技术领域与重点突破层面进行选择及组合，从而形成成熟的做法，并进一步形成产业集群，促使其在核心技术方面取得成果，快速转为企业的成熟产品，尽快发展成为具备核心竞争力的成果。逐步积累发展企业能力，意味着在这些范围内，自主开发能力，以及核心技术能力的前提逐步形成。

由此，应不断优化政策、改善环境，积极吸引高水平的人才和技术流入，以形成科技创新的强大力量，达到区域范围内创新能力的总体增强，加快区域科技研究成果向成熟产品的转化，以及进一步的提升和运用，最终为区域的经济社会发展提供新的经济增长极。所以，加强重庆的国际科技合作力度，以引进优秀科技资源为依托，进一步突出人力资源方面的优势，加大对战略性新兴产业和科技服务业发展的扶持，必将有助于重庆市营造出西部一流的自主创新环境。

7.2 优势

7.2.1 区位优势

重庆市地处我国内陆西南地区的长江与嘉陵江交汇处，东与湖北省和湖南省相临，南与贵州省接壤，西与四川省为邻，北与陕西省交界，全境总面积 8. 24 万平方公里，东西长 470 公里，南北宽 450 公里。重庆市是长江上游经济带的核心，四川盆地东去南往的枢纽，北方地区至东南亚国际贸易大通道上的战略节点，国家四大直辖市之一，五大国家中心城市之一，全国十大城市之一，西部地区最大的特大工商业城市。从面积和人口规模上看，重庆市已经成为全球范围内的超大城市，2020 年前主城核心区常住人口将超过 1000 万。重庆境内已经形成了主城区、万州、涪陵 3 个枢纽港区和江津、永川、合川、奉节和武隆 5 个重点港区。

从地理经济学角度上看，重庆市位于国家“一带一路”区域和“长江经济带”的“Y”字形交汇节点上，集合了直辖市体制和西部大开发、统筹城乡综合配套改革试验区等政策优势，开放型经济基础得以强化，依托长江黄金水道、“渝新欧”跨国铁路联运大通道、江北国际航空港等，大体上形成了“一带一路”世界贸易大通道架构。重庆具有水、陆、空立体化交通体系，又同时拥有三个国家一类口岸、三个配套的进出口特殊监管区，在全国内陆城市群中独具特色（见表 7-1）。

以“渝新欧”跨国铁路联运大通道为例，重庆尝试开通了从内陆横跨中亚、通往欧洲的国际物流新路线。在开通的初期，主要以满足重庆本土的国际物流需求为主，经过几年的发展，目前已辐射到周边诸省市。同时，“渝新欧”跨国铁路联运大通道的物流范围也从电子信息产品、机电产品转到日用消费品、服装等，品类日益多样化。另外，受益于相关国家邮政部门的配合，该大通道还试开通了邮政专列，在跨境电子商务发展方兴未艾的时代潮流下，这类邮递需求增长迅速，“渝新欧”跨国铁路联运大通道正成为一条我国内陆地区连接中亚、欧洲经济体的繁忙陆路运输通道。

重庆地理位置特殊，这使其可以依靠地缘优势展开国际经济合作，比如，利用俄罗斯远东地区的自然资源、引进欧洲国家的投资与新技术等。目前，重庆和很多国家（如德国、加拿大、美国、英国）的合作领域不断拓展，合作程度不断加深。

2012年以来，重庆市已经连续4年引进外资超过100亿美元。截至2016年底，世界500强中的272家选择在重庆发展。进出口贸易额更是，由此前的不到100亿美元的规模增长到了2016年的855亿美元。基于重庆国家中心城市的定位，通过进一步的改革开放，开展积极的国际科技合作，发挥重庆自主创新的作用，将会有效地辐射和带动整个西部地区的发展，并充分发挥好重庆在国家“一带一路”战略和“长江经济带”发展中的显要角色与功能。

表7-1 重庆市的战略定位与区位优势

序号	战略定位	区位优势
1	长江上游的交通中心枢纽	中西部地区唯一的直辖市
2	西部开发开放重要战略支撑	中西部地区唯一的国家中心城市
3	建设内陆开放开发高地	丝绸之路经济带与长江经济带节点
4	丝绸之路经济带的重要战略支点	开通“渝新欧”欧亚贸易大通道
5	长江经济带的西部中心枢纽	国家一类临时对外开放铁路
6	海上丝绸之路的产业腹地	汽车整车进口口岸
7	全市五大功能区域发展战略	长江上游规划建设的最大铁路公路水路联运枢纽港

7.2.2 资源优势

首先，重庆市的自然资源丰富，品类繁多，为城乡的可持续发展提供了长远而坚实的支持（见表7-2）。其次，在人文资源方面，独具特色。三峡工程建成后，形成了闻名世界的大库区生态文化。同时，重庆悠久而光荣的革命历史，再加上独有的山城环境与红岩精神，造就了重庆独特的文化氛围。最后，工业基础雄厚。重庆市作为全国六大传统工业基地，装备制造业发达，特别是汽车摩托车业，起步早、基础好、销量位居全国前列，其中最著名的是长安汽车集团。重庆化学工业门类较为齐全、产品种类较多，天然气化工处于全国先进水平，产业规模居西部前列。“十二五”期间，重庆重点打造了长寿化工园区、万州盐气化工、涪陵化工三大基地，产品主要包括烧碱、硫酸、硝酸盐、醋酸、硫黄、维尼纶、染料中间体等。重庆医药工业具备了较完善的体系，主要包括化学制药和中药制药、医疗器械制造。

表 7-2　重庆市自然资源及特点

自然资源类别	资源特点
国土资源	重庆市具有“大城市，大农村”“大库区，大山区”的土地资源特点，各类用地分布各异，土地利用水平地区差异大。全市土地总面积为 8.23 万平方公里；其中，中心城区面积 1064 平方公里。全市山地占 75.8%，丘陵占 15.2%，平坝不足 10%。地形起伏，地貌各样，耕地零散，坡地多；旱地多，水田少；建设用地可利用率低，基础设施投资成本高。土地人口承载力高，人地矛盾突出。依据“重庆市土地利用总体规划（2006—2020 年）”数据，重庆人口密度每平方公里 340 人，是全国平均人口密度的 2.6 倍；人均耕地面积 1.07 亩，仅为全国平均水平的 76%；土地利用率 91.34%，土地垦殖率 27.50%，均高于全国平均水平
生物资源	重庆是全国生物物种较为丰富的地区之一，域内动植物资源种类较为丰富。据不完全统计，全市有各类动物资源 380 余种，属国家保护的珍稀动物有数十种，除野生动物外，饲养动物有猪、牛、羊、鸡、鸭、兔等 60 多种，其中猪、牛、兔在全国具有一定优势，著名的荣昌猪名列中国三大猪种之一，江河鱼类达 120 多种，长寿湖、大洪湖是重庆的鱼类养殖基地。全市有维管植物 2000 种以上，栽培植物 560 多种，是全国重要的中药材产地之一，山区大面积生长着数千种野生和人工培植的中药材，在全国产量最大的有黄连、五倍子、金银花、厚朴、黄檗、杜仲、元胡等
矿产资源	重庆市现已发现并开采的矿产有 40 余种，约占世界已知矿种的 27%，域内已探明储量的矿产约为 25 种，主要有煤、天然气、锶矿、汞矿、岩盐、铝土、大理石、硫铁矿、锰矿、石膏矿、石灰石、重晶石等，具有探明储量大、分布相对集中、品位较高、便于开发等特点。煤炭储量 30 亿吨以上，主要分布在天府、南桐、松藻、中梁山等煤炭基地。天然气已探明储量 3200 亿立方米，天然气产量居全国之首，是全国重点开采的大矿区。锶矿是重庆最具特色的优势矿种，已探明储量 705 万吨，位居全国第一。汞矿已探明储量 1.9 万吨，是全国罕见的特大型矿床。铝土矿储量达 7400 万吨，岩盐储量达 3000 亿吨。锰和钡矿储量分别位居全国第二和第三。重庆市正加快建设集勘探开发、综合利用、装备制造和生态环境保护于一体的矿产资源开发利用综合体系

续表

自然资源类别	资源特点
水资源	重庆域内江河纵横，水网密布，统属长江水系，水及水能资源十分丰富，全市年平均水资源总量5000亿立方米，其中地表水资源占绝大部分，具有重要的开发价值。全市理论水能蕴藏总量1440万千瓦，其中可供开发的水能资源750万千瓦。全部水能资源开发电量在全国大城市中名列第一。重庆石灰石地质地貌突出，溶洞较多，有丰富的地下热矿泉水和饮用矿泉水，开发前景良好。重庆地区东、西、南、北建有四大温泉公园和众多的优质矿泉水生产企业

7.2.3 科研院所资源优势

大部分市场经济国家的独立科研院所不多，而主要靠大学进行科学研究。但在我国，在特殊的历史环境下，形成了一大批政府科研机构。近些年来，除了一些具有承担公益性质的科研院所继续列入事业编制单位以外，其余很多科研院所经过企业化改制和公司化改造，成为独立核算、自负盈亏、自我约束、自我发展的市场经济竞争主体。

重庆市和全国其他省（市、区）的情况一样，目前主要有三类科研院所（见表7-3），这些科研院所构成了重庆市较为完善的科研平台资源体系。借鉴国际经验，发挥我国科研院所体制的独特功能，挖掘重庆市科研院所的国际科技合作与技术创新潜能，在已有科研院所改革成果的基础上进一步深化改革和重组，有助于提升重庆市乃至我国的整体科研创新能力。

具体来看，在科技部的大力支持下，重庆市已拥有“微纳系统及新材料技术国际研发中心”等9个国家级国际科技合作基地或联合研发中心，培育了重庆市畜牧科学院、中冶赛迪等9个市级国际科技合作基地，还有一批单位自建的国际联合研发实验室。

在基地建设中，重庆市坚持与境外高校及研发机构开展富有成效的实质性合作。分别与英国牛津大学、美国耶鲁大学、中国的香港大学等一批著名大学建立了良好的合作关系，形成了如重庆大学、重庆市畜牧科学院、长安汽车有限公司、中国汽车工程研究院、中电投远达环保公司等一批对外科技合作的龙头单位，在新材料、新能源汽车、生物医药、现代农业等领域取得了重大突破，促进了科技和经济的跨越式发展。

在基地建设中，着力突破重大关键技术和共性技术支撑经济社会持续协调发展，超前部署前沿技术和基础研究，增强科技持续创新能力。更为可喜的是，重庆已培育出一批集融资、研究开发和技术转移于一身的商业性技术机构。

表 7-3　重庆市主要科研院所平台资源

类别	名称
中央在重庆的科研院所（16 所）	中科院重庆绿色智能技术研究院 中国农科院柑橘研究所 重庆仪表材料研究所 中国汽车工程研究院 中国煤炭科研总院重庆研究院 重庆交通科研设计院 中国兵器工业第 59 研究所 中国电子科技集团第 24 所 中国电子科技集团第 26 所 中国电子科技集团第 44 所 机械工业第三设计研究院 中煤科工集团重庆设计研究院 中冶赛迪工程技术公司 重庆航天机电设计院 中国舰船研究院重庆科技交流中心 润滑油脂产品质量监督检验中心（中石化重庆一坪高级润滑油公司）
市属事业编制的科研院所（25 所）	重庆市科学技术研究院 重庆市中药研究院 重庆市农业科学院 重庆市计量质量检测研究院 重庆市林业科学研究院 重庆市环境科学研究院 重庆市人口和计划生育科学技术研究院 重庆市中医研究院 重庆市风景园林科学研究院 重庆市畜牧科学院 重庆市气象科学研究所

续表

类别	名称
市属事业编制的科研院所（25所）	重庆市体育科研所 重庆市肿瘤研究所 重庆市药物种植研究所 重庆地质矿产研究院 重庆市教育科学研究院 重庆市水产科学研究所 重庆社会科学院 重庆市文化艺术研究院 重庆市文物考古所 重庆市卫生信息中心 重庆市标准化研究院 重庆市综合经济研究院 重庆生产力促进中心 重庆市蚕业科技研究院
市属企业化运营的科研院所（10所）	重庆造纸工业研究设计院 重庆医药工业研究院 重庆市化工研究院 重庆钢铁研究院 重庆有色金属研究所 重庆电子技术研究所 重庆市纺织工业研究所 重庆市建筑科学研究院 重庆西南信息有限公司 重庆市城市害虫防治研究所
市科技研究院所属的企业化运营科研院所（8所）	重庆高技术创业中心 重庆市机电设计研究院 重庆市日用化学工业研究所 重庆工业自动化仪表研究所 重庆市光学机械研究所 重庆市硅酸盐研究所 重庆市生物技术研究所 重庆市机械工业理化计量中心

7.2.4 政策优势

重庆市作为中国西部地区唯一的直辖市，是长江上游地区的重要城市，在西部地区和长江上游经济带的改革开放与经济发展中发挥着重要作用。重庆在直辖后的10年中取得了重大成就，在中国未来的发展中占有重要的战略地位。国家对重庆市的发展寄予厚望，对重庆有相关的财政、税收优惠政策。

重庆市集国家西部大开发优惠政策、国家级高新技术开发区和经济技术开发区政策、内陆保税港区政策于一体，具有经济社会发展的综合配套改革和与国际接轨方面的先行先试权力。以重庆最大的开放开发高地——两江新区为例，享有的国家给予的优惠政策包括：所有国家鼓励类产业的各类中资企业和外商投资企业，到2020年减按15%的税率征收企业所得税。

以2010年为基数，“十二五”期间新区内新增地方财政及建设项目有关的行政事业性收费收入全额用于设立两江新区发展专项资金，扶持区内的先进制造和现代服务类企业发展。企业当年高新技术产品产值加技术性收入达到年总产值60%以上，企业所得税实际税负不超过10%。高新技术产业领域或战略性新兴产业领域的企业，从获利年度起3年内，按有关规定提取的风险补偿金（按当年利润额的3%～5%）可税前扣除。

这些政策优势都直接或间接地促进了国际科技合作，而良好的国际科技合作又推动了技术创新活动的发展，从而提高了本土的自主技术创新水平，扩大了重庆市特别是相关创新主体在国际上的影响力、知名度和竞争力。

7.2.5 人才优势

（1）人才总量显著增加

近几年来，随着人才政策的进一步贯彻落实和产业转型升级步伐的加快，重庆市人才资源的数量和质量稳步增长。第六次人口普查资料显示，在全市2884.62万常住人口中，拥有大专及以上学历的人才（简称人才，下同）总量达244.6万人，占8.5%，与2000年第五次人口普查相比，人才总量增加了158.6万人，增长了1.8倍。此外，从表7-4中可以看出，从2008年到2015年，重庆市研究生毕业人数也稳步增长，为重庆市国际科技合作提供了充足的人才储备。

表7-4 2008—2015年重庆市研究生基本情况

年份	在校学生数	招生人数	毕业人数	毕业人数增长率（%）
2008	35005	12376	8925	19.27
2009	39080	14159	9759	9.3445
2010	43149	14851	10347	6.0252
2011	45213	15341	12351	19.3679
2012	46569	15925	13844	12.0881
2013	48210	16324	14189	2.4921
2014	48979	16647	14915	5.1166
2015	50531	15721	15727	5.4442

资料来源：《重庆统计年鉴》（2008—2015）。

（2）高层次人才聚集效应显现

人才结构是科技人才总量、质量、结构三大因素中最重要的因素。2015年，重庆市拥有R&D人员97774人，全时人员61006人，与2014年相比，分别增长了4.94%和6.56%；其中，博士研究生6711人、硕士研究生14494人，分别增加了671人和1445人，增长率分别为11.11%和11.07%。R&D人员全时当量达61520人年，其中，基础研究4111人年，应用研究7883人年，实验发展49527人年。

（3）人事制度改革创新成效显著

重庆市坚持民生为本，人才优先，以激发人才活力为目的，完善人事管理制度，深化人事制度改革。

一是深化事业单位人事制度改革。完善岗位管理调控制度，建立分级分类公开招聘和选聘制度，出台事业单位工作人员考核奖惩、竞聘上岗、培训辞聘等办法，总体形成了“人员能进能出、职务能上能下、待遇能高能低”的体制机制。

二是深化职称制度改革。围绕职业道德、创新能力、工作业绩，全面修订职称评审标准、量化评审指标，扩大“以考代评”和“考评结合”范围，开展技工学校教师、会计等专业正高职称评审试点，完善非公企业职称评审体系，建立全市专业技术资格证书查询系统，逐步推行网上申报模式，切实提高职称工作管理服务水平。

三是构建多元化的技能人才评价机制。围绕测评实践操作能力，修订评价标准和指标，健全社会化职业技能鉴定、企业技能人才评价、院校毕业生职业资格认证和专项职业能力考核体系。完善职业资格制度，出台机关事业单位工勤人员技能等级考评办法。

7.3 劣势

重庆市在以国际科技合作促进自主创新方面取得了十分显著的成就，但是与国内发达地区的城市相比，无论是在国际科技合作的领域、规模与成果方面，还是在自主创新的影响层面，均存在着明显的差距。着眼于“一带一路”战略部署下的新形势、新任务、新要求，重庆市在拓展国际科技合作、提升自主创新能力方面，还面临着一些客观存在的短板与束缚。

7.3.1 项目资金投入相对不足

近几年，国际科技合作项目的数量在逐年增加，但重庆市在科研项目的资金投入方面却没有相应增加，从而影响到主体在技术合作中的地位。重庆市 R&D 经费投入与历史相比虽然有较大幅度的增长，但是由于科研基础较薄弱、缺少科技型支柱企业等因素，重庆市 R&D 经费投入从总量上看还是相当不足的，不仅与其他直辖市相比存在差距，与陕西、四川等省份相比，差距也比较大。有关统计数据显示，2015 年，陕西全省共投入研究与试验发展（R&D）经费 393.2 亿元，比上年增加 26.40 亿元，增长了 7.2%，研发经费投入强度（研究与试验发展经费与地区生产总值之比）为 2.18%，而同年重庆的研发经费投入强度则只有 1.57%（全国平均水平约为2%)。从实际额度看，尽管2015年西安的经济总量只有成都的1/2、重庆的1/3，但是研发投入为393.2亿元，超过了重庆的247.0亿元（见表7-5)。

表7-5 2015年各地区研究与试验发展（R&D）经费支出情况

地　区	R&D经费支出（亿元）	R&D经费投入强度（%）
全　国	14169.9	2.07
北　京	1384.0	6.01
天　津	510.2	3.08
河　北	350.9	1.18
山　西	132.5	1.04
内蒙古	136.1	0.76
辽　宁	363.4	1.27
吉　林	141.4	1.01
黑龙江	157.7	1.05
上　海	936.1	3.73
江　苏	1801.2	2.57
浙　江	1011.2	2.36
安　徽	431.8	1.96
福　建	392.9	1.51
江　西	173.2	1.04
山　东	1427.2	2.27
河　南	435.0	1.18
湖　北	561.7	1.90
湖　南	412.7	1.43
广　东	1798.2	2.47
广　西	105.9	0.63
海　南	17.0	0.46
重　庆	247.0	1.57
四　川	502.9	1.67
贵　州	62.3	0.59
云　南	109.4	0.80

续表

地　区	R&D 经费支出（亿元）	R&D 经费投入强度（%）
西　藏	3.1	0.30
陕　西	393.2	2.18
甘　肃	82.7	1.22
青　海	11.6	0.48
宁　夏	25.5	0.88
新　疆	52.0	0.56

资料来源：2015 年中国科研经费投入统计公报。

首先，从政府投入来看，由于受到 R&D 总体投入规模和强度的制约，重庆市政府投入到国际科技合作与交流中的经费较少。重庆市与发达国家及多边国际组织和机构在大科学研究、基础性前沿领域和高科技合作方面尚无财政拨款支出。

其次，企业投入偏小，很多企业科技意识不强，企业“走出去”战略步伐有待加快。重庆市除了长安等少数企业积极实施了“走出去”战略并取得了一定成效外，大多数企业还未采取相应的措施和行动，特别是有些相对有实力和有条件的科技型企业，“走出去”的步伐不够大、力度不够强。

同时，重庆市各部门在科技决策上的协调力度不够，导致很多领域不同程度地存在着重复投入、分散投入的现象，不能集中资金和科研力量实施重点突破。经费的短缺在很大程度上决定了重庆在国际科技合作中大多只能居于配角的地位。相应地，通过国际科技合作取得具有全国性影响的创新成果还不多。

7.3.2　重庆市开展科技合作项目的总体技术水平不高

（1）缺乏前沿关键性技术类合作研究项目

重庆市一些高校和科研机构在开展国际科技创新合作中，多以一般性学术交流、人员互访、讲座授课活动为主，重经历轻实质，重形式轻成果，重论文轻应用，在重点产业领域开展国际科技合作研究活动相对偏少。重庆市内多数大中型企业尚未建立起专门的合作研究开发机构，国际科技创新合作项目的技术含量不够，尤其是在核心领域，真正开展起来的涉及关键技术的科技创新合作项目并不多。目前，重庆开展的国际科技合作项目的范围主要集中在通信技术、制造技术、生物医药、新材料等领域，在资源领域和基础科学等领域的国际科技合作还较少。

大部分国际科技合作项目的资金来源为各合作部门，主要有国外的大学、科研机构和国外企业等，合作伙伴大多为这些部门的科研人员，国际合作项目大多为一般互访性的国际交流，或通过互访达成的与大学、研究机构间的科技合作项目，而真正属于政府间国际合作项目的较少。与国内外知名高校相比，重庆高校往往看重发表高水平学术论文的数量和质量，至于自主创新技术成果的合作开发与产业化应用层面，显然还存在着相当大的差距。

（2）参与国际科技创新合作的主体意识不强

重庆市高新技术基础薄弱，创新起点低，以高校和科研机构为主体的国际科技创新合作项目多重在学术交流；企业开展国际科技合作明显存在动力不足的现象，相关的科技攻关项目不多，合作积极性不高，以本土企业为主导的国际科技创新合作的力度和程度较低，合资企业如长安福特等显得更为积极一些。在开展国际科技创新合作的过程中，外方一般不愿意将完整的先进技术与我方企业、高校、科研机构共同分享，很多合作项目是由合作外方单方提出的，我方主体在项目合作中多是被动参与。由于重庆市整体科研实力水平不高，我方参与主体在科技合作项目的选择上缺乏主动性，具有一定的受限性。

（3）国际科技合作计划缺乏体系性

如果说以国际科技合作促进重庆市自主创新能力的提升是一个有关方向性、系统性、全局性的战略问题，那么这个战略的顺利运行，则需要更多支持机制。推进科技事业的开放式发展是重庆市科技工作的重点，需要通过国际科技合作促进自主创新能力的提升，使其与自主创新相互配合和促进。

在重庆市的相关政策中，关于以国际科技合作促进自主创新，并没有已成体系的政策法规予以规范和指引。由于缺乏成熟和成型的发展方式及评判规则，国际科技合作活动中出现的一些问题与现象无法得到准确的评判和合理的处置，这就加大了以国际科技合作促进科技对外开放的成本。涉及以国际科技合作促进自主创新的政策，更多的是给予宏观指引，而具体如何实施、如何推进、如何考核、如何评价、如何改进等，则缺乏系统的、具体的行为规范和操作流程。某些战略性领域，由于政策的不配套，国外的先进技术难以引进到重庆。又如国际科技合作中，成果归属、转让、实施、收益都集中体现为知识产权问题，必须增强知识产权的保护意识，而重庆目前没有前瞻性地就此进行政策设计和制度安排。这些现实存在的约束无疑加大了国际科技合作的成本，对先进技术在重庆的引进、吸收、消化、创新与应用发展形成了阻碍。

（4）科技发展的学科局限性较大

长期以来，重庆是“工业+农业”的典型城乡二元化结构，科学技术发展更多集中在工业类科学技术上，又主要集中于汽车、摩托车、建筑、传统电子产品制造等领域，而其他学科领域的前沿理论与应用发展速度则相对较为滞后，如在人工智能、机器人、精准医疗、航空航天、生物技术、先进制造等领域的国际性交流合作，还没有在重庆市科学技术发展中起到足够的推动作用。和发达地区城市——广州相比，广州在国际合作中涉及生物、医药、工艺处理等的项目共计 85 项，而目前重庆合作的领域及项目数量存在着显著的差距。

（5）前瞻性国际科技合作准备不足

在国家做出“一带一路”战略部署之后，许多省市陆续出台了支持有条件的科技型企业在“一带一路”沿线国家建立或共建研发机构、科技产业园区、科技企业孵化器和先进适用技术示范与推广基地的举措，以抓住这难得的历史契机加快本地区的开放发展。例如，处于东部沿海的山东省就制定了专项政策以支持骨干企业借助科技会展平台参与合作，在边疆地区布局建设科技园区或产业基地，面向中亚、阿拉伯、东盟和欧盟国家开展以农业、制造业为主的技术与投资贸易合作，实现优势产业“走出去”。

与之相对应，重庆市在聚焦经济社会发展的重大科技需求，未雨绸缪地构建与“一带一路”沿线国家开展科技合作的新机制，在国家互联互通交流机制和双边、多边科技合作协定框架下，着力与沿线国家的政府部门、科研机构、著名大学和企业开展高层次、多形式、宽领域的科技合作的具体举措方面，还没有形成一个完整的体系。企业在国际科技合作中的主体地位不够突出，对市内企业开展国际科技合作搭台唱戏的前瞻性政策的支持还不够完善。

7.3.3 国际科技合作成果转化方面

（1）国际科技合作成果转化率普遍较低

科技成果的转化是一项系统工程。从对重庆各大学、科研院所和企业的调研结果来看，其开展国际科技创新合作的科技成果转化率在20%以下的占总数的2/3，远远低于发达国家80%的成果转化率，这表明重庆市开展国际化合作的主体对科技成果的有效转化存在严重不足，具体表现在以下几个层面：

第一，企业没有成为国际科技合作创新的最积极的主体，而高校相当多的科研项目与实际的市场需求联系不够紧密，从而导致科研成果与生产企业的需求脱节。

第二，科研单位的商业开发能力往往较弱，而企业又不愿承担独立开发的风险，在科技成果与现实生产力之间，缺乏中间环节的投入，中试车间、中试基地没有形成配套体系，难以发挥科技成果转化过程中的中介作用。

第三，推动科技成果转移转化需要着力打通那些不顺畅的环节。在现实层面，由于对国际科技合作的监督与规范程度不够，相关的技术市场的法律、法规尚不健全，在科技成果转化率的检测、评估、奖励机制方面还没有形成比较完善的运作体系。

为此，需要加快发展技术交易市场，完善科技成果转移转化组织体系，创建一批功能完备的新型孵化载体，有效连接技术转移服务机构、投融资机构、高校、科研院所和企业，让合作科研成果更顺畅地转化为生产力。

（2）产学研的结合度与持续性不够

当今世界正处在大发展大变革大调整时期，经济科技全球化的深度和广度不断拓展，引发了世界范围内经济、社会和产业格局的深层次变革。只有通过引导和鼓励高校、科研机构和企业通过产学研合作的方式开展高层次的国际科技合作，建立长期稳定的合作关系，提高自身的国际化水平，高度重视国际科技合作对科技发展和地方经济社会发展的推动作用，不断营造良好的合作环境，开辟更广阔的合作空间，搭建不同层次的合作平台，才能加快实现重庆对国外先进技术的消化吸收再创新，加强合作成果转化和产业化示范工作，提升重庆造产品的技术含量，并把高技术含量的重庆造产品推向世界市场。

从客观上看，重庆在产学研用相结合的国际科技合作中还存在着以下突出问题：自主创新基础薄弱，具备科技创新能力的科研人员不足，院长、长江学者、国家级有突出贡献中青年专家拥有量在全国省市中处于中下游水平，核心技术少、标志性成果少，专利申请量还不多，申请专利量与经济发达地区还存在着较大差距，科技投入虽然在增加，但是强度和规模不大；市场机制导向有待完善，缺乏以市场为导向的科技项目选择；本地企业创新动力不足、激励机制不完善、产学研的协调机制不完善等一系列问题都导致重庆的产学研无法紧密联系在一起。

（3）自主创新与技术进步能力不强

重庆自被设立为直辖市以来，虽然在国际科技合作与自主创新环境建设方面取得了显著的成就，但在自主创新与技术进步方面仍然存在着很大的不足，突出体现在以下几个方面：

首先，自主创新能力欠缺，关键核心技术受制于人，领先全国全球的专利技术乏善可陈，总体上重庆制造仍处于全球价值链的中低端。

其次，品牌质量水平还不够高，缺乏国际上有影响力、大型的跨国公司和品牌企业。大型国企重钢经营步履维艰，长安以及力帆的自主汽车品牌推广任重道远，诸多摩托车企业已风光不再。

最后，产业结构还不尽合理，各地在产业布局上存在同质化竞争，产业层次和核心竞争力亟待提高。如美心集团的房地产开发胜于门业的影响；在“互联网+”的时代背景下，人工智能应用风起云涌，然而在重庆有全国影响力的互联网企业屈指可数。

一些科研院所由于长期和经济与市场脱节，其自主创新能力也不容乐观，而且较少能够提出“比较长期的、比较大规模的、有科学创意的项目”，导致有重大国际科技合作项目基金也无法发挥应有的作用。很显然，参与主体自身科技能力不强已经严重制约重庆的科技发展。

7.3.4 专业人才相对欠缺

（1）高层次人才队伍的规模急需扩大

重庆作为一个既不靠海又不沿边的内陆城市，要实现国际科技合作与自主创新战略部署，需要整合、凝聚资金、技术、人才、管理等各方面要素，其中人才是最为活跃的因素，是能够吸引资金、掌握技术和进行管理的核心力量，人才尤其是急需的高层次人才直接决定着其他一切要素作用的发挥。然而，重庆市高层次人才的现状分析显示，其高层次人才队伍规模不仅同全国其他三大直辖市相比没有优势，而且与同属西部的四川、陕西等省份相比也不具有优势。高层次人才队伍规模的问题将会影响重庆市各个行业和领域的发展，影响重庆市作为引领西部地区发展的重要“增长极”使命的实现，也与重庆直辖市的地位不相符。

（2）R&D 人员投入的强度偏低

研究与开发活动的主体数量，不仅包括企业从事研究与开发的人员，也包括研究开发机构、普通高校等，因为创新主体的数量直接影响研发人才队伍的发展与壮大，如果创新主体数量偏少，就会成为制约人才的瓶颈。截至 2015 年底，重庆市拥有 R&D 人员全时当量 61520 人年，占全国 R&D 人员全时当量的 1.63%，在西部 12 个省区中排名第三，在全国 31 个省区中排名第 20 位，处在全国中等偏下水平，与东部其他省市相比，差距较大。另外，在发达国家，平均一个人每年的研发投入是 10 万元，而重庆市只有 2 万元左右，虽然这两年有所增长，但仍远远低于世界平均水平。重庆市对人才的投入总体偏少，人才开发、经费投入的强度不够。

（3）人才队伍的结构有待优化

基于重庆市的科研创新发展战略和规划，通过对全市研发人才队伍的结构进行分析我们发现，当前从事研发的高层次人才队伍的结构还存在种种问题，主要表现在以下几个方面：

第一，从高层次人才队伍的年龄结构来看，整体上呈现出年轻化的趋势，但根植本土、促进生产力发展的成果较为缺乏。

第二，从高层次人才队伍的专业结构来看，学科发展得不均衡，服务于重庆经济社会发展的战略新兴产业领域的创新型人才偏少。

第三，从高层次人才队伍的地域结构来看，外地高层次人才的比例较低，本地高层次人才的比例过高，不利于不同地域的优势整合。

第四，从高层次人才队伍的行业结构来看，重庆市现有高层次人才过度集中在高等院校，其他产业和行业的高层次人才数量相当有限。

当前重庆市的支柱产业是汽车摩托车、石油天然气化工、装备制造、材料和电子信息等，这些领域中集聚的高层次人才比较短缺。这方面和发达地区的差距十分明显。以深圳为例，深圳南山区内 90% 以上的研发机构、研发人员、研发资金与职务发明专利都来源于企业，政府的主要职责是服务好企业，在坚持市场配置资源的同时，充分发挥其应有的作用。而重庆市高校占据了较多的科研资源，大部分职务发明专利只是为了所在单位考核使用，无法转化为现实的生产力。因此，重庆市高层次人才队伍的结构需要进一步优化，使引进和培养的高层次人才能够及时、直接地服务于各个产业的发展。

（4）高层次创新人才仍然缺乏

总体来看，重庆市高层次创新人才的规模、能力与结构仍不适应科技创新事业快速发展的需要，尤其缺乏高新技术产业的领军帅才，真正做出原始性创新成果的知名科学家较少，能够跻身世界科学前沿参与国际竞争的尖端人才更为缺乏，同时高层次人才老化，本土培养的后备力量不足。

重庆市虽然有150万名科技工作者分布在农业、医药卫生、环境保护、交通城建、电子信息、新材料、汽车摩托车、装备制造、能源资源、人口与健康、综合化工、消费品制造、科技服务等领域，但全市研发人员仅有10万人左右；从横向进行比较，与其他直辖市以及同处西部的四川省、陕西省相比，重庆市研发人员的数量远低于其他直辖市，也明显少于四川省和陕西省；此外，两院院士数量（目前，在渝两院院士仅有13名，其中，中国科学院院士3名，中国工程院院士10名）、国家“百万人才工程”入选者、获“国家有突出贡献”称号的中青年专家数，也远少于北京、上海、天津，以及四川和陕西等地。

7.4 机遇

7.4.1 经济发展新常态下更加重视科技创新

当前，我国经济发展已经向形态更高级、分工更复杂、结构更合理的阶段演化。新常态开拓了通往新繁荣的科学之路，创造了新的战略机遇，提供了新飞跃的要素、条件、方法和环境。新的战略方针，突出体现为以提高经济发展质量和效益为中心的价值取向。从重庆的现实情况看，在经济社会快速发展的同时，也存在着诸多不均衡的现象，如社会发展相对滞后，人口、资源不够协调，城乡之间、区域之间发展不平衡，特别是卫生与健康、生态与环境、公共安全等方面的问题比较突出。这就要求重庆在发展模式方面要实现从“重物轻人”到“以人为本”的转变，实现人与自然的和谐共处，以及区域和城乡的协调发展。

要实现发展模式的根本转变，关键的是要依靠科学技术，使自主创新成为经济社会发展模式转变的新动力。只有迅速提升科学技术的整体实力和自主创新能力，打破资源和环境等方面的瓶颈制约，努力扩展新的发展领域和空间，才能使重庆走上自主创新主导、资源消耗低、环境污染少、充分发挥本地资源优势的全新发展道路。因此，国际科技合作作为自主创新系统建设的重要路径，国家经济发展新常态下发展新战略的实施，必然为重庆自主创新提供全新的机遇。

7.4.2 “一带一路”及长江经济带战略提升了开放度

重庆是“西部大开发”战略的中心区域，连接着长江上游周边诸省市，是“西部大开发”战略共同发展整体的重要支撑点。国家实施“西部大开发”政策以来，水路、航空、铁路已组成了纵横交叉的重庆运输网络，以保税港区作为一个枢纽，把整个重庆在西部地区编织成交通大网络、大动脉，在这个基础上，重庆正被建设成为西部地区的物流中心、运输中心。由此，重庆从一个基础设施落后、交通不畅的城市变成了长江上游最重要的交通枢纽。

此外，重庆的经济结构也得到了显著的调整和优化，教育卫生、城市面貌、公共服务等都得到了极大的改善。客观上看，在经济新常态的形势下，着眼于长远塑造发展新优势，加快推动经济结构调整和产业转型升级，科技创新正成为发展的最显要的驱动力。由此，重庆市国际科技合作与自主创新面临着难得的历史机遇，无论是“走出去”还是“引进来”的国际科技合作，都有着以往所不可想象的便利条件，必将有利于重庆市加快吸收和运用先进的科学技术，促进知识成果的持续创新与广泛应用。

随着国家“一带一路”及长江经济带战略的深入实施，重庆市在对外开放上又面临着新的历史契机，有利于推动重庆国际科技合作事业的发展，对自主创新也具有深远意义。依托两江新区建设的内陆首个自由贸易园区，与上海自由贸易试验区形成了东西呼应的格局，大大提升了长江经济带的开放度，更好地促进了西部内陆地区的开放型发展。

重庆已具备现代互联互通的区位和交通、通讯、产业、人才基础，以及科研创新平台基础，正逐步成为丝绸之路经济带的重要战略支点、海上丝绸之路的产业腹地、长江经济带的西部枢纽，具备了加快国际科技合作发展步伐的较好条件。另外，国务院已经赋予重庆两江新区内陆开放地区重要门户的功能定位，重庆在努力建设自贸区的同时，应大力推进内陆开放，通过借鉴发达地区和城市的国际科技合作经验，建设与国际接轨的一流发展环境和创新环境，大力促进国际科技合作便利化、合作成果转移快捷，从而构建开放型的自主创新发展体系，以此加快自主创新能力的提升进程。

7.4.3 新一轮国内外产业转移促进国际交流

近十多年来，在全球性的国际产业转移中，发达国家将制造业的转移重心转向了东半球（见表 7-6），东亚已成为制造业转移的最大受益者。我国凭借在市场、成本、后发潜力等方面的优势，已成为吸纳国际产业转移最多的发展中国家。在国家大力促进西部经济发展的政策下，沿海产业加快了向中西部转移的步伐。

表 7-6 20 世纪 50 年代以来的国际产业转移

次数	起讫国家或地区	转移时间	主要产业	转移方式
第一次	美国、欧洲、日本、韩国	20 世纪五六十年代	纺织、钢铁、石化	资本承载
第二次	美国、日本、东盟、拉美	20 世纪七八十年代	电子、IT 制造	资本、技术承载
第三次	欧盟、日本、韩国、中国、印度	1990 年至今	电子、IT 服务业	技术、资本承载

当前，中西部地区各省（区、市）都打响了承接产业转移的争夺战，比环境、抢客源、争项目，态势逼人。重庆在承接产业转移上取得了显著成效，引进了过半的世界500强企业入驻。重庆找准产业承接点，主动出击，利用区位优势承接现代物流业、总部经济、创业设计等产业转移；利用交通、土地、劳动力等综合成本优势承接纺织服装、机械加工等劳动密集型产业转移。在这过程中，必然涉及技术的交流、引进与消化创新。对重庆的国际科技合作来说，这是重大的发展机遇。

目前，我国工业基于技术引进、消化吸收、自主创新的产业发展路径，已具备产业国际输出能力。当前，我国正借鉴日本等发达国家的海外投资经验，力争在海外再造“一个中国”，加快向“一带一路”地区布局资本型和劳动密集型产业，将国内过剩产业项目转化为海外产业，从而将中国的产业触 角向全球延伸，进而帮助国内产业转型。由此，作为我国著名老工业基地的重庆，面临着以大通道、大通关、大平台培育大物流、大贸易、大市场，加快建成我国内陆地区重要的现代商贸物流枢纽的良好机遇，这对于重庆具有优势的汽车、IT等产业走向国际市场，有着重要的现实意义。

7.4.4 重庆经济的转型发展催生了大量国际合作项目

为了加快经济社会的发展，重庆先后实施了促进经济社会快速发展的若干重要战略部署。2010年，以稳增长与调结构为导向，做大做强“6+1”支柱产业（即电子信息、医药化工、冶金建材、绿色食品、机械制造、新能源和微生物农药产业），着力引进高新技术产业，积极改造传统产业，加快战略性新兴产业，打造一批有影响力的特色产业园和生态园区；2011年，开始打造“2+10”战略性新兴产业集群，即把新一代信息产业打造为重要支柱产业，做大做强高端装备制造、新能源汽车、节能环保三大优势产业，培育新材料、生物、新能源三大先导产业，最终形成“2+10”产业链集群；2012年，决定发展壮大服务业，加快建设长江上游金融、商贸物流中心；2014 年，通过“五大功能区域”的科学设计（都市功能核心区、都市功能拓展区、城市发展新区、渝东北生态涵养发展区、渝东南生态保护发展区，前三个构成“大都市区”，后两个构成“大生态区”。这五大功能区域实现差异化联动，追求一体化协调发展），统筹促进全市现代都市工业与农业的协调发展，完善城市功能，优化产业结构，提升现代都市形象，缩小城乡二元结构鸿沟，提升重庆整体的城市现代化水平。

在这些重要战略举措的实施过程中，一个共同的特点是需要科技的力量实现创新驱动。由此，催生了大量科研创新项目。开展国际科技活动需要立足重庆实际，充分考虑产业结构转型升级和“互联网+”行业对科技创新的要求。由此，对接市场与重庆经济社会发展需求，致力于以国际科技合作提升自主创新能力，是重庆在现实条件下必然的路径选择。

7.5 现实挑战

7.5.1 现实矛盾和突出问题

近几年来，面对全球经济持续调整、国内宏观经济下行、经济发展转入新常态的复杂局面，重庆着力培育经济增长新动能，保持了“稳中有进、稳中向好”的发展态势。

但客观上看，国内外环境依然复杂严峻，经济仍存在着下行压力，重庆市仍然存在着诸多新的矛盾和突出问题（见表 7-7），这严重影响着国际科技合作和自主创新能力的提升，主要表现为经济增长质量有待提升，新经济与战略性新兴产业发展不足；企业科技创新主体地位不突出，创新发展的内生动力不强，科技体制机制仍待深入；区域发展不平衡，科技转化为生产力的程度与强度不足；没有形成独具特色、影响深远的创新文化意识，这在一定程度上制约了创新的持续健康发展；技术创新环境有待优化，如何改善和强化政府规制、市场化程度、创新动力机制等的科学性、合理性与现实性，无疑需要积极的探索和尝试。

表 7-7　重庆经济社会发展所面临的现实矛盾和突出问题

矛盾和问题层面	主要特征
经济增长质量	经济发展水平和质量不高，产业结构不优，自主创新能力不强，现代服务业和战略性新兴产业发展不足，缺乏具有国际引领性的“重庆造”创新型产品
科技发展改革	改革进入纵深推进的关键期，建立促进科学技术事业快速发展的体制机制任重道远，在如何营造有利于科技创新和成果转化的政策和市场环境、加快创新型城市建设方面，面临着一系列的深层次改革问题
区域发展平衡	重庆作为全球最大的城市（全市面积达 8.24 万平方公里，面积为北京、天津、上海三市总面积的 2.39 倍，是世界上总面积最大的城市），城乡之间、区县之间发展较不平衡，二元结构矛盾突出，革命老区、民族地区、贫困地区、三峡库区发展困难较多，如何发挥“科技是第一生产力”功能，使整个重庆市范围内各地区各行业各领域得到全面均衡的发展，无疑是一个亟待解决的战略课题
创新文化意识	重庆目前还比较缺乏具有全球影响力的科学技术专家，特别是与上海、深圳等城市相比，整体上缺乏一种鼓励创新、容忍失败、倡导价值、崇尚理想、追求长远的文化氛围
技术创新环境	随着对外开放区域竞争的加剧，重庆国际科技合作与自主创新发展环境需要进一步优化，在新的历史时期，创新驱动要求科技和经济紧密地结合，科技和经济的结合过程也是一个创新再造的过程，不仅包括研究开发的创新，也包括产品的设计创新、制造创新、管理创新，以及市场模式创新、市场开拓创新等，但目前仍缺乏有效的支撑创新驱动发展的完善的市场环境

7.5.2　跨地区的产业发展竞争日益激烈

重庆市重点打造和发展的战略新兴产业领域，面临着其他省（区、市）的直接挑战。同处西部的陕西和四川等地都提出了建设创新中心城市的目标，以期在地区经济社会发展中取得开创性成就。

据相关省（区、市）“十三五”发展规划思路，陕西省致力于率先建成创新型省份，努力打造关中区域创新示范带；四川省则是系统推进国家全面创新改革试验区建设，特别是欲集中全省资源于省会成都，使其得到优先发展，以科技创新和扩大开放为驱动，加快把成都建设成为一流水平的现代化、国际化大都市，将德阳、绵阳、乐山等本来相对独立的四川地级市也划入成都的系统性、整体性、协同性改革的先行先试范畴，不断持续扩大成都城市圈的影响范围（2010年，借助于四川史上最大规模的航电开发项目——岷江航电开发工程的开工建设，乐山港转变为“成都港”，终结了成都“无港口”的历史；2016年5月，正式将原属资阳市代管的简阳市并入成都，以建设成都市全力打造的“天府新区国际旅游文化功能区”以及“成都天府国际机场”）。

当然，其他国内各省（区、市）也都出台了强有力的措施（见表7-8），以加快该地区的国际科技合作事业发展，促进自主创新能力的提升。如果重庆不抓紧机会，就会在竞争中被赶超甚至落伍。

表7-8 部分省（市）国际科技合作的战略举措

地区	主要举措
北京	（1）以全球视野谋划和推动创新，不断拓展国际科技合作的广度和深度，为建设全国科技创新中心奠定国际化高度 （2）通过中国（北京）跨国技术转移大会等会议平台，汇聚全球创新资源 （3）通过建设5个跨境合作平台布局国际科技合作（亚欧科技创新合作中心，中意技术转移中心，中韩企业合作创新中心，北京—特拉维夫创新合作中心，北京—安大略科技创新合作中心） （4）服务创新主体，创造条件引导当地企业参与国际化创新 （5）把握“一带一路”战略重大历史机遇，多层面推进与“一带一路”沿线国家及重点区域的合作 （6）加快把北京建设成为全国科技创新中心，继续创新国际科技合作方式，聚集优质全球创新资源，加强北京全球技术转移枢纽地位，推动北京的技术加速向全国辐射，共同实现创新驱动发展
天津	（1）出台《科技小巨人“走出去”战略实施方案》，将大力发展科技小巨人企业、科技领军企业和优势产业中的龙头企业，加快“走出去”融入全球创新网络的步伐，使天津成为全国科技企业“走出去”领航区和国际高端研发资源集聚地 （2）培育“一带一路”国际科技合作示范项目，支持科技企业在“一带一路”沿线国家设立研发中心、技术推广中心、国际技术转移中心、国际企业孵化器、科技园区等 （3）支持科技企业通过收购、兼并或直接投资等方式在海外设立研发机构，直接利用境外高端人才、科研条件和创新环境等开展研发活动

续表

地区	主要举措
天津	(4) 启动建设天津市科技成果转化交易市场，聚集科技转移机构、搭建科技金融服务平台、培育技术经纪人队伍，为本市科技企业开展海外创新投资与合作，提供技术转移全过程服务 (5) 设立“一带一路”国际合作示范项目补助资金，对带动该市相关产业、技术、产品或标准输出等方面具有引领和示范作用的合作项目给予财政资金支持
江苏	(1) 突出重点国别，加强工作集成，持续深入开展与俄罗斯等独联体国家的科技合作 (2) 加强国际科技合作基地、国际技术转移服务平台、国际技术孵化平台、联合研发中心等国际科技合作载体建设，推动国际合作长效发展 (3) 强化省市联动，发挥各地优势，组织各具特色的大型对外科技合作与交流活动，形成了省牵头部署、各地市积极响应的良好局面 (4) 推动重点院校的国际科技合作项目
浙江	(1) 围绕产业发展的重大需求，组织开展国际科技合作项目 (2) 围绕技术创新和技术转移，引进海外科技资源共建创新载体 (3) 在继续保持和发展传统合作伙伴关系的同时，更加注重与欧美发达国家的科技合作 (4) 继续推动科技计划围绕本省经济社会发展需求加强综合集成的同时，更加注重推进政府科技计划的开放和改革
山东	(1) 构建与“一带一路”沿线国家开展科技合作的新机制，加强与重点国别在重点领域的科技合作，筹划开展面向“丝绸之路经济带”沿线国家科技人员的技术交流 (2) 主动参与政府间合作框架下的国际科技合作，参与并主导国际大科学工程 (3) 发挥国际科技合作提升区域创新能力的重要作用，“引进来”突破重大关键技术瓶颈，突出国家国际创新园的技术集成示范效应，加强国际科技合作基地建设，打造国际科技合作品牌 (4) 优化国际科技合作政策环境，加强国际科技合作工作的统筹协调，增强对国际科技合作项目的支持，加强国际科技合作信息服务，加强对国际科技合作的知识产权运用与保护
辽宁	(1) 围绕辽宁经济社会发展需求，精心谋划科技创新顶层设计，深入推进国际科技合作体制改革 (2) 围绕全省产业需求，加强科技成果的有机整合与系统集成，鼓励和支持企业与国外大学、研发机构和高技术企业开展交流合作，加大对科研人员的奖励和激励力度，改革人才考核评价制度 (3) 加快构建自主创新体系。组建共性、专业、综合服务三类平台 90 个，完成在传统优势产业和战略性新兴产业的平台布局 (4) 加快实现从要素驱动向创新驱动的动力转换，进一步创新资源配置决策机制，使科技资源在一个平台上优化，解决“孤岛”现象和“小而散”的问题，围绕供给侧结构性改革要求，提高科技供给的质量、效率和效益

续表

地区	主要举措
四川	（1）重点围绕电子信息等重点产业、重大装备等优势产业的技术需求，通过国际科技合作研究计划、国际科技合作成果转化专项等，重点支持产学研机构开展高新技术合作研究，引进带动高端科技人才 （2）支持鼓励本地企业建立联合研究中心、引进海外核心科研团队，实现消化吸收和再创新 （3）支持国外企业在川建立高水平的研究开发机构，发挥研发“溢出”效应，带动本地相关产业和技术的提升 （4）以国家级、省级高新区为产业转移载体，促成一批重大国际技术转移项目落地转化 （5）加快建设国际科技合作基地，实现“项目—基地—人才”相结合，促进国际科技合作成果的辐射、带动和共享
陕西	（1）以全球视野谋划和推动创新，有效对接和利用全球科技创新资源，加强科技开放合作，充分发挥国际科技合作基地的引领和示范作用，推动高新技术企业、科研机构、技术转移机构和高新技术产业园区的国际化 （2）与多个国家开展合作且与外方机构建立长期稳定的合作机制，开展合作研发、联合培养人才、交流互访、技术转移等多种形式的合作，以此来建设陕西省国际科技合作基地（包括国际联合研究中心、国际技术转移中心、海外科技合作示范园（基地）、示范型国际科技合作基地四种类型） （3）以科技领军人才或高层次技术专家为核心，以团队协作为基础，以高水平创新平台为依托，以攻克陕西经济社会发展的重大科技问题为目标，不断优化科技创新团队的行业布局、学科布局和空间布局，涵盖电子信息、装备制造、新材料、节能与环保、生物技术与新医药、现代农业等多个领域

7.5.3 “三基”发展水平制约科技合作

装备制造业是各行业产业升级和技术进步的保障性产业，也是现代化发展的重要标志性行业。装备制造业关联度高、吸纳就业能力强，属于技术资金密集型产业，对国家经济社会发展、国防安全有着重要的作用，是一个国家和地区综合实力的集中体现。

基础零部件、基础工艺及基础材料（简称“三基”）是制造业赖以生存和发展的基础，其水平直接决定着重大装备的性能、质量和可靠性。客观上看，作为重庆市支柱产业的装备制造业，其发展仍然存在核心技术受制于人等深层次的矛盾；特别是高端装备的迅猛发展与配套的“三基”产品供应不足的矛盾，已成为制约科技合作与科研成果转化的瓶颈。虽然装备制造业产值在重庆市工业经济中位列第一，但是一方面，与广东、上海等装备制造业大省市相比，仍存在总量小、成套能力差、基础产业薄弱、关键零部件配套能力弱、总承包和技术创新能力欠缺等问题；另一方面，重庆市高端材料与零部件自给率不高，制造产业增长过度依赖加工制造及单机制造的增长，仍然没有突破“产值第一，利润在外”的约束。产业资源利用率低，基础理论研究不足，核心共性技术积累不足，核心工艺储备不足，都对通过国际科技合作来提升自主创新能力构成了巨大的挑战。

8　重庆国际科技合作与自主创新战略构建

在经济全球化的互联网经济时代，我国各省（区、市）都把国际科技合作作为利用世界先进科技成果、加快实现自主创新、推动经济社会发展的有效路径。把握世界科技发展趋势，在认清重庆国际科技合作与自主创新的现状与面临的竞争形势的基础上，加强国际科技合作的战略研究，找准促进重庆自主创新、提升城市综合竞争力、开展以我为主的国际科技合作的路径和范式，需要科学的战略支撑。

8.1　遵循的思路和基本原则

8.1.1　科技合作与创新发展思路

全面贯彻“自主创新，重点跨越，支撑发展，引领未来”的科技工作方针，深入落实重庆市规划发展纲要的重点任务与要求，坚持在开放环境下推动重庆市创新能力建设、有效利用全球科技资源的战略部署，按照平等合作、互利共赢、共同发展的合作原则，在开放中创新，在合作中共赢，充分发挥国际科技合作对重庆市科技事业发展的推动和自主创新能力的提升作用，不断扩大重庆市科技对外影响，在拓展合作领域、创新合作方式和提高合作成效三个方面取得新突破，为经济社会发展和对外开放大局做出积极贡献。

找准国际科技合作的着力点和突破点，深化科技对外开放，推动重庆科技走国际化发展道路；改善国际科技合作环境，营造良好的国际合作氛围；深化合作内容，瞄准经济科技发展战略制高点；创新合作方式，通过“政产学研用”结合提高合作成效；建设国际化人才队伍，充分利用海外科技人才加快提升自主创新能力；完善重庆“政产学研用”一体化的创新协同机制，加强国际科技合作的统筹协调。充分利用国际科技资源，引进与输出并举，全方位地开展多种形式的对外科技合作与交流，解决制约重庆市科技、经济和社会发展的关键技术瓶颈，推动重庆科技活动与国际接轨，增强重庆科技创新能力，培养国际科技合作人才。

8.1.2 一般原则

国际科技合作与自主创新需要一定的环境条件和支撑体系，从世界各国各地区的发展经验来看，开展国际科技合作需要遵循一些普遍的原则和活动规律。对重庆来讲，自然也不例外。本书将这些具有共性的原则归纳总结为国际科技合作与自主创新战略构建的一般原则，主要包括以下几点：

（1）因地制宜、因势利导

为促进重庆市国际科技与自主创新的成长与发展，必须根据重庆市经济的综合实力、技术的研究开发能力、高技术的转化和吸收能力、社会支撑体系的完善程度等制定与之适应的发展原则。

因此，构建国际科技合作与自主创新成长战略，应当“因地制宜，因势利导”，根据重庆市实际状况，制定发展计划、产业决策和协调方式，指导国际科技合作的发展。与此相适应，各地区、各部门、各单位也应从自己的实际情况出发，制定相应的发展计划和政策原则。当然，地区性、行业性计划和政策必须服从重庆市的总体规划和总体要求。

（2）统筹规划、稳步推进

国际科技合作与自主创新的发展是一个逐步、渐进提高的过程。韩国的半导体产业、汽车产业从 20 世纪 60 年代末起步，通过模仿创新不断取得技术进步，发展到今天具有较大的世界影响力，用了 30 多年的时间。我国的电子信息产业从起步到成长，发展到今天全球第二的地位，也是用了 30 多年的时间。

这种滚动累积、渐进发展的经验有可取之处，从规模上讲，由小到大，从短平快的中小项目做起，再做有规模的大项目，进而发展成为大企业集团，从而以点带面地壮大整个产业；由简到繁，先开展易于突破的简单项目，再开展复杂动态的综合项目；由低到高，先从高技术中的低层次搞起，再逐步向高层次的核心技术跳跃。这样做，无论是政府还是企业等利益相关方，都不会因为突击冒进、急功近利而违背科学规律，并且能够避免失误，少走弯路。

（3）发展为本、注重实效

重庆国际科技合作要实现提升自主创新能力的预期目标，可选择以下路径：

其一，紧紧围绕产业升级改造和经济转型发展的需求，在加快科技成果转化的同时，用先进的技术手段和独特的工艺方法对传统产业的低价值产品和劳动密集型产品进行结构性、技巧性改进提高。

其二，集中突破智能制造支撑软件的核心技术，基于设计、工艺、仿真、控制类工业软件对国外依赖度高的现实，重庆市以云计算、大数据、移动互联网、物联网、人工智能为代表的新一代信息技术的整体产业实力不强的现状，加大政策引导和支持，重视国际科技合作的实效而非“数字指标”的短期华丽，真正做到以国际科技合作推动制造业智能化转型，促进自主创新能力的跃迁。

8.1.3 具体路向

重庆市正处于由工业主导型经济转向服务业主导型经济，由传统产业主导型经济转向创新主导型经济，由投资主导型经济转向消费主导型经济的关键历史期。由此，需要进一步强化创新供给，坚持国际科技合作面向经济社会发展的导向，使国际科技创新成果更多地向经济社会转移扩散。为此，需要坚持以下具体路向：

（1）依托国家重大科研项目开展国际科技合作

国际科技合作与自主创新对重庆市的国际合作、科研发展起到了重要的作用。从重庆市多年的执行情况来看，主要经历了从一般交流、一般合作到重点合作几个阶段，现在重庆市越来越多的研究所和科学家希望把国际合作提高到一个更高的层次和水平。

随着重庆市经济和科技的快速发展，许多国外的科研机构和科技人员也希望与重庆市开展更深层次的合作。重庆市应审时度势，明确政策导向，支持重点研究所、重点实验室、重点项目和具有原始创新能力的科学家开展重点国际合作。

（2）以提高科技创新水平和创新能力为主旨

从重庆国际科技合作与自主创新的实现基础和发展趋势来看，应将“坚持以提高重庆市科技创新水平和创新能力为宗旨，‘以我为主、平等互利、优势互补’地开展国际合作”作为国际科技合作与自主创新的基本原则，并长期坚持。

（3）根据各国不同的特点制定相应的政策

把握国家实施“一带一路”战略的历史契机，重庆市要加快国际科技合作与自主创新，应当在以科技发达国家和地区为重点进行合作与交流的同时，注重与周边和发展中国家的交流与合作。加强同美国、欧盟、日本、韩国等科技发达国家及地区的科技合作，结合重庆市的重大科研项目，积极主动地开展双边合作。同时，定期派出重庆市高水平科学家到发达国家一流研究机构或大学开拓思路，争取在基础科学领域与发达国家的研究所和大学共建联合研究机构。

（4）高度重视创新国际科技人才的培养

加强与发达国家和地区的合作与交流，在现有合作的基础上，推动重庆市研究机构与德国马普学会、法国科研中心、日本理化所、俄罗斯科学院等国际著名科研机构建立战略伙伴关系，在重庆市建立若干国际研究基地、交叉学科中心、联合实验室和青年科学家小组，为重庆市开展科学研究创建良好的国际合作平台和环境。有计划、有目的地吸引外国著名专家来渝工作或进行交流，继续发挥国际合作培养创新人才的作用，为重庆市培养大批国际型创新人才。

8.2 战略目标

8.2.1 总体目标

国际科技合作是发展新兴产业经济的重要条件，是实现工业现代化的重要标志，因此，应当在发展方向、项目选择、创汇效益以及物化利用等方面更具先进性和独创性。这是确定国际科技合作成长战略目标最基本的要求，它不仅决定着未来国际科技合作与自主创新的战略地位，而且决定着重庆经济的最终效益。因此，在总体目标的选择上，应把握好以下几个方面：

（1）国际化水平显著提高

加强重庆市高校、科研机构与国外科研机构的合作交流，提高高校、科研机构的国际化程度；推进国际产学研合作，鼓励跨国公司来重庆搭建创新合作平台和设立研发机构，吸引和培养一批具有世界先进水平的国际研发中心；支持重庆企业到国外进行研发投资，提高企业研发的国际化程度；逐步提升重庆市在重点领域国际科技组织中的话语权，提升重庆市参与重要国际标准制定的能力，推动重庆市科技更加全面地融入全球化进程。

（2）合作内容不断深化

紧密围绕培育和发展战略性新兴产业、国家科技重大专项、国家技术创新工程等国家重点科技任务，瞄准前沿技术、关键技术和有利于提升科技核心竞争力的战略技术制高点，在能源资源开发利用、新材料与先进制造、信息网络、现代农业、生物与健康、生态环境保护、空间等重点领域，有效发挥国际科技合作在解决关键技术瓶颈、填补国内空白、缩小差距、实现跨越式发展等任务中的重要作用；在参与气候变化、重大疾病、公共安全等全球性重大科技问题的联合攻关上取得明显进展。

（3）合作形式不断创新

在现有政府间合作、项目合作的基础上，推广中美清洁能源联合研究中心、中俄科技优先发展领域重点合作、中意联合设计中心、中以产业技术合作等成功经验，进一步加强“政产学研用”结合及“项目—人才—基地”结合，不断探索合作新模式，增强我国统筹国际国内科技资源的能力。以现有国际科技合作基地为基础，建立一批国际技术转移中心，新建一批联合研发中心和国际创新园，搭建不同层次不同形式的国际科技合作平台。

（4）人才建设取得突破

通过不断拓展国际科技合作渠道，及时跟踪了解国外一流科学家的科研动向，完善科研人员交换互访机制，在若干关键技术领域引进一批领军人才和创新团队，加强年轻人才的储备和培养；重点依托国际创新园、国际联合研发中心和国际技术转移中心等国际科技合作基地，吸引国外高水平科技和管理人才来重庆长期工作，培养高层次创新型人才和创新团队。

（5）合作环境明显改善

与世界主要国家建立长期的创新战略合作伙伴关系，促进双边、多边政府间科技合作向更高层次发展；广泛参与重点区域科技合作，对外科技援助显著加强；积极参与联合国系统、国际与区域组织的多边科技合作，努力营造平等合作、互利共赢、共同发展的良好氛围。各部门和地方围绕建设创新型城市的战略目标开展国际科技合作的意识和能力进一步得到增强。

（6）协调机制逐步完善

国家科技发展的国际化战略进一步得以明确，与各领域科技规划及其他专项规划的结合更加紧密，国家科技计划的对外开放工作得到有序推动。国际科技合作部际协调机制进一步完善，全国国际科技合作资源的统筹协调明显加强，不断完善国家、部门与地方之间相互协调、互为补充的国际科技合作管理体系。

8.2.2 具体目标

（1）国际化目标

国际科技合作的水平及其转化成果一般具有时空性领先优势，代表着一定的国际水准。从这个意义上说，国际科技合作战略目标应首先放在国际化上，尽可能地将技术成果及其最终产品向世界范围扩散。

其一，要注重利用高技术优势，大力发展国际化企业集团，国际科技合作既是专利性的，又是社会性的。

其二，要注重抓住国际机遇，将更多的技术成果销往海外。高技术产品的国际机遇比较多，发展前景广阔，必须强化国际竞争意识。

因此，国际科技合作与自主创新战略目标之一，就是在现有基础上发展国际科技合作，把更多的技术产品打入国际市场，以利于提高外向型经济水准。

（2）自主创新目标

在科技创新能力决定国家战略利益的今天，自主创新反映了一个国家自强自立的政治意志，是科技发展的灵魂，也是民族振兴的必由之路。然而，长期以来，我国整体自主创新能力却相对薄弱，形势不容乐观，突出表现为高层次科技创新人才紧缺，核心技术受制于人，关键技术的自给率低，特别是具有战略意义的重大装备制造业，如航空设备、精密仪器、医疗设备、工程机械等高技术含量和高附加值产品，主要都是依赖进口。有关资料显示，我国生产技术对外依存度高达60%，其中光纤制造装备的100%、集成电路制造装备的85%、石油化工装备的60%、数控机床的70%、医疗装备的95%被国外产品占领。

可见，以自身的研究开发为基础，立足于自主创新，实现我国科技振兴与发展，已经迫在眉睫。提高自主创新能力是重庆国际科技合作的又一战略目标。重庆市应加快科技要素向企业集中，发挥企业在推进产业技术进步中的主导作用，重点建设企业技术中心、研发中心、中试基地等具有较强创新能力的国家和省级企业研发机构，突破制约产业发展的关键技术瓶颈，提高主要产品的科技含量和附加值，不断提升科技水平和产业层次。

（3）提高企业效益目标

国际科技合作是高度知识密集、技术密集型合作，其成果性能、可靠性会带来很高的附加值，同时由于风险较大，其产品价值必然包含风险价值，故产品价值大大高于常规产品总价值，必然创造高额利润。

然而，总体上看，重庆高技术产业呈现出投入不高、风险不大、利润也不高的非典型特征，形成了“R&D 投入水平低—技术创新能力不足—产品市场占有率低—低利润—R&D 投入水平低”的恶性循环。因此，国际科技合作战略目标是实现重庆市企业的高利润经营，利用科技成果提高企业的收益及其对各类产业的技术扩散作用，充分发挥科技成果对经济发展的促进作用。

8.3 发展战略

重庆市的国际科技合作与自主创新要结合重庆市自身的特点，同时也要综合考虑我国国际科技合作与自主创新的宏观格局。重庆国际科技合作与自主创新活动应该在重庆市需求的基础上创新思路，重点突破重庆国际科技合作的观念障碍、政策束缚和人才瓶颈。为此，重庆国际科技合作的发展战略不仅要立足于重庆国际科技合作与自主创新的指导思想、基本原则和总体目标，同时应该与重庆市经济和科技的发展战略相协调。

8.3.1 外部环境战略

8.3.1.1 积极推进政府职能转变

重庆国际科技合作能否积极应对机遇与挑战，关键在于政府职能能否转变，能否真正按市场经济的要求转变政府管理经济的方式。因此，政府必须按 WTO 规则要求，顺利实现职能转变和政府转型，由高度集权向适度分权转变，由行政命令向市场主导转变，由审批经济向监管服务转变。

一方面，通过改善交通、通讯等基础设施来营造企业创新的硬环境；另一方面，致力于营造一种适合创新主体发展的氛围和软环境。尤为重要的是，利用政府的调控作用，对高技术企业采取更加灵活宽松的财政、税收等政策，尤其要加强知识产权的保护，通过保护发明者和创新的发明收益而刺激研究开发资源的最优配置，进而有助于减少技术创新过程中技术方面的不确定性；开展信用建设，重在制定规则和提高政府掌握的信用记录的透明度，重在解决信用信息不对称问题，要保护个人的隐私和各类市场主体的商业秘密，更要实现信用信息的公开化，可以联合政府、金融及中介组织对企业开展信用等级评价，创建信用环境，探索建立担保体系、信用体系与融资体系，引导高技术企业加强开发建设，发挥信用经济对高技术企业的促进作用。

8.3.1.2 加强中介服务体系建设

加快建设和完善科技中介服务体系，对于促进重庆国际科技合作与自主创新的发展、加速政府职能的转化具有十分重要的意义。改革开放以来，重庆市的科技中介服务业在人员数量、组织结构、服务内容、中介手段和经营规模上得到了一定发展，但我们也必须看到，其在发展过程中还受到观念、体制、组织管理水平、法规政策、人才队伍、技术条件等方面因素的制约。因此，必须加快建设步伐，将建立和完善中介服务体系作为科技工作的一个重要任务来抓，将科技中介服务业作为知识经济的一个大产业来发展。

（1）提高认识，形成对科技中介服务体系建设重要性的共识

中介服务体系在促进科技成果转化中起着举足轻重的作用，是科技成果转化的催化剂。加快科技中介服务体系的建设，可以有效降低创新成本，化解创新风险，提高创新效率。同时，科技中介服务体系作为一个重要的社会支撑体系，还直接关系到重庆市国际科技合作的发展和市场化进程，关系到现代化建设的全局。因此，要多管齐下，提高社会公众、企

业、投资者对科技中介服务体系建设的认识深度和高度，形成良好的社会发展环境。

(2) 积极培养建立高水平、专业化的科技中介服务队伍

科技中介服务业作为新型的知识密集型服务行业，人力资源是其核心要素。要通过加强对重庆市现有科技中介服务机构从业人员的继续教育和培训，加快高校对科技中介服务专业人才的培养，以及实施灵活的人才流动政策，引导高素质人才流向科技中介服务业等多项措施，努力造就一支科学素质高、市场意识强、信息渠道宽、公关能力强、经营信誉好的科技中介服务人才队伍。

政府应加强技术市场设施建设和科技信息网络建设，通过扶持行业协会或一些条件较好的骨干中介组织建立数据库和科技中介服务机构网络服务平台，使各科技中介服务机构能够迅速沟通信息，实现资源共享。同时，争取与国际数据库市场接轨，积极鼓励各科技中介服务机构采用网络化和信息技术，进行现代化建设，开展网上咨询、远程服务。要努力发展涉外科技中介服务，支持有条件的科技中介机构走出国门开拓国际业务。

8.3.1.3 重视人才队伍建设

在当今知识经济时代，社会发展的竞争说到底是人才的竞争，是人才数量和质量的竞争，谁抢占了人才的制高点，谁就掌握了竞争的主动权。

近几年随着人事制度改革的不断深入及相应的激励机制的不断完善，重庆市人才队伍建设取得了显著的成绩。但同时，由于存在一些负面的影响因素，一些深层次的问题仍没有得到彻底解决，已经成为制约重庆市经济和社会发展的瓶颈。因此，当前的形势迫切要求必须从“第一资源”的战略高度，促进人才队伍建设健康发展。

(1) 努力提高各级领导对人才在重庆市经济和社会发展中重要作用的认识

要进一步解放思想，更新观念，增强紧迫感、危机感，从适应知识经

济需要和建设经济强省的战略高度，从思想上高度重视，在认识上真正到位，积极应对人才竞争和人才需求的严峻挑战。

（2）实行一把手抓人才资源开发工作制度

各级党政一把手要把这项工作摆在全局工作的重要位置，组织研究工作总体思路和重要政策措施，解决工作中遇到的重大问题，检查各项政策措施的落实情况。对由于工作上的失误造成人才流失的，要追究有关领导的责任。

（3）加大高层次人才引进力度，建立有较强吸引力的人才集聚机制

面对国际、地区间高新技术人才激烈竞争的现实，加大高层次人才引进力度，建立起有吸引力的人才集聚机制，是弥补重庆市人才不足的一个有效途径。为了适应经济发展新形势的需要，重庆市的人才智力引进工作应由以往的偏重引进数量，逐步转向以高知识层次和高科技含量引进为重点。通过加大人才交流力度、设立博士后流动站和企业博士后工作站等措施，引进一批包括“两院”院士在内的高层次人才；通过出台吸引海外高层次留学人员的政策、创办留学人员创业园区等形式，吸引一批高层次留学人员以各种方式为重庆市建设服务。

（4）注重培养，造就顶尖人才

进一步实施人才的合理流动、合理配置和合理使用，切实解决目前存在的人才资源的结构性矛盾和一方面人才不足、另一方面人才又大量闲置的问题。大力发展高等教育，努力提高人才资源的增量和质量。本着有所为、有所不为的原则，合理调整院系结构，重新审定重点学科，大力培养和选拔学科带头人，完善人才培养结构，加大高层次人才培养力度；有计划地选派一批基础好、有发展前途的中青年业务骨干到国内外著名学府和科研单位进修深造；积极创造条件，加强重庆高等院校、科研单位同国外的学术交流与合作，促进人才的培养；以高等院校、科研单位为依托，以企业为核心，进一步强化产学研结合机制，努力培养复合型、创新型人才。

重庆市人才市场还存在硬件薄弱，机制不够健全，市场配置比例不

高，与其他要素市场发展不协调，与重庆市人才队伍开发、资源配置不适应等问题。对此，各级领导应给予足够的重视，将培育、发展人才市场作为一项基础性工作来抓。

8.3.1.4 不断加大科技投入

科技投入是发展科技、增强经济竞争力的基本前提，是发展知识经济、搞好科技创新工作的重要保证。它不仅是关系科技长期发展的重要投入，而且是一项决定竞争能力的风险性投入。科技投入状况如何，不仅会在一定时期内影响科学技术的发展，还会在较长时期内对整个国民经济运行质量产生深远的影响。

笔者认为，现阶段重庆市应动员社会各方面的力量，建立多形式、多层次、多渠道的投入机制，初步形成以政府科技拨款为引导、以企业投入为主体、以社会筹集为补充的多元化科技投入体系，形成较好的良性循环，以促进高技术企业科技创新的发展。

（1）发挥政府科技投入的引导作用

科技投入是一种有远见、高回报的投入，是实施科教兴市战略的基本保证，也是衡量各级领导是否重视科技工作的重要指标。根据“科学技术是第一生产力”的观点，首先政府应逐步加大科技投入，发挥示范引导作用，推动全社会积极加大科技投入，并以重要文件形式明确提出科技投入总体水平，逐年以一定的比例增长。

（2）积极引导和鼓励企业加大自身科技投入，成为科技投入的主体

企业要获得高额利润，必须不断研制开发适销对路、优质的新产品。一定的产品必须要有一定的投入。近半个世纪以来，世界上大企业的发展，无一不是走着一条高科技投入带来高产出的道路。所以，企业要充分认识科技投入是生产性投入，而且是高效益的投入。如果企业能拿出销售额的3%、5%~8%或更多的资金来进行新产品研制，集中科技人员从事新产品开发，那么就很可能真正做到生产一代、储备一代、开发一代，有足

够的发展后劲，不断地以质优价廉的新产品占领广阔的市场。

8.3.1.5 完善知识产权保护制度

知识产权对技术创新方向具有引导作用，对技术创新成果具有传播作用，对技术创新主体具有利益保障作用，对技术创新活动具有规范作用。然而，与发达省份相比，重庆的国际科技合作与自主创新知识产权保护显得相当薄弱，知识产权保护的不力深深困扰着高技术企业。

因此，重庆市要继续贯彻落实国务院《关于进一步加强知识产权保护工作的决定》，认真学习领会国务院知识产权办公会议制定的《有效保护及实施知识产权的行动计划》和《关于加强当前知识产权保护工作实施意见要点》等文件精神，制定有效措施，加强知识产权的保护工作，并将其与执行重庆市科技、经济和社会发展计划结合起来，完善知识产权保护制度，使之成为推动重庆市科技发展的重要力量。

（1）进一步完善国际科技合作发展方面的知识产权法律制度

知识产权法虽已经建立，但与迅猛发展的高技术产业的要求相比，仍存在一定的滞后性和不适应性，适时修改完善成为时代的要求。另外，还应根据实际情况，完善各种产权制度的执行规范，具体制定保护高技术产业知识产权的有关规定。

（2）提高国际科技合作与自主创新知识产权保护意识

由于法制环境等多方面原因，重庆市相当一部分企业的知识产权保护意识还很薄弱，必须提高其知识产权保护意识，确保知识产权保护工作真正落到实处。

（3）加强国际科技合作与自主创新知识产权保护执法

在国际科技合作与自主创新知识产权保护实践中，执法涉及的法律法规较多，加之法规间的交叉性及高新技术知识产权本身的复杂性，使得这方面的执法难度较大，因而需要高水平的执法。

（4）重视国际科技合作与自主创新知识产权战略的运用

随着高新技术领域国际竞争的日益激烈，各国特别是发达国家对国际科技合作与自主创新的知识产权保护均表现出了高度重视，特别注重知识产权战略的运用。知识产权战略包括专利战略、商标战略、商业秘密战略等丰富内容，重庆市必须深谙此道，正确灵活地运用这一战略，才能使自己在国际科技合作中立于不败之地。

8.3.2 内部成长战略

8.3.2.1 建立新型的高技术人才激励机制

加快国际科技合作最为关键的因素是高素质人才。重庆开展国际科技合作要充分考虑高技术人才所具有的需要高层次性、自主意识较强、流动性较强、影响力较大等特点，从以下几个方面建立有效的激励机制。

（1）转变领导作风，加强民主管理

由于受传统思想观念的影响，以及领导任命方面的制度性缺陷，重庆国际科技合作的领导方式无疑需要进行不断深入的改进。单向的命令式的领导方面易使科研人员产生消极态度和对抗情绪，不利于人才潜能的发挥。国际科技合作人才是重庆市智力资本的拥有者，这就决定了应该转变领导观念，鼓励科研机构和高等院校积极开展国际科技合作项目，并且进行民主管理。

（2）建立工作分析制度，夯实人才激励的基础

国际科技合作在工作分析方面要注意科研人员的工作内容、方式、时间等方面，要允许他们有较大的自主性，允许他们自己设计工作程序。要在不断扩大工作范围、丰富工作内容、使工作多样化的同时，使科研人员觉得工作是充实自我和实现自我价值的过程。当然，也应尽量避免一些负面影响，对脑力劳动的质量和数量控制采取切实可行的措施。

（3）建立系统务实的培训制度，促进人才的可持续发展

随着知识经济的到来，知识更新速度不断加快，人员知识结构不合理

和知识老化现象日益突出。高层次人才渴望不断充实、完善自己，使自己的知识与时俱进，创新能力与工作变换相适应。科研单位要保持技术优势和竞争优势，同样需要科研人员不断地创新工作。所以，科研院所和高等院校在努力搞好人才职业生涯设计的同时，还要根据生涯设计制定人才的系统务实的能力培训制度，为知识型员工提供受教育和不断提高自身技能的学习机会，调动他们掌握知识和技术的积极性。

（4）建立公平合理的薪酬制度，全面满足人才的心理需求

较高水平的薪酬可以在很大程度上留住高层次人才，降低人才流失率，还可以吸引更多的优秀人才加入。由于高层次人才的知识、能力具有价值增值作用，所以对高技术人才的报酬，不能单纯地以固定的模式支付，而应使其与知识、能力相结合。

8.3.2.2 完善合作平台建设

（1）交流平台建设

高校与科研院所合作不畅的一个重要原因是双方信息沟通不够，因此建设高效率的交流平台至关重要。重庆市可通过成立“重庆市自主创新联谊会”等非官方组织，定期组织活动，加强沟通与交流，密切关系；官方可组织由高校和科研院所负责人组成的“战略联盟关系”组织，签订战略联盟协议，实现多方位全面合作。

（2）科研平台建设

发挥重庆市大学园区各高校和其他有条件的科研院所的人才、设备优势，推动自主创新平台建设。鼓励高校与科研院所联合建立重点实验室和工程中心，并积极创造条件争取尽快加入国家级重点实验室的行列，同时要建立重点实验室、工程中心、技术中心之间的互联、互通、互动机制，将高校和科研院所的研发工作有机地结合起来。通过上述工作，可以建立更多的联合科研平台，提高研发效率。

（3）服务平台建设

现有科技信息网、大型设备仪器和制造业信息化服务中心等服务平台存在整体规划不强、资源开放程度低、运行效率低等问题，制约了高校与科研院所合作的效率。应加强服务平台与高校、科研院所和主要学科带头人的紧密合作，融合高校和科研院所的人才、成果、装备等资源，建立资源引入和共享机制。应立足重庆市的科技、经济、资源现状，着眼提升科技创新能力，规划建设平台，把高校与科研院所合作作为平台的基础支撑和建设的长效机制。

8.3.2.3 促进创新成果转化为生产力

促进科技成果转化是科技推动经济发展最直接的方式之一。据统计，我国高校、科研院所的科技成果转化率为20%～30%，真正实现产业化的成果不足5%，与发达国家近80%的转化率相去甚远。重庆高校和科研院所的科技成果转化率尚不到20%。

由此，应鼓励重庆市高校与科研院所设立技术转移或成果转化机构，促进科技成果转化应用，逐步推行专家奖金与技术转化成果推广的收入挂钩制度。国际金融危机的经验说明，转型升级是企业应对危机的最好办法，而促进高校与科研院所的成果转化、加强产学研合作是提高重庆市企业科技创新能力、促进企业转型升级的重要途径之一。技术创新的目的是推动社会、经济向前发展，因此高校与科研院所在加强合作的同时，必须密切关注企业的需求，这样才有可能真正实现产学研合作。

（1）改变高校和科研院所对科研人员的考核导向，鼓励科技人员面向企业选题，重视成果转化与应用

加快建立以企业为主体、以市场为导向、产学研相结合的技术创新体系，是提高重庆市自主创新能力的重要途径。高校和科研院所需要进一步激发研究人员面向企业选题，提高对成果转化的积极性，逐步改变现行的对科研人员的考核评价体系，把项目绩效、成果及专利的转化率、转移转

化及推广应用收益列为考核的重要指标。

（2）财政设立“产学研合作成果转化”或“科技帮扶企业转型促调”专项资金，以鼓励产学研紧密合作

支持科技人员的成果转化，降低企业的成果转化风险，帮助企业转型升级。对企业购买国内外专利、应用新技术进行成果转化的，给予奖励、补助、贴息或风险补偿，提供优惠贷款及风险投资。对科研人员申报财政支持的项目经费结余，鼓励优先用于成果转化，并允许失败。积极鼓励申报有市场前景的产学研合作项目。

（3）实施企业科技特派员制度，进一步促进政、产、学、研、用等利益相关者间在自主创新层面的无缝对接

鼓励广大科技人员深入企业开展调研、合作帮扶活动，帮助企业攻克难题。鼓励高校、科研院所与企业共建研发机构及产学研联盟，为企业提供技术及人才支撑，鼓励从事应用研究的专家从企业找课题。

8.3.2.4 积极推行跨国经营发展战略

20世纪80年代以来，世界经济进入了全球性结构演变的重要时期。国际科技合作的开展，使新兴产业不断涌现。国际科技合作突破了国家民族的界限，形成了新的国际分工。同时，国际科技合作又是以高技术产业国际化为目标的，因此，国际科技合作必须依赖国际市场。重庆市国际科技合作也必须依赖国际市场，推行跨国经营发展战略。

（1）高技术企业在发达国家的直接投资与经济合作，重点应是新技术研究与开发，进行技术项目的企业合作

企业新技术研发中心的所在地必须设立在拥有科学最前沿的国家或地区。这是因为，新技术的研发与应用，都发生在发达国家的著名企业或跨国公司。这些企业或公司每年投入的科研、开发经费远远高于发展中国家，同时，这些国家或企业拥有一大批进行新技术、新产品研发的人才。这是投资导向型国际分工和国际产业转移的产物，是国际科技合作要走出

去进行跨国经营不可能逾越的发展规律。

（2）国际科技合作在发展中国家的跨国经营应该多样化

国际科技合作在发展中国家的跨国经营应该多样化，可以通过产品与资本输出，在境外设立独资企业，直接向国际市场提供产品和服务；也可以通过收购和兼并所在国同类企业进入海外市场，特别是那些已推行跨国经营的上市公司，这样可以利用在国内筹集的资金，甚至利用他国的资本市场筹集资金与外国企业合资，利用他国的企业在海外市场上参与竞争。

（3）高技术企业跨国经营发展，要围绕国际化实现两个转变

其一，企业国际化发展需要从“内向型”向“外向型”转变。其二，企业国际化发展必须提升国际竞争力，要从依靠生产要素中的“初等要素”（包括自然资源、地理位置、气候条件、初级劳动力等）向依靠“高等要素”（包括现代信息网络技术、高科技人才、研发中心和优秀管理者等）转变。

（4）国际科技合作要率先推行国际化发展战略

国际科技合作国际化发展战略要获得成功，有三个方面需要加强：其一，全球化的思维模式。全球化的思维模式是企业走向世界的基础。其二，重视国际标准与国际客户的需求。其三，跨国经营不仅是决策层的事情。这就要求重庆企业在开展国际科技合作过程中要有国际意识，包括引进国际营销人才、本地与国外人才优势互补，以提升研发与技术的支持能力等。

9　政策建议

9.1　构建基于自主创新的重庆国际科技合作体系

通过制定实施针对性、科学性、可行性、可操作性兼具的政策措施，促进国际科技合作服务于自主创新战略。结合重庆市的国际科技合作实践，本书认为应首先建立起国际科技合作与自主创新支持体系。这个体系主要包括政府支持层面与社会支持层面，利益相关者的协作与联合层面，以及自主创新基础条件支持的国际科技合作科技基础系统。

客观上，这个支撑体系的内部各个系统作为相对独立的系统构件，其本身也包含着不同的要素构成，上述各子系统各要素的有机结合和协调高效运转，对国际科技合作与自主创新的方向、目标、重点、过程与成效形成了有力的保障（如图 9-1 所示）。因此，国际科技合作与自主创新支持体系的建设应以此架构为基础，结合各利益相关方的实际，在建设和运行的过程中，实现动态调整和持续完善。

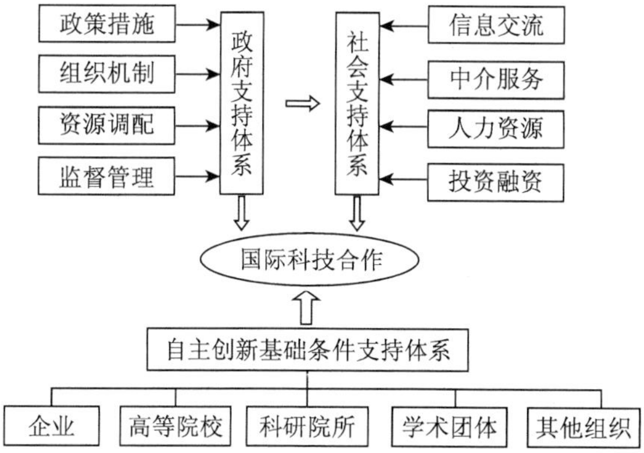

图 9-1　国际科技合作与自主创新支持体系

9.2 打造自主创新导向的政策支持体系

各国各地区的发展经验表明，政府既在促进和推动国际科技合作服务于自主创新战略方面发挥着举足轻重的作用，又对保障国际科技合作活动朝着自主创新方向顺利开展，有着市场机制所不能替代的重要功能。一方面，需要通过制定科学的国际科技合作政策体系，充分发挥政府在规范管理、宏观调控、政策引导等方面的职能，使国际科技合作活动立足于自主创新方向，充分调动国际科技活动中各利益相关者的积极性，努力推进国际科技合作活动的深入开展；另一方面，通过建立健全相关组织体系，制定科学、可行的目标计划，合理界定和划分各方在国际科技合作中的责任，以资源的分配为手段，以过程的监督与事前事中的控制为重点，保障国际科技合作得以顺利开展。

9.2.1 政策支持体系

政策支持体系的功能定位是制定和形成兼具规范性与导向性的配套政策体系，以自主创新为国际科技合作的服务指向，为各利益相关方开展国际科技活动提供指引、规范、激励和保障作用的政策支持。

9.2.1.1 建立自主创新导向的全局性国际科技合作政策体系

重庆市首先应形成稳定的政府科技投入增长机制，确保财政科技投入增长幅度高于财政经常性收入增长幅度；设立自主创新发展专项资金。综合运用财政拨款、贴息等政府引导手段和风险投资、科技担保等科技金融方式，鼓励企业不断加大研发投入，吸引更多的社会资金支持自主创新和产业发展，形成多元化、多渠道、多层级的投入模式。带动全市实现“研究与试验发展经费支出占地区生产总值比重达到2.2%”的目标。同时，还要鼓励创新产品开展大规模示范应用，争取国家各项培育性政策资金支持，通过实施智慧重庆、绿色三峡等市场培育工程，拓展先进制造、智能家居、跨境电商、物联网、下一代互联网产业链，发展壮大小型化、轻量化节能汽车、混合动力、纯电动汽车、新型医疗器械和节能环保产品等市场规模。

聚焦国际科技合作与自主创新互动发展关键问题，加强政策研究和制度设计，促进国际科技政策与产业政策、消费政策、自主创新政策协调一致。重点开展国际科技合作成果转化、国际科技合作资源共享、国际科技合作研发平台与基地建设、自主创新体系建设与管理、科技中介机构服务体系完善等立法调研，加快重庆市国际科技合作与自主创新互相促进、互动发展的立法进程；以国际科技合作促进自主创新基地建设、创新型人才引进和激励，开展“政产学研用”一体化协作、自主创新投融资、技术贸易、创新成果转化等制度设计和政策研究。

找准贯彻执行国际科技合作政策法规的薄弱环节，增强法规配套性和政策操作性，建立健全督促落实机制，形成部门之间、市与区县之间统筹配置国际科技合作资源和贯彻执行政策法规合力。加强国际科技合作法律法规的执法调研和执法检查，完善部门依法行政的基本规范，开展区县国际合作科技政策法规执行情况量化考核；细化国际合作科技政策法规实施办法，加强国际合作科技政策法规的宣传解读，强化国际合作活动的过程指导与成果监督，避免重复、低效、浪费的国际合作活动，杜绝以国际科技合作为名的“周游列国”行为，提高财政资金在国际科技合作活动中的效率与效益，保障国际科技合作活动能服务于自主创新能力的提升，从而加快重庆市经济社会的持续健康发展。

9.2.1.2 形成具有自主创新战略意义的知识产权保护体系

重庆市在开展国际科技合作时，要积极营造保护知识产权的良好环境和氛围，基于公约惯例、法律法规等多维度实施知识产权保护战略，保障国际科技合作知识产权成果，从而促进国际科学技术进步和经济社会发展最终目标的实现。为此，可以从制度层面和操作层面开展相关工作

（如图 9-2 所示）。

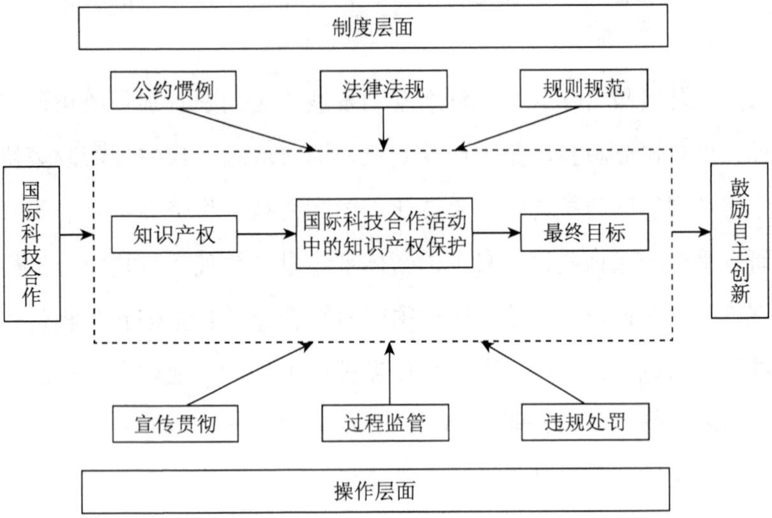

图 9-2　国际科技合作活动中的知识产权保护模型

（1）制度层面的措施

首先，重庆在开展国际科技合作活动时，应当充分利用知识产权制度来引导和规范国际科技合作事业的健康发展；建立健全妥善应对知识产权争端的机制，运用国际通行规则发展和保护自己。这对合理、合法保护知识产权、确保国际科技合作的可持续性具有十分重要的现实意义。

其次，重庆市应根据自身的特点，建立完善适合重庆市情的政策法规，做好对国际科技合作相关参与方的知识产权宣传普及工作，提高国际科技合作中各利益相关者的知识产权法律意识。以企业为重点，相关部门要积极引导和帮助企业开展知识产权保护工作，制订知识产权发展战略，将知识产权创造、运用和保护纳入从合作研发到成果转化的各个环节，运用知识产权战略增强企业自我保护能力，用专利保护核心技术，用注册商标保护品牌，用著作权保护软件，用商业秘密保护技术诀窍，引导企业运用自主知识产权打造名牌产品及名牌企业。

最后，重庆市应进一步加大对知识产权保护的制度环境建设，加大制度建设资源的投入力度，营造尊重知识产权、保护知识产权、倡导自主创新的环境氛围。通过设立专门的国际科技合作专项经费，不断强化对国际科技合作知识产权保护的制度化管理，充分发挥国际科技合作知识产权保护制度的引导功能与促进作用，以及制度对知识产权保护行为的规范功能。

（2）操作层面的措施

首先，通过广泛的宣传贯彻来强化人们对知识产权的保护意识。重庆市从事国际科技合作的政府部门、普通高校、科研院所及各大企业，要率先树立起对知识产权进行保护的责任意识与自律意识，并给予高度的重视，广泛宣传并积极践行知识产权保护，实施相应的知识产权管理战略，将知识产权保护意识渗透到国际科技合作活动的全过程当中，采取具体的措施监督保障各项要求得到不折不扣的落实，从而带动社会各界对知识产权的保护意识。

其次，充分发挥知识产权保护的过程监管职能。重庆市的政府部门和司法部门都很重视知识产权保护，因此更应充分强化知识产权保护的事前、事中与事后的过程监管职能，以更好地实现对知识产权的有力保护。从现实层面来看，国际科技合作中的知识产权保护工作涉及方方面面，而政府部门和司法部门管理事务众多，较难集中精力面面俱到地高度关注到全过程。因此，有必要彰显知识产权保护管理部门的功能角色，构建完善知识产权管理的决策层组织、专门机构、具体工作机构体系，对重庆国际科技合作活动中有关的知识产权实施专项保护。

最后，建立惩罚性赔偿制度，在基本侵权事实明晰的前提下，深刻探究侵权人的主观动机，对恶意侵权及时惩罚，以期达到震慑、吓阻侵权的效果。过低的违法成本，势必导致侵权和藐视知识产权保护制度的后果。侵犯知识产权行为严重的，有可能构成犯罪。在不同的侵权行为下，涉嫌构成的刑事犯罪还有可能不同，具体的处罚也会不同。及时查处违法违规行为，严格实施侵权赔偿，是遏制违法动机、震慑潜在违反知识产权保护制度的有力手段。

9.2.1.3 系统设计国际科技合作项目计划并创新合作模式

一直以来，重庆市各级各类国际科技合作活动大多是以“自下而上”的“各自为政、各自为战”“条块分割、缺乏统筹”的项目管理方式运行，没有形成系统的项目规划，而且没有系统的项目完成后的效果评估和预防改进管理。这就使得国际科技合作缺乏自主创新战略的引导，因而也就难以服务于重庆自主创新战略的实施。

若要发挥国际科技合作对自主创新的支撑作用，就应该变革立项机制，从本区域科技需求的实际出发，以本区域自主创新战略为导向，积极衔接重庆市科技发展规划，系统设计“自上而下”的国际科技合作项目计划。建立和完善各部门、各单位之间的国际科技合作统筹协调机制，加强与国家科技计划、重庆市科技计划与企事业单位科技活动计划的统筹协调。另外，应创新国际科技合作手段，确保国际科技合作计划服务于地方自主创新能力的提高。大力推广以项目为抓手、以人才为依托、以基地建设为重点的重庆市国际科技合作与自主创新促进模式。

9.2.2 组织支持体系

完善的组织支持体系是确保国际科技合作事务的科学决策和提供服务支撑最重要的基础。搭建重庆市国际科技合作与自主创新的组织管理体系，就应当以开放和创新的观念，改革固有的、僵化的已不适合最新国际科技合作与自主创新形势发展需求的管理方式与运作模式。

9.2.2.1 形成提升重庆市自主创新能力的组织管理体系

致力于打破制约自主创新的桎梏和枷锁，需要从组织管理体系的设置与改革上取得实质性成效。创新型的项目产出必然要求具有竞争和开放并存的项目管理体制，以自主创新能力的形成和培养为主导，对区域内的科技合作项目进行规划和引导。

因此，要切实改变重庆市国际科技合作项目处于不同职能部门的条块分割状态，打破各部门只能在所掌管的经费范围内进行计划管理，其他部门涉及科技合作的项目彼此无涉的传统运作模式，就需要建立统一效能的国际科技合作与自主创新协调机构，克服部门间缺乏信息沟通与联合协作的障碍，大大提高政策制定、实施的效率与效果。重庆市可以借鉴国内有效的组织机制，设立专门的国际科技合作与自主创新协调机构，使其在中央与地方、国内与国外相关事务的联络方面起到承上启下、内联外引的沟通作用。

9.2.2.2 强化全市国际科技合作管理机构的功能与角色

切实强化全市国际科技合作管理机构的功能与角色，贯彻落实市委市政府关于实施创新驱动发展战略、加快建设西部创新中心和内陆开放高地的实施意见，有效利用国际科技资源，积极推进国际科技合作交流，提升重庆科技创新的国际化水平。

国际科技合作管理完全让位于分散在各行政部门的科技外事机构，也就弱化了全市国际科技合作管理机构的功能与角色，妨碍了国际科技合作活动的有效性的实现。可以尝试在各级科技管理部门中设立国际合作科室，配备专门的管理人员，整合全市科技外事力量，建立健全和壮大国际科技合作与自主创新队伍，引导相关主体特别是企业紧紧围绕国家和重庆市的战略部署，结合自身发展需求，开展面向“一带一路”等国家和地区的科技合作创新活动。特别是要针对众多中小企业开展专项的服务和指导，不能忽视这些主体参与国际科技合作的诉求，可以通过以点带面的方式促进中小企业自主创新能力的不断提升。

9.2.2.3 挖掘民间科技合作组织的潜力

为了加快把重庆市建设成为西部创新中心，有必要组织动员各种社会力量参与到国际科技合作与自主创新当中。民间科技合作组织是政府推动国际科技合作与自主创新不可缺少的合作者。民间科技合作组织具有灵活性、民间性和志愿性等优势，在国际科技合作与自主创新方面能够发挥特长，帮助政府完成想做却没有做到的事情。政府是国际科技合作与自主创新的领导者、指挥者，广大人民群众和社会组织是执行者、参与者、合作者。在重庆建设创新型城市的过程中，民间科技合作组织通过与政府的合作，可以获得更多的政策支持和生存资源，使自身得到更大的发展。政府则通过与民间科技合作组织的合作，实现了国际科技合作与自主创新的目标，提高了国际科技合作活动的效果。

为此，应充分发挥民间科技合作组织独特的人才优势、网络优势和信息优势，鼓励它们充分发挥在反映诉求、协调利益、化解矛盾方面的优势和功能，力争在提升企业、科研院所等的自主创新能力方面起到更为突出的促进作用。应加强组织管理，积极引导，以自主创新战略为指导进行顶层设计，把各民间科技合作组织有机组合起来，提升国际科技合作的层次。尤其重要的是，要通过加强政府部门和民间科技合作组织之间的信息沟通，让它们及时了解和贯彻国家及重庆国际科技合作的战略、规划、计划等，积极引导它们朝向自主创新的方向发展。

9.3 形成服务于自主创新的社会支持体系

国际科技合作的有效开展，离不开以市场机制为主导的社会化服务体系的支持，而自主创新之花更是离不开经济社会大土壤的培育。结合重庆市十多年来的国际科技合作实践，本书认为重庆市国际科技合作社会化服务体系的建设，应进一步围绕国际科技合作与自主创新的信息、中介服务、人才和金融四个要素来进行。

9.3.1 强化以自主创新为导向的社会信息支持

建设社会信息支持服务体系是促进国际科技合作信息资源共享、提高自主创新科技资源利用率的需要。条块分割体制导致各社会信息机构和社会组织单位各自为政，一般只从本单位的职能和服务对象出发来考虑知识信息资源的配置，导致国际科技合作信息资源重复建设，存在分散、遗漏、重复、浪费等情况，产生了“信息鸿沟”和“信息孤岛”现象；同时，也加大了国际科技合作信息获取的难度和自主创新成果的流动障碍，不利于重庆市整体区域的自主创新协调发展。

因此，应建设以自主创新为导向的社会信息支持服务体系，围绕政府、企业和社会各界的需求，结合政府科技和产业自主创新发展政策的导向，充分挖掘国际、国内、市内、市外的科技信息资源，利用信息网络技术充分地共享资源、沟通信息、交换意向，提供国际科技合作相关领域的情报信息，共享共建国际科技合作信息平台，互惠互利。尤其要加强大型精密仪器、设备和实验条件等物理资源的共享、重要合作渠道的共享以及文献、图书、资料、科学数据等信息资源的共享，这有助于避免信息资源的浪费和重复建设，为自主创新的学科交叉研究提供基础性平台，为前沿学科取得突破性进展提供必要条件。应促进科技和人才等创新资源的高效整合，探索与高校、科研机构的新型合作模式，为自主创新提供良好的信息交流环境，使国际科技合作的信息利用更加便捷。应集成和整合科技文献信息资源，构建重庆市区域科技信息资源的共建共享机制和平台，加快国际科技合作与自主创新信息网络建设，实现市、区、县、乡、重点企业五级联网，提高知识获取和流动能力。

9.3.2 提升中介服务体系的自主创新能力

科技中介服务组织是重庆市自主创新体系的重要组织部分。它们在知识、技术、经验、资金和信息等层面具有不同的优势，针对政府、企业、高校、科研院所等不同的需求，开展国际科技合作沟通、专利申请代理、技术扩散、技术交易、成果转化、科技评估、资源配置、创新决策和技术咨询等专业化的服务。国际科技合作与自主创新科技成果转化存在着很多中间环节，这就促进了中介服务机构的兴起及发展。提升中介服务体系的自主创新能力，可以贯通中间环节，促进重庆市自主创新资源的有效分配、自主创新要素的有效聚集、自主创新成果的有效转化。

9.3.2.1 有选择、有重点地壮大创新服务组织

紧紧围绕重庆市实施创新驱动发展战略、加快建设西部创新中心的战略部署，重点培育和扶持一批国际科技合作与自主创新中介服务机构。结合重庆市实际，开展优秀国际科技合作与自主创新中介机构的示范试点创建工作。由市科委牵头，建立市级国际科技合作与自主创新的中介服务机构示范试点评建机制，并由市财政给予相应的经费支持。

对市级示范科技服务机构实行动态管理，2~3 年评估一次，并根据评估结果给予相应的奖励或处罚。根据重庆市的现实需求，有选择、有重点地加快培育和扶持一批国际科技合作与自主创新中介服务组织，对在产业领域或特定市场有优势的生产力促进中心、科技创业服务中心、技术交易机构、科技信息机构等进行重点扶持，提高其服务能力和服务水平，打造精品服务项目。

引导专业服务中介机构以市场需求为导向，以服务创新为追求，加强以特色服务、专业服务为核心的服务能力建设，积极依托现代科学技术手段和方法，不断创新服务方式和服务内容，为重庆市各类自主创新主体提供高质量、高效率和全方位的国际科技合作与科技创新服务。

9.3.2.2 形成中介服务机构协调发展的格局

围绕国际科技合作与自主创新的现实需求，根据形势的发展变化，鼓励独资、股份制、会员制等各种形式的自主创新风险投资中介组织的成长壮大，对初创和启动阶段的自主创新风险投资中介机构给予相应的政策支持。

建立有各职能部门和各金融机构参加的自主创新型企业与个人诚信评价体系，并将其作为各类社会融资、担保、经济交往、社会评价的有效依据。发挥优势，突出重点，促进各类科技中介机构的协调发展。积极采取有效措施，加快形成高新技术创业服务中心、技术创新中心、生产力促进中心、科技孵化器、咨询服务公司以及其他各种中介服务机构协调发展的

格局，为企业自主创新，特别是中小企业自主创新，提供科学、规范、有效的管理、技术、信息、人才、投资、财务、法律等方面的服务。

9.3.2.3 促进中介服务机构的健康可持续发展

中介服务机构安身立业的根本在于诚实守信，良好的员工职业道德和企业声誉是实现良性可持续发展的基本保障。科技职能部门要研究制定科学、实用的评估指标体系，依托相关协会、学会等自治组织，定期开展国际科技合作与自主创新中介服务业的信用评价工作，对这些中介机构的人才队伍、服务能力、服务水平以及守法经营情况、用户满意程度等进行客观、公正的评价。

在此基础上，探索建立国际科技合作中介机构信用档案，并定期向社会公布。对诚实守信、声誉良好的各类中介组织，要在重大科技决策、创新计划实施、创新成果转化等工作中，充分发挥它们的作用。尝试改变中介组织只重视自我资源的开发而轻视相互之间协作共享的局面，应充分利用互联网的开放性，加强国际科技合作与自主创新中介组织之间的合作，实现资源共享。

9.3.3 建立自主创新型人才支持体系

当前，制约重庆市国际科技合作向自主创新方向提升的各种因素当中，很突出的一个层面就在于国际科技合作的高层次人才严重匮乏。高端人才的不足是影响自主创新能力提升的最直接因素，也是制约重庆市自主创新成果形成、转化从而形成生产力的深层次原因。由此，要突破重庆市大量的国际科技合作囿于低水平合作、较少取得自主创新突破性成果的状态，就需要立足于自主创新战略的前瞻性人才管理观念，在自主创新型人才支撑系统建设方面取得实质性成果。

9.3.3.1 构建人才引进的支持体系

（1）在优秀人才的引入机制层面取得突破

在引进创新型科技人才方面，重庆与上海、广州等沿海城市相比，受到明显的内外部条件的制约；与同处西部的成都相比，在人才的层次规模、人才创业的环境与人才的成果影响等方面，也有着自身的不足。由此，重庆应坚持经济效益与社会效益、人才效益相结合，采取有针对性的措施，在相关的政策制定和执行上取得突破，努力吸引较多的高端人才，重点围绕并满足企业创新发展需求，并通过企业发展培养出一批掌握尖端科技的创新型人才和善于经营管理的领军型人才；坚持国家战略与重庆市地区规划相结合，优先支持促进经济结构调整和产业转型发展所急需的高新技术人才以及“重庆智造”进程中的重点项目人才；坚持政府投入与社会投入相结合，以政府投入引导、带动社会投入支持引进人才的创新创业发展；坚持优化环境与市场调节相结合，在提供优惠政策的同时，进一步完善市场机制，充分发挥市场的基础性作用；坚持个人素质与创新创业前景相结合，在考虑成果创新性的同时，注重留学引进人才的诚信记录和能力水平的综合评价。

（2）重视对引进人才提供全方位的综合服务

尝试将通过国际科技合作等渠道引进的人才纳入本地重点人才服务对象的范围，建立完善的相关服务机制。研究制定引进人才的创新创业服务机构工作章程和制度，明确专门服务机构，设立专门服务窗口，为引进人才到重庆创新创业发展提供无障碍、一站式、特色化、个性化、全方位、多层次的服务。探索根据引进人才的特点和要求，开发特色服务项目，构建多元化、立体化的服务产品体系，支持其尽快发挥专长和潜能，为重庆市西部创新中心建设做出贡献。对做出重大贡献的引进人才，要准确及时地以各种方式进行宣传和表彰，营造“位得其人，人尽其才，适才适所，人事相宜”的良好氛围。通过完善引进人才创新创业发展信息库，增强对引进人才服务工作的针对性和时效性。建立国际科技合作与引进人才联系的有效渠道，充分发挥各类社会团体的联络作用，加强与海外各类人才的联系，为他们到重庆创新创业发展穿针引线、搭建桥梁，提供全面的综合服务。

（3）营造有利于人才创新创业的良好环境

通过不断创新政策、完善既有的人才管理机制、强化引进人才全过程服务、优化人才生活与工作环境，为引进的人才在重庆创新创业发展提供全方位的人性化的政策支持、良好的创新创业成长条件保障；积极构建以国际科技合作为重要渠道，以产业创新发展为导向，以各类竞争性企业为主体，以市场供需为基准，以产学研一体化为特征的引进人才创新创业体系，加快培育一批在西部乃至全国有影响力的具有自主知识产权的高新技术企业，从而有利于一大批专业素质高、技术前景好、海外联系广、熟悉国际运作规则的国际科技合作与自主创新型人才队伍的快速成长。

9.3.3.2 构建人才发展的支持体系

人才资本的核心是提高人口的质量，而教育投资是人才投资的主要部分。人的能力在很大程度上是后天获得的，即通过家庭与学校接受非正式和正式的教育，通过培训、经历以及人才市场上的流动而开发出来的，但总的来说，主要途径是学校中的教育和企业中的培养。对企业中的员工而言，后续教育和培养是提高自身能力的主要渠道。重庆构建自主创新人才的培训支持体系可以从以下几点着手：

（1）以国际化的视野培育科技创新人才

人才的培育教育与开发要紧紧围绕国家的“一带一路”战略部署，服务于企业的“走出去”战略，为企业提供人力支持和技术保障。一方面，着眼于服务重庆市经济社会发展，围绕具体的目标任务与重大项目，与国外相关机构有序开展人才交流合作，以合作研发来加大国际化人才的培训开发力度，培养具有国际视野的优秀人才，培育一批熟悉国际技术转移的专业人才，建设国际化程度高的重庆市科技人才队伍；另一方面，发挥人才培育教育机构的积极性和创造性，按照扩大国际学生办学规模、举办境内外合作办学项目、建设境外教育培训基地的办学思路，制定服务重庆企业“走出去”战略的具体支持举措，通过全面推进以大学为重点的国际化办学进程，为重庆及我国企业海外生产经营培养更多的本土化人才，为“走出去”企业提供有力的创新型人才支持。

（2）加强“政产学研用”的一体化人才培养

当前，重庆市重点发展电子核心部件、物联网、机器人智能装备、新材料、高端交通装备、新能源汽车及智能汽车、MDI及化工新材料、页岩气、生物医药、环保十大战略性新兴产业，这些产业需要大量具有国际视野的复合型创新人才，仅依托高校的学院式培养或企业自身的职业式培训，很难满足产业对人才的需求。“政产学研用”一体化协作的主体是企业、高校、科研机构，它们在政府、中介机构、金融部门的支持下，可以充分发挥各自的优势资源和能力，相互配合、共同开展人才培养活动，并努力实现“1+1 ＞ 2”的合作目标。

“政产学研用”一体化协作的本质是各类主体在知识与能力结构上的互补，这种互补性为产学研之间的合作共赢留下了巨大的空间。切实打破分散封闭，加强协同创新，促进科教结合和产学研结合，从产业发展的层面看，“政产学研用”的密切协作成为重庆长期人才培养必然的战略选择。由此，在比较分析企业、高校和科研机构在知识构成、人才队伍、技术能力、研发领域、创新目标等方面差异的基础上，应明确产学研之间的知识互补性关系，探讨产学研异质知识之间的关联与转化机制，综合评估知识的互补性对产学研协同创新的影响、价值与意义。

依据“政产学研用”人才协同培养的不同动机和共同目标，应分别从目标整合、资源优化、成本分摊、风险分担、知识共享、成果转化、利益分配、持续合作、创新激励等方面，有效形成企业、高校和科研机构之间的协同创新传导机制和实施路径优化，从中选择适合重庆实际的“政产学研用”一体化人才培养协同创新推进方案。

（3）营造学习型的创新人才成长氛围

建立终身教育培训开发与在职考核促进相结合的创新型人才成长制度，为创新型人才的在职学习与持续提升提供良好的条件，鼓励企业的创新型人才申报各级各类科技计划和科研基金项目，开展科研活动。

同等条件下，对研究开发水平高、具有良好产业化前景的企业科研创新型项目，应予以优先支持。鼓励各高等院校及科研机构实验室向重庆市高端人才开放，实现开放式运行，最大限度地共享全市科研资源，支持具备较强科技实力的企业建立企业技术中心或与高等院校、科研院所联合组建工程技术研究中心，并享受相关优惠政策。鼓励有发明专利或科研成果的回国创业人员申报国家和省部级有关科技奖项，以此推动科技人才持续学习、终身学习，从而强化人才的长期竞争实力。

（4）搭建个体知识积累与共享的团队促进平台

为了培育和提升创新型人才知识获取、积累、共享、集成及开发应用能力，企业应根据自身的实际情况来搭建相应的促进平台。对规模较大、实力较强的大中型企业，可广泛采用创新型人才专职从事联合研究开发的手段，通过改革传统激励机制、建立知识共享平台、推行岗位轮换、组建跨部门创新团队等一系列方法来实施。

对于实力较弱的小型企业，可以通过设置专职或兼职相结合的小组，提供创新型人才对知识信息进行持续跟踪与交流共享的平台与途径，通行的做法是直接引进其他企业和科研机构的现有知识成果，由创新型人才进行消化吸收与共享。所以，对于前者来说，在企业内部设立强大的研发机构可以有效提高创新型人才的知识发现、创造与共享应用能力；但对于后者，密切跟进国内的领先企业则是较优的选择，重点在于提升创新型人才的知识获取与消化吸收能力。

9.3.3.3 构建人才激励的支持体系

建立科学有效的激励机制，激发国际科技合作与自主创新的高层次人才的持续创新潜能。

（1）注重对创新型人才的精神激励与文化激励

重庆市要实现真正商业意义上的自主创新，凭借技术优势而不仅是成本优势牢牢掌握市场的主动权，不断拓展并保持企业发展空间和盈利前景，就必须突破以往依赖技术引进、消化和国产化仿制的传统增长模式。无论是科研技术人才还是经济管理人才，其成长均有着自身的独特规律，但都需要明确一个目标，忠于职守，刻苦实践，潜心磨炼，长期积累，进而做出贡献并与企业共同成长。因此，对人才的激励应当摆脱长期以来的习惯约束，注重对创新型人才的精神激励与文化激励，使其具有较高的忠诚度与使命感、较强的团队协作精神、重在长远发展的价值观。

（2）努力提升人才在知识创新活动中的心理收益

客观上看，现实当中很多企业以及高校较多地对人才的激励采用了“重物质轻精神”“重短期轻长期”“重外在轻内在”“重个体轻群体”“重高层轻基层”“重结果轻过程”的知识创新激励模式，不同程度地导致了人才的低忠诚度与高流动率，以及科研成果的急功近利与华而不实现象（如高校的专利转化率不到5%，大部分高校专利成果仅用于考评，而不能转化为生产力）。无论是从我国在载人航天工程等领域取得重大技术突破的现实，还是中兴、华为等成为具备全球竞争力的跨国公司的历程来看，一个共同的特点就是注重对科研人员的价值观与精神教育，契合了人才的心理收益需求，从而激发了人才的工作热情和创新潜能。

因此，要引起地处内陆的重庆本地企业决策者重视的是：在分析知识创新的成本—收益关系时，人才的心理收益状况也应当被纳入知识创新激励机制决策的考虑与衡量范畴。在人才的心理收益较大的情况下，即使在线性激励契约的固定工资部分较小，但工资减少的部分可由人才能得到的心理收益来弥补，由此提高了对人才的激励强度和人才的努力程度。

（3）积极构建有效的创新激励机制

企业、大学以及科研院所作为聚集人才和其展现才智、开发潜能的平台，应当在如何促进人才知识积累、提高创新能力、发挥人才价值方面形成一种良好有效的激励机制，从而为保证创新成果持续涌现奠定基础。人才创新激励机制的构建是一项系统工程，需要从组织架构、人员配置、投资保障、协作平台、工作环境、激励体系等诸多方面进行整体安排。

为了鼓励知识创新，应注重对分散在不同成员头脑中的、具有相互补充与支持促进作用的知识资产实现交流共享和综合应用。这种有效的知识创新激励机制的功能之一就在于培育、整合和提升人才发现新知识、创造新知识以及应用新知识的能力。

9.3.4 优先发展致力于服务自主创新的金融支撑

以创新型企业为主体，争取与落实优惠政策，加强与金融机构、中介机构的衔接，深入企业，优化服务，牵线搭桥，集智聚力，多措并举，帮助企业融资，改善经营管理，助推自主创新。

9.3.4.1 帮助企业获得股权融资

股权融资包括公开市场股权融资和非公开市场股权融资两个层面。公开市场股权融资主要是推进企业实现在主板市场和境外（含H股）上市，或在全国中小企业股份转让系统和重庆股份转让中心挂牌交易融入资金。非公开市场股权融资主要是积极为企业引入由各级政府主导的各类产业引导基金、创业投资基金以及社会资本。

9.3.4.2 帮助企业实现债权融资

帮助企业尽量满足适合自身的债权融资要求，获得资金融入，可考虑采取以下几种方式：①无抵押的小额贷款和信用循环贷款；②引入担保公司、用知识产权质押的银行贷款；③运用应收账款的信托、保理、资产证券化等；④对现有资产的融资租赁；⑤帮助企业适时发行中小企业私募债、企业债等债券类产品；⑥针对招商落地企业，积极探索应收政府补贴款的商业保理形式。

9.3.4.3 加大财政对创新型企业的扶持力度

财政安排的企业技术改造等专项资金优先用于创新型企业重点技改项目，并支持符合条件的企业申报中小企业专项资金、科技三项费用、挖潜改造资金、新型工业化专项资金、产业研发资金、国债项目贴息等各类政策性扶持资金。加大政府科技投入引导作用，确保科技经费增幅高于财政经常性收入增幅，确保科技经费投入到企业的比重超过 50%。不断增加政府投入企业的研发资金规模，充分发挥对全社会研发投入的带动效应。

9.3.4.4 充分发挥重庆股份转让中心的功能

推动不同发展阶段创业企业进入重庆股份转让中心挂牌，帮助挂牌企业实现股权质押贷款和定向增发融资，支持企业境内外上市，满足不同发展阶段创业企业的需求。针对科技型中小企业不同发展阶段的特点，打造覆盖企业成长全过程的持续资金供应链和创新服务链。在四个方面实现较大突破：加强科技金融制度设计，健全促进科技金融结合的政策法规；打造科技金融“百亿”集团，提升科技投融资规模能级；建设科技金融结合示范基地，重点培育一批科技金融示范企业；完善“投、保、贷、补、扶”五位一体的科技投融资体系，为众多科技型中小企业提供投融资服务。

9.3.4.5 探索市创业投资引导基金运作新模式

加快发展创业投资，充分发挥市创业投资引导基金的作用，通过阶段参股、跟进投资、投资保障和风险补助等方式，吸引境内外股权投资基金、社保基金、保险公司等投资机构在重庆市开展创业投资业务，尽快扩大创业投资规模。研究制定创业投资机构的税收优惠以及允许创业投资机构按照一定比例税前提取风险准备金的政策。通过建立国际创业投资机构参与重庆市政府重点科研课题咨询评估机制，提高政府科研课题评估的科学性，为后续创业投资资金适时介入创造必要条件，不断完善在竞争性行业领域由政府资助的科研项目的创业投资机构评估机制。

9.3.4.6 鼓励企业不断提升研发投入强度

促使企业成为技术创新投入的主体。推动全市工业企业 R&D 投入占累计销售收入的比重达到东部沿海省市水平；集成国家、重庆市及社会创新资源，着力打造具有国际竞争力、引领产业发展的产值达到百亿能级的创新型领军企业。支持企业重点投入建设技术研究院、企业技术中心、工程技术研究中心、研究生工作站、博士后工作站、院士工作站。

鼓励企业按照市场需要开展技术创新，努力实现从一般产品应用开发走向自主创新、从面向自身发展转向引领行业发展。引导企业将技术创新与管理创新紧密结合，开展产品形态创新、商务模式创新、组织模式创新。

研究制定从企业销售收入中按比例提取企业技术创新准备金，加大研发费用税前抵扣力度，企业在大学或科研机构设立实验室的税前抵扣等优惠政策。

引导企业加强基础研究和应用研究，以战略研究增加经费投入，保障基础研究和应用研究所需的 R&D 经费，以市场配置和政府指导相结合的方式，选择重庆市重点行业、关键领域，建立基础研究、应用研究基地，制定出中、长期计划，引导企业、高校、科研院所进行基础研究和应用研究。

除此之外，要加强对财政资金支持的 R&D 项目全流程监督与审批，确保 R&D 经费投入到有价值的项目上，并切实达到预期的研究成效。

9.4 强化基于自主创新的国际科技合作基础支撑体系

建立健全重庆市国际科技合作的科技基础条件平台，使之更好地服务于国际科技合作。可从五个层面采取具体措施，以强化基于自主创新的国际科技合作基础支撑体系。

9.4.1 统一规划全市科技基础条件布局

重庆市科技基础条件平台要充分发挥政府的调控作用，紧紧围绕国家创新驱动战略及全市新兴产业规划，围绕全市产业定位及产业转型升级要求，在学科、空间、时序上统筹规划布局，加大扶持力度，统筹项目推进，完善工作机制，在科技平台载体建设工作上取得突破性成效，建立高效合理的资源配置体制，逐步在区域范围内形成科技资源的合理分布。

建设与服务并重，构筑孵化服务新高地，通过依托重庆市已有的各类国家科研院所、研究型大学的学科实验平台，以及以国家实验室、国家工程研究中心为代表的一批高水平综合性国家研究实验基地，推动创新资源的聚集和新兴交叉学科的发展，打造区域科技条件平台。

统筹与试点同步，创新平台组织新模式，尊重区域经济发展的规律，避免重复、封闭或画地为牢的做法，在注重本行政区划科技基础条件平台建设的基础上，更加重视具有较强内在经济联系的经济区域，培养跨行政区划的区域科技基础条件平台，实现重庆市各区县之间科技条件的大联合与大协作；通过引导与激励并举，开放与动态兼顾，建立多元发展新机制，切实提升全市科技平台载体的建设质量水平和运营效益。

9.4.2 统一整合全市科技合作创新资源

改变创新要素的碎片化配置状态，加快建设以两江新区为中心的科技创新创业孵化体系，对高层次人才、技术创新平台、科技扶持政策及土地、科技金融、高新技术项目、人力资源等科技合作创新要素进行全面整合，并根据全市产业布局，面向各区县特色园区进行优化配置，围绕产业链条重点投放，按照“优势互补、利益共享”的原则，鼓励和引导现有的企业、科研机构、高等学校以及社会各类科技合作创新资源进行一体化配置，形成科研、教育与企业研究的科技条件紧密结合的机制；鼓励科研机构、高等学校与企业建立双边、多边科技条件共享使用的协作机制；鼓励科技人员在高等学校、科研院所和企业之间流动，形成一支稳定的科技人才队伍；通过区县科技基础条件平台的建设，真正实现科技资源的整合，形成各种创新要素的互动，使各方面科技力量能够充分利用现有的科技条件，不断提高科技水平，形成区域创新优势。

打破传统的资源分割局面、实现资源共享是时代的要求。资源共享包括科学数据共享、科技文献资源共享及大型仪器设备、设施的共享。注重市场化，围绕人才和市场需求，探索建立创新资源合作社，搭建新型交流合作平台。以全市科技合作创新资源的统一整合为契机，加大改革与创新的融合、制造业与服务业的融合、实体和虚拟的融合，支持科技全优创新资源围绕产业发展而配置，使产业的升级换代能够借助科技合作创新力量。通过全要素的同向整合，有效避免同质化竞争，提高资源利用率和创新效益，有利于推动全市自主创新能力的跃迁。

9.4.3 建立多元化的国际科技合作创新平台投入体系

首先，国际科技合作创新平台建设需要政府加大财政投入的力度和经费管理力度，政府应设立与“国际科技合作创新平台建设计划”相应的专项资金，并逐年加大投入力度。编制和发布相应专项资金的管理办法，使经费管理纳入科学规范的轨道，全面实行项目制，建立科学公正的项目招投标制度、科技评估制度和财务监管体系。

其次，应尽快改变国际科技合作创新平台建设投入单一的现状，采取积极措施，营造良好环境，扩大资金渠道，鼓励和吸引全社会特别是企业通过创业投资基金、中小企业创新基金及证券市场等形式参与建设，努力建立政府、企业和其他社会力量及外资多元化的国际科技合作创新平台建设投入体系。

最后，支持前孵化器、孵化器、加速器等国际科技合作的公共服务平台建设，引进国内知名互联网创业服务平台，探索“孵化+加速+投资+互联网”的模式，为国际科技合作成果提供全链条孵化服务。建立知识产权大数据服务平台，加快知识产权创业、孵化和产业化基地发展。

9.4.4 完善全方位、多层次、多渠道的国际科技合作创新体系

当今时代，开放、交流成为各国各地区经济社会发展的普遍需求，借助于信息网络的力量，科学技术迅速在全球范围得到普及、渗透与扩散，创新要素的开放性和流动性都达到了前所未有的程度。面对世情国情市情

变化、扩大改革开放的现实需求，重庆市应紧密围绕国家科技创新等重大发展战略的部署要求，以战略性国际科技创新合作重点专项为抓手，以合作研发为基础，围绕联合研发与示范、国际科技合作基地与平台建设、科技创新环境优化等层面开展国际科技合作，鼓励全市企事业单位在全球范围内与世界一流研发机构和顶尖人才团队开展科技合作创新，并结合专项任务支持开展科技人文交流。

引导合作动因，彰显合作特征，扩大合作领域，注重合作实效，不断完善合作机制及合作渠道，优化影响重庆市国际科技合作的环境因素、政策条件、人力资源条件、管理机制、合作模式等，建设并不断完善全方位、多层次、多渠道的重庆市国际科技合作创新体系。

以“中新（重庆）战略性互联互通示范项目”为契机，以金融服务、航空、交通物流和信息通信技术为重点合作领域，加速中新产业创新资源对接。

主动融入“一带一路”、西部大开发和长江经济带发展战略，借助“渝新欧”国际大通道，大力拓展国际科技合作渠道，加强中亚、西亚、欧洲等国家的合作，设立国际先进技术转移中心，引进具有世界先进水平的科学研究所的科技成果和人才资源。

加强与日本、加拿大、英国、德国在生物医药、医药器械、电子信息、海洋工程、新能源、节能环保等领域的科技合作，合理布局国际重大科技研发和高科技产业重大项目，着力建设国际科技合作成果中间试验基地及产业化基地，推动国外科技成果在重庆落地转化。

9.4.5 形成区域科技合作与自主创新平台建设的有效机制

大力引进国内高端科技创新资源，实质推进重庆与上海、广州、深圳等科技发达城市的专业化服务机构合作，不断深化全市科技创新平台的建设与管理服务水平。

按照重庆市建设西部创新中心的总体要求，努力打破部门之间、区域之间彼此分割、重复分散的条块管理格局，建立有效的区域科技创新平台建设的组织协作机制。区县政府的科技主管部门应在市科委的统筹规划下，形成有效的沟通联系机制，组织协调好重大问题，研究决定有关重大事项，落实确定的具体任务，对政府财政支持的科技合作创新项目进行动态跟踪和全程监督。通过定期和不定期的会议与协商制度，解决区域科技创新平台建设过程中的各种矛盾和问题，促进国际科技合作资源的共享，确保重庆自主创新能力的持续快速提升，使自主创新成为重庆内陆开放高地建设的新引擎、经济发展的助推器，从而带动内陆地区，特别是西部地区的大开放大发展。

参考文献

［1］中共重庆市委重庆市人民政府关于实施创新驱动战略加快建设长江上游技术创新中心的意见［Z］. http：//cq. cqnews. net/jrzb/node_ 109168. htm.

［2］Georghiou L. Issues in the evaluation of innovation and technology policy［J］. Evaluation，1998，4（1）：31-57.

［3］李艳华，李亚伟，吕忠梅，等. 科技法导论［M］. 北京：中国检察出版社，1996.

［4］赵振江. 科技法学［M］. 北京：北京大学出版社，1998.

［5］陈传夫. 高新技术与知识产权法［M］. 武汉：武汉大学出版社，2000.

［6］杨林村. 国际科技合作研究的知识产权问题［J］. 科技与法律，2000（2）：74-76.

［7］吴声功. 国际经济合作的理论与实践.［M］. 北京：人民出版社，2000.

［8］张菊. 中欧科技合作的现状与前景［J］. 中国科技论坛，2003（1）：141-144.

［9］易继明. 论国际科学技术合作的法律意义［J］. 科技与法律，2003（2）：7-14.

［10］罗玉中. 科技法学［M］. 武汉：华中科技大学出版社，2005.

［11］毕克新，李婉红. 国际科技合作知识产权保护与对策研究［M］. 北京：科学出版社，2012.

［12］国际科技合作政策与战略研究课题组. 国际科技合作政策与战

略［M］.北京：科学出版社，2009.

［13］凌国平. 国际科技合作与交流案例教程［M］. 上海：上海大学出版社，2001.

［14］杨小林. 中国科学院国际科技合作的突破与发展［J］. 科学对社会的影响，2006（3）：16-20.

［15］杜宝贵. 国家利益主导下的科技政策发展趋势分析［J］. 科学学研究，2006，24（12）：395-398.

［16］傅建球. 国际科技合作新趋势与中国的科技发展［J］. 宁波职业技术学院学报，2005，9（1）：19-22.

［17］张九庆. 国际科技政策的协调与集成［J］. 科研管理，2003（8）：48-51.

［18］张放陶，孙波，王根七. 关于发展我国科技中介服务体系的若干建议［J］. 山西科技，2003（1）：9-10.

［19］程如烟. 30 年来中国国际科技合作战略和政策演变［J］. 中国科技论坛，2008（7）：7-11.

［20］杨荣珍，蔡春林. 国际知识产权与贸易［M］. 北京：北京师范大学出版社，2008.

［21］易继明. 论国际科学技术合作的法律意义［J］. 科技与法律，2003（2）：7.

［22］约瑟夫·阿洛伊斯·熊彼特. 经济发展理论［M］. 南昌：江西教育出版社，2014.

［23］陈劲. 从技术引进到自主创新的学习模式［J］. 科研管理，1994（2）：32-35.

［24］谢燮正. 科技进步、自主创新与经济增长［J］. 中国工程师，1995（5）：6-9.

［25］杨德林，陈春宝. 模仿创新、自主创新与高技术企业成长［J］. 中国软科学，1997（8）：107-112.

［26］许广玉．基于技术轨道的高技术企业自主创新探析［J］．科学学与科学技术管理，2005，26（3）：148-151．

［27］周寄中．关于自主创新与知识产权之间的联动［J］．管理评论，2005（11）：41-45．

［28］刘凤朝．基于集对分析法的区域自主创新能力评价研究［J］．中国软科学，2005（11）：83-92．

［29］张炜，杨选良．自主创新概念的讨论与界定［J］．科学学研究，2006（6）：956-961．

［30］施培公．自主创新是中国企业创新的长远战略［J］．中外科技政策与管理，1996（1）：14-27．

［31］柳卸林．管理范式的转变——从生产型到技术创新型［J］．中国软科学，1997（2）：121-123．

［32］侯先荣，吴奕湖．企业创新管理理论与实践［M］．北京：电子工业出版社，2002．

［33］张于喆，张义梁．国家自主创新能力内涵的研究［J］．经济问题探索，2006（11）：4-8．

［34］辛波．试析中国国际科技合作与自主创新［J］．新远见，2011（1）：35-40．

［35］赵俊杰，李朝晨，蔡嘉宁．2011 年美国科技发展现状［J］．全球科技经济瞭望，2012（6）：5-13．

［36］马勇，周天瑜．欧盟科技一体化发展及其科技合作模式研究［J］．世界地理研究，2013（1）：89-96．

［37］王琳，穆光远．2012 年全球 R&D 投资分析［J］．科技情报开发与经济，2012，22（5）：99-100．

［38］中华人民共和国商务部．2015 年欧盟研发支出占 GDP 比重 2．03%［EB/OL］.http：//www．mofcom．gov．cn/article/i/jyjl/m/201612/20161202067983．shtml．

［39］马勇. 欧盟科技一体化研究［D］. 华东师范大学，2011.

［40］刘娅. 韩国基础研究领域国际科技合作态势的文献计量分析［J］. 科技管理研究，2010，18：9-13.

［41］科技创新依旧是主旋律——2013 年世界科技发展回顾［EB/OL］. http：//www. wokeji. com/shouye/guoji/201401/t20140101_ 617698. shtml.

［42］杨书臣. 日本科技开发体制的改革及对我国的启示［J］. 现代日本经济，2000（3）：7-10.

［43］吴松. 日本国家重大科技专项组织模式的研究［J］. 全球科技经济瞭望，2009（7）：36-42.

［44］吴松. 日本国家重大科技专项组织模式的研究（续）［J］. 全球科技经济瞭望，2009（8）：28-40.

［45］30 年中国对外科技合作发展历程［EB/OL］. http：//www. casted. org. cn/web/index. php？NewsID=3545.

［46］徐冠华. 中国科技发展战略及中欧科技合作的前景［J］. 中国软科学，2005（8）：1-5.

［47］秦涛，韩军，施筱勇. 中国参与欧盟框架计划的经验、问题与对策分析［J］. 中国科技论坛，2010（4）：148-153.

［48］葛进. 中日科技合作着眼未来［N］. 科技日报，2011-09-02（002）.

［49］邵军，程勇. 中韩技术合作的实践、前景与发展战略［J］. 中国软科学，2005，12：27-32.

［50］中华人民共和国驻大韩民国大使馆，中韩科技合作概况［EB/OL］. http：//www. fmprc. gov. cn/ce/cekor/chn/kjjl/kjhz/t815244. htm.

［51］张梦然. 中国科技发展为什么要走国际化道路［N］. 科技日报，2011-08-26（001）.

［52］中华人民共和国科学技术部. 2014 年科技工作进展及 2015 年工作设想［EB/OL］. http：//www. most. gov. cn/ztzl/qgkjgzhy/2015/2015jlcl/2015jlzy gjjg/201501/t20150109117523. htm.

[53] 江波，魏真. 我国高等学校继续教育国际合作交流中的问题与思考 [J]. 教育导刊，2010 (2)：49-52.

[54] 赵刚. 国际科技合作的战略思考 [J]. 中国科技财富，2009 (9)：104-107.

[55] 单玉丽，苏美祥. 全球化视阈下的国际科技合作与我国对策 [J]. 亚太经济，2011 (6)：134-139.

[56] 魏达志. 我国开展国际科技合作的总体状况与发展趋势——兼论沪杭甬开展国际科技合作的启示及借鉴 [J]. 科技管理研究，2005，25 (5)：1-4.

[57] 阎吉敏. 国际经济技术合作对中国经济发展的影响 [J]. 中外企业家，2014，11：1-2.

[58] 傅建球，易伟义，卢明纯，等. 基于自主创新的地方国际科技合作支撑体系的构建 [J]. 长春大学学报，2011，21 (5)：1-5.

[59] 陈丹，李晓凯. 浅谈经济发展进程中我国知识产权保护问题及对策 [J]. 法制与社会，2009，28：137-138.

[60] 栾绍香. 论知识产权保护存在的问题及对策 [J]. 现代商贸工业，2008，20 (10)：322-323.

[61] 罗佳，石践. 浅谈国际贸易中我国所遇的知识产权问题以及解决措施 [J]. 知识经济，2011，17：126.

[62] 汪锦，孙玉涛，刘凤朝. 中国企业技术创新的主体地位研究 [J]. 中国软科学，2012 (9)：146-153.

[63] 王其藩. 系统动力学 [M]. 修订版. 上海：上海财经大学出版社，2009.

[64] 曾德明，彭盾. 基于耗散结构理论的国家创新体系国际化研究 [J].科学管理研究，2009，27 (3)：12-15.

[65] 陈莞. 大都市圈创新系统要素配置研究 [D] . 上海交通大

学，2009.

［66］刘元伟. 重庆科技人才发展存在的问题及其思考［J］. 技术与创新管理，2010，31（2）：212-215.

［67］陈秀山. 中国区域经济问题研究［M］. 北京：商务印书馆，2005.

［68］中华人民共和国统计表. 第二次重庆 R&D 资源清查主要数据公报（第二号）［EB/OL］. http：//www. stats. gov. cn/tjsj/tjgb/rdpcgb/df-pcgb/201102/t20110212_ 30587. html.

重要术语索引